Ullstein Sachbuch

ÜBER DAS BUCH:

1952 wurde durch die UFO-Sichtung des US-Marineministeriums eine CIA-Aktion ausgelöst. Alle UFO-Projekte werden von nun an – bei strengster Geheimhaltung – von der CIA kontrolliert. Amerikaner wie Russen waren unabhängig voneinander längst zur Ansicht gekommen, daß UFOs hochentwickelte, unserer Technologie überlegene Flugobjekte sind. Amerikaner wie Russen versuchten sich gegenseitig bei der Aufklärung des UFO-Phänomens den Rang abzulaufen.
Johannes von Buttlar hat das Material gesichtet (darunter brisante Studien aus dem Ostblock), das bisher über die UFOs bekannt wurde, er hat die Aussagen von Militärs, Piloten, Astronauten und Wissenschaftlern geprüft und verglichen. Und für ihn steht die Schlußfolgerung fest: Es gibt Beweise dafür, daß einige gesichtete UFOs real sind.

DER AUTOR:

Johannes von Buttlar (Johannes Freiherr Treusch von Buttlar Brandenfels) wurde 1940 in Berlin geboren und wuchs in England und Australien auf. Nach dem Studium der Psychologie und Philosophie wurde er zum *Fellow of the Royal Astronomical Society London* berufen und war Mitarbeiter eines der bedeutendsten Institute für wissenschaftliche Informationen in Philadelphia. Heute ist er einer der meistgelesenen Sachbuchautoren.

Weitere Veröffentlichungen:
*Schneller als das Licht* (1972); *Der Supermensch* (1981); *Unsichtbare Kräfte – Was Menschen zueinander führt und was sie trennt* (1984); *Der Marder* (1985); *Sie kommen von fremden Sternen* (1986); *Leben auf dem Mars* (1987); *Kommunikation der Welten* (1988); *Supernova* (1988); *Zeitsprung* (1989).

Johannes von Buttlar

# Das UFO-Phänomen

Beweise für unheimliche Begegnungen
der ersten, zweiten und dritten Art

Ullstein Sachbuch

Ullstein Sachbuch
Ullstein Buch Nr. 34619
im Verlag Ullstein GmbH,
Frankfurt/M – Berlin

Ungekürzte Ausgabe

Umschlagentwurf:
Elżbieta Woźniewska-Krüger
Unter Verwendung einer
Computergraphik von Zefa-Masterfile,
Düsseldorf
*(Erdkugel und Sterne zwischen zwei Quadrantenfeldern)*

Printed in München 1990
Druck und Verarbeitung:
Ebner Ulm
ISBN 3 548 34619 7

3. Auflage Januar 1991

CIP-Titelaufnahme
der Deutschen Bibliothek

**Buttlar, Johannes** von:
Das UFO-Phänomen: Beweise für unheimliche Begegnungen der ersten, zweiten und dritten Art / Johannes von Buttlar. – Ungekürzte Ausg., 3. Aufl. – Frankfurt/M; Berlin: Ullstein, 1990
(Ullstein-Buch; Nr. 34619:
Ullstein-Sachbuch)
ISBN 3-548-34619-7
NE: GT

# Inhalt

Vorweg gesagt 9
Spuren 11
Tödliche Begegnung 21
Täuschungsmanöver 33
Die tollkühnen Flugmaschinen 47
Katz-und-Maus-Spiel 59
GRU–FO 65
Kaperbefehl 71
Das Netz 89
Die phantastische Begegnung des Antônio Villas Boas 101
Absolut authentisch 125
Wendepunkt 131
Intelligentes Leben auf der Erde? 145
Ceta Reticuli 1 155
Verstrickungen 165
Kreuzverhör 183
Anhang: Stellungnahmen auf höchster Ebene 199
Dank 219
Literaturverzeichnis 220
Register 222

*Es gibt ein Prinzip,*
*das als eine Schranke gegen jede Information dient,*
*als Beweis gegen jedes Argument*
*und das niemals fehlschlagen kann,*
*die Menschen in immerwährender Unwissenheit zu halten.*
*Dieses Prinzip heißt,*
*Verurteilung vor der Untersuchung.*

HERBERT SPENCER

# Vorweg gesagt

Trotz schwerer Bedenken und erst nach reiflicher Überlegung habe ich mich entschlossen, diesen Bericht über die Hintergründe des weltweiten Phänomens der unbekannten Flugobjekte zu schreiben.

Selbstverständlich bin ich mir darüber im klaren, daß dieses Gebiet Zündstoff für alle nur erdenklichen Angriffe bietet, da es die zwiespältigsten Emotionen auslöst. Kein anderes Thema ist von so vielen Vorurteilen, Vermutungen, Zweifeln, Behauptungen, Fälschungen, ja sogar Intrigen begleitet.

Hier gibt es keinen Kompromiß, nur zwei extreme Lager – Pro und Contra.

Es existieren zahllose Berichte aus aller Welt, über Konfrontationen mit unbekannten Flugobjekten. Einer Umfrage zufolge behaupten zum Beispiel allein in Amerika 15 Millionen Menschen – den Präsidenten Jimmy Carter eingeschlossen –, sogenannte Ufos gesehen zu haben. Ein solches Phänomen, wie immer man es auch einstufen mag, verdient Aufmerksamkeit. Und da es die Aufgabe eines Schriftstellers sein sollte, nach der Wahrheit zu suchen, habe ich mich dieser Herausforderung gestellt.

Allerdings ist die Wahrheitssuche auf diesem Gebiet voller Gefahren und nicht zuletzt eine Mutprobe, die bereits ihre Opfer gefordert hat.

Auch die Lektüre dieses Buches erfordert Mut – die Bereitschaft, Vorurteile zu revidieren.

# Spuren

Auf dem Weg nach Coral Gables, einem Landstädtchen in Florida, fuhr der Streifenwagen der Dade County Police zum zweiten Mal an dem achtlos abgestellten Fahrzeug – einem station wagon – vorbei.

»Hier stimmt doch was nicht, halt mal an!« forderte der Begleitoffizier, mißtrauisch geworden, seinen Kollegen am Steuer auf.

Als die Polizeibeamten den station wagon am 20. April 1959 abends um 6.30 Uhr öffneten, fanden sie die zusammengesunkene Gestalt eines Mannes. Die Todesursache war schnell genug festgestellt: Abgase, die durch einen am Auspuff befestigten Schlauch ihren Weg ins Wageninnere gefunden hatten. Die polizeilichen Ermittlungen rekonstruierten daher auch Selbstmord durch akute Kohlenmonoxidvergiftung.

Auch die Identität des Toten ließ sich ohne Schwierigkeiten nachweisen. Der eine der Polizeibeamten hatte Personalpapiere gefunden, die der Tote bei sich trug.

»Dr. Morris K. Jessup«, las er seinem Kollegen vor, »geboren am 2. März 1900 in Indiana.«

»Jessup? Hast du Jessup gesagt?« unterbrach ihn sein Kollege perplex. »Doch nicht etwa Professor Jessup. Ich meine den, um den es so viel Wirbel in Zusammenhang mit Ufos gegeben hat. Aber warum sollte ausgerechnet der sich umbringen?«

Diese Frage wurde im Lauf der Jahre noch sehr oft gestellt – und sie war auch der Anlaß zu allen nur erdenklichen Vermutungen und Spekulationen. Denn war der Selbstmord von

Jessup an sich schon rätselhaft genug, verblaßte dieser Vorfall gegenüber den vorausgegangenen Ereignissen, die noch viel unbegreiflicher waren.

Was hatte Dr. Jessup, einen hochqualifizierten, promovierten Astrophysiker, in den Tod getrieben?

Er hatte nicht nur als Professor an der Michigan und an der Drake Universität Astronomie und Mathematik gelehrt, sondern war auch für den Aufbau und Einsatz des größten Refraktorteleskops der südlichen Hemisphäre in Südafrika verantwortlich. Die Entdeckung einer ganzen Anzahl von Doppelsternen, die inzwischen von der Royal Astronomical Society in London katalogisiert wurden, ist Jessup zu verdanken.

Nicht genug damit: Selbst das US-Landwirtschaftsministerium griff auf die Fähigkeiten dieses Mannes zurück und beauftragte ihn, potentielle Rohgummiquellen im Amazonas-Gebiet zu untersuchen.

Mit der Sichtung einer pulsierenden Scheibe – einem plötzlich auftauchenden Licht am Himmel – änderte sich Jessups Leben jedoch grundlegend. Ob dieser Vorfall auf den afrikanischen oder südamerikanischen Aufenthalt zurückgeht, läßt sich heute nicht mehr feststellen. Jedenfalls beeinflußte dieses Erlebnis Jessups weiteres Dasein, wie er einst einem Freund anvertraute, und führte, wie manche behaupten – auch zu seinem geheimnisvollen Tod.

Je mehr sich global die Berichte über Sichtungen unbekannter Flugobjekte häuften, um so stärker wurde Jessup von diesem verwirrenden Phänomen gefangengenommen. Systematisch befaßte er sich mit Ufo-Berichten, registrierte, analysierte und wertete sie als Wissenschaftler aus. Schon bald stand für ihn fest, daß ein relativ hoher Prozentsatz der Ufo-Sichtungen weder auf Verwechslung, Betrug, Täuschung, Phantastereien und dergleichen mehr zurückgeführt werden konnte. Seiner Meinung nach stellten Ufos nichts anderes als die ihnen gegebene Bezeichnung dar – **U**nidentified **F**lying **O**bjects – (**U**nbekannte) nicht identifizierte **F**lug-**O**bjekte. Und genau das waren sie vorerst einmal für Jessup.

Im Sommer 1947 wurde der staunenden Menschheit mit dem Begriff der »fliegenden Untertassen« nicht nur wieder einmal ein neues Zeitalter beschert, sondern für kommende Dekaden auch genügend Zündstoff geliefert.

Seltsamerweise leitete eine wenig spektakuläre Ufo-Sichtung diese neue Ära ein. Warum ausgerechnet dieser Vorfall derartigen Wirbel auslöste und übermäßige Beachtung fand, ist nicht recht klar. Vielleicht war auch nur der Begriff »fliegende Untertasse« daran schuld, der zum ersten Mal auftauchte. Für Journalisten aus aller Welt natürlich ein gefundenes Fressen, denn dieses Schlagwort stufte derartige Beobachtungen exakt ein. Endlich waren die verblüffenden Sichtungen identifiziert. Ufos sind – fliegende Untertassen! Da Untertassen jedoch unter normalen Umständen nicht von selbst zu fliegen pflegen, konnten sich die Berichterstatter gefahrlos wohlwollender Ironie über das Erscheinen solch sonderbarer Flugobjekte bedienen. Es war daher wohl kaum ein Wunder, daß die Bezeichnung fliegende Untertasse zum populärsten Begriff für Ufo-Sichtungen in aller Welt wurde.

»Meinem Heimatland gegenüber wäre es nicht loyal gewesen, wenn ich diese Sichtung nicht gemeldet hätte«, äußerte sich der Schöpfer dieses Begriffs, Kenneth Arnold, am 24. Juni 1947 Reportern gegenüber. Arnold, Präsident einer Firma für Feuerlöschausstattungen in Boise, Idaho, und Pilot seines eigenen Flugzeugs, war am Nachmittag dieses 14. Juni um 14 Uhr vom Flugplatz Chehalis, Washington, in Richtung Yakima, Washington, aufgestiegen.

Einem Bericht des Luftwaffenuntersuchungsausschusses zufolge hatte sich Arnolds Flug um eine Stunde verzögert, da er an der Suchaktion nach einem Marinetransportflugzeug teilnahm, das in der Nähe oder südwestlich des Mount Rainier aus gut 3.000 Meter Flughöhe abgestürzt sein mußte. Ungefähr in der Höhe des Hochplateaus, von dem der Mount Rainier aufragt. Nach etwa einer Stunde fruchtloser Suche nahm Arnold seine ursprüngliche Flugroute mit dem Ziel Yakima wieder auf.

»An jenem Tag war das Flugwetter so gut, daß die Fliegerei zum reinen Vergnügen wurde«, berichtete Arnold.

Er trimmte daher seine Maschine, setzte sich entspannt zurück, beobachtete den Himmel und die unter ihm dahingleitende Landschaft. Links hinter sich bemerkte er eine DC-4, die in gut 4.500 Meter Höhe dahinzog.

Arnold befand sich kaum länger als zwei oder drei Minuten wieder auf seinem ursprünglichen Kurs, als sich auf seinem Flugzeug ein blendender Lichtstrahl widerspiegelte. Die Quelle dieser Reflexion konnte Arnold aber nicht ausmachen. Dafür fiel ihm eine Reihe sonderbarer Flugobjekte zu seiner Linken, nördlich des Mount Rainier, auf, die sich in einer Flughöhe von gut 3.000 Meter in südlicher Richtung fortbewegten. Da sie sehr schnell auf den Mt. Rainier zukamen, glaubte Arnold, es seien Düsenflugzeuge.

Zwei oder drei der Flugobjekte tauchten alle paar Sekunden weg oder änderten ihren Kurs gerade so viel, daß sie vom Sonnenlicht getroffen wurden. Da sie ziemlich weit von Arnold entfernt waren, konnte dieser weder ihre Form noch ihre Formation erkennen. Je näher sie jedoch auf den Mt. Rainier zukamen, um so deutlicher wurden ihre Umrisse. Bei der offiziellen Befragung bestätigte Arnold, daß er sonderbarerweise kein Schwanzende an den Flugobjekten feststellen konnte. Er habe aber angenommen, es sei irgendeine Art von Düsenmaschinen gewesen. Die Flughöhe sei in etwa mit dem Horizont verlaufen, wenn sie auch auf- und abwärts um etwa 300 Meter geschwankt habe. Zu diesem Schluß gelangte Arnold, da sich die fremden Flugobjekte etwa in der gleichen Flughöhe wie er selbst befanden.

Arnold gab zu Protokoll, daß sie in fast diagonaler Linie ausgerichtet flogen – wie Wildgänse – und den Eindruck erweckten, untereinander verbunden zu sein. Sie hielten eine bestimmte Richtung ein, schwebten aber um die Berggipfel herum. Arnold schätzte ihre Entfernung von seinem Standort auf rund 40 Kilometer und ihre Größe auf etwa Zweidrittel einer DC-4. Als sie einen schneebedeckten Gebirgskamm überflogen, beobachtete Arnold, daß das erste Ufo den südlichen Gipfel des Kammes passierte, während das letzte den Nordgipfel erreichte.

Aus späteren Messungen des Gebirgskammes ergab sich

eine Länge von rund acht Kilometer. Die Flugkette der Ufos mußte demnach rund acht Kilometer lang gewesen sein.

Der Mount Rainier und der Mount Adams sind etwa 80 Kilometer voneinander entfernt. Arnold stoppte die Zeit, in der die fremden Objekte diese Strecke zurücklegten, und zählte 1 Minute und 42 Sekunden – was einer Geschwindigkeit von gut 2.600 Stundenkilometern entspricht.

»Sie segelten durch die kristallklare Luft wie *Untertassen,* die man übers Wasser springen läßt«, berichtete Arnold am Abend des 14. Juni Reportern.

Denn nur wenige Stunden nach seiner Ankunft in Yakima bombardierten sie ihn bereits mit Fragen über sein Erlebnis. Mit der angeborenen Intuition guter Journalisten spürten sie, daß die Qualität des Mysteriösen in Arnolds Erlebnis Schlagzeilen für lange Zeit garantieren würde.

Wem war Arnold begegnet? Was waren diese »Untertassen«?

Etwa bisher geheimgehaltene, von der US-Luftwaffe entwickelte, neuartige Flugzeuge, über die Arnold durch Zufall gestolpert war? Oder handelte es sich vielmehr um fremde Flugobjekte aus den Tiefen des Alls? Auf jeden Fall war ein ernst zu nehmendes Phänomen im Spiel. Denn eines war sicher: Arnold war kein Knallkopf, sondern ein respektabler Geschäftsmann und erfahrener Pilot. Alles in allem ideale Voraussetzungen für Zeitungen.

Nach den Schlagzeilen über die Arnold-Sichtung zu urteilen, schien es sich bei den Ufos um ein plötzliches, noch nie dagewesenes Phänomen zu handeln. Das stimmt jedoch ganz und gar nicht. Im Lauf der Geschichte wird immer wieder von unbekannten Flugobjekten berichtet.

So tauchte zum Beispiel während des letzten Weltkrieges ein seltsames Phänomen auf. Zahlreiche Piloten der kriegführenden Mächte beider Seiten wurden hin und wieder während ihrer Einsätze von eigenartigen, scheibenförmigen Flugobjekten begleitet. Die alliierten Bomberpiloten titulierten die über ihren Tragflächen »tanzenden«, ihnen voraus- oder nachfliegenden Objekte »foo fighter«. Es wurde ihnen außergewöhnliche Wendigkeit und Geschwindigkeit nachgesagt. Selbst Besatzungsmitglieder von Kriegsschiffen beobachteten die Flugmanöver dieser erstaunlichen foo fighter. Anfangs glaubten die Alliierten, daß es sich dabei um elektrische Aufladungen handle. Dann verbreitete sich das Gerücht, daß die Deutschen oder Japaner diese neue Geheimwaffe eingesetzt hätten, um die Zündanlagen der Bomber zu stören. Als jedoch Feindseligkeiten seitens der foo fighter ausblieben, kamen viele Flugzeugbesatzungen zu der Überzeugung, der Feind sei zur psychologischen Kriegführung übergegangen und habe diese Flugobjekte eingesetzt, um die amerikanischen und englischen Piloten zu entnerven.

Ironischerweise erfuhr die amerikanische Öffentlichkeit erst nach Beendigung des Zweiten Weltkrieges, daß japanische und deutsche Piloten dem gleichen Phänomen begegnet waren. Sie waren auch davon überzeugt, es mit einer Geheimwaffe des Feindes zu tun zu haben.

Jedenfalls wurden die foo fighter so ernst genommen, daß sich die 8. amerikanische Armee entschloß, eine erste Untersuchung des Phänomens anzuordnen. Als Ergebnis wurde Massenhalluzination festgestellt. Denn schließlich verfügte keine bekannte militärische Macht über die technologischen Voraussetzungen, die die Herstellung solcher Flugkörper erlaubt hätte. Außerdem wurden foo fighter nicht weiter ernst genommen, da sie sich friedlich verhielten! Ihre Herkunft wurde bis heute nicht geklärt.

Nach Beendigung des Zweiten Weltkrieges beschrieb der ehemalige B-17-Pilot, Charles Odom, seine Begegnungen mit foo fightern im Herbst und Winter 1944/45 über Deutschland mit den Worten:

»Sie sahen aus wie Kristallkugeln und hatten die Größe von Basketbällen. Besonders oft wurden sie über München, Wien und anderen wichtigen Bombenabwurfzielen beobachtet. Sie näherten sich einer Bomberformation nie auf mehr als etwa 100 Meter. Dann schienen sie von unserer Formation angezogen zu werden wie ein Magnet und flogen Seite an Seite mit uns. Nach einer Weile scherten sie wie ein Flugzeug aus und verschwanden.«

Je mehr sich Jessup in seine private Forschung verbiß, um so mehr unerwartete Sichtungen wurden ihm bekannt, an die sich Freunde, Kollegen oder Piloten erinnerten und ihm vertraulich berichteten.

Bis 1947 hatten Beobachtungen dieser Art in der Öffentlichkeit seltsamerweise wenig Aufregung verursacht. Doch seit der Arnold-Sichtung schien es, als sei plötzlich der Knoten geplatzt. Überall in der Welt berichteten jetzt auf einmal Menschen über das, was sie gesehen hatten oder glaubten gesehen zu haben. Manche natürlich auch darüber, was sie ganz und gar nicht gesehen hatten.

Was die Piloten der United Air Lines am 4. Juli 1947 erlebten, war jedoch offensichtlich Realität. Sie stiegen in ihrer Verkehrsmaschine von Boise, Idaho, nach Seattle, Washington, auf. Flugkapitän Emil J. Smith saß am Steuerknüppel, den Copiloten Ralph Stevens neben sich. Kurz vor dem Abflug waren die beiden Männer von Reportern mit der Frage konfrontiert worden, was sie von fliegenden Untertassen hielten. Smith hatte darauf schlagfertig geantwortet, daß er erst dann an sie glauben werde, wenn er sie mit eigenen Augen gesehen habe.

Acht Minuten später befand sich die Maschine der United Air Lines über Emmett, Idaho. Sie hatte ihre Reiseflughöhe von etwa 2.400 Meter fast erreicht, als Smith vor sich ein Flugzeug sichtete, wie er glaubte. Er griff nach dem Schalter für die Landescheinwerfer, um sie anzuknipsen.

Später erzählte Smith Reportern, daß er anfangs angenommen habe, es handele sich bloß um eine Formation von Leichtflugzeugen, aber dann wahrgenommen habe, daß es sich nicht um gewöhnliche Flugzeuge handele, sondern um flache, runde Flugobjekte. Da Smith und Stevens sichergehen wollten, riefen sie die Stewardeß ins Cockpit. Ohne ihr den Grund zu sagen, veranlaßten sie diese, sich den Himmel draußen anzusehen. Sofort bemerkte das Mädchen die Ufos. Es war 21.15 Uhr und der Abendhimmel immer noch hell. Die der United Air Lines-Maschine vorausfliegenden Objekte hoben sich als unheimliche große, graue Silhouetten vom Himmel ab. »Unten glatt und oben rauh«, wie sich Smith ausdrückte.

Flugkapitän Smith meldete sich beim Kontrollturm in Ontario, Oregon, und erkundigte sich, nachdem er seine Position angegeben hatte, ob in seiner Flugrichtung etwas Außergewöhnliches am Himmel sei. Nachdem die Flugkontrolle nichts festgestellt hatte, schloß Smith, daß die Ufos viel weiter entfernt und größer sein mußten, als er geschätzt hatte.

Bevor sie in nordwestlicher Richtung aus dem Gesichtskreis der Verkehrsmaschine verschwanden, schienen sie miteinander zu verschmelzen.

Doch das war nicht alles. Denn mit dem Verschwinden der ersten Gruppe tauchte links voraus eine zweite auf. Die Objekte flogen in einer Reihe, drei davon dicht beieinander, während ein viertes in einiger Entfernung folgte. Genau wie die erste schoß auch diese Formation plötzlich mit hoher Geschwindigkeit davon.

Nach Eingang von 156 offiziellen Berichten kam die US Air Force zu der Überzeugung, daß die beim Ufo-Problem vom AMC (Air Material Command) bisher angewandten Untersuchungsmethoden nicht mehr ausreichten.

Am 23. September 1947 sandte Lieutenant General Nathan F. Twining, Befehlshaber des AMC, einen streng geheimen Bericht an den kommandierenden General der Army-Air Forces, in dem er das Ufo-Phänomen als real klassifizierte und betonte, daß es sich dabei weder um Phantasiegebilde noch um Fiktionen handele. Denn allem Anschein nach seien diese Objekte scheibenförmig, hätten die Größe von Flugzeugen und müßten hand-, automatisch oder ferngesteuert sein.

In Twinings geheimem Bericht heißt es im Wortlaut:

1. Auf Ersuchen des AC/AS-2 wird nachfolgende Schlußfolgerung dieses Befehlsbereichs in bezug auf die sogenannten flying disks (fliegende Scheiben) überreicht . . . Mitarbeiter des Air Institute of Technology, der Air Intelligence T-2, der Chief of Engineering Division and Air-

craft, Power Plant and Propeller Laboratories of Engineering Division T-3 kamen während einer Konferenz zu folgendem Ergebnis

2. Es besteht die Ansicht, daß:
   a) das Phänomen, von dem berichtet wird, Realität ist und keine Einbildung oder Fiktion.
   b) Es gibt Objekte, die aller Wahrscheinlichkeit nach scheibenförmig sind und in der Größe von Menschenhand hergestellten Flugzeugen entsprechen.
   c) Es besteht die Möglichkeit, daß einige der Zwischenfälle auf natürliche Phänomene, wie Meteore, zurückzuführen sind.
   d) Die beschriebenen Funktionscharakteristiken, wie z. B. außergewöhnliche Steigleistung, Manövriereigenschaften (insbesondere die Rollfähigkeit) und Aktionen, die als Ausweichmanöver bei Sichtung durch freundlich gesinnte Flugzeuge oder Radar bezeichnet werden müssen, führen zu der Überzeugung, daß einige der Objekte entweder manuell, automatisch oder ferngesteuert werden.
   e) Nachfolgend die offenbar allgemeingültige Beschreibung der Objekte:
      (1) Metallische oder Licht reflektierende Oberfläche.
      (2) Keine sichtbaren Spuren, einige wenige Fälle ausgenommen, wo die Objekte sichtlich unter Höchstleistung zu operieren schienen.
      (3) Rund oder Form einer Ellipse – an der Unterseite abgeflacht, oben mit einer Kuppel ausgestattet.
      (4) Einige Berichte über exakt durchgeführte Formationsflüge, von drei bis neun Objekten variierend.
      (5) Gewöhnlich lautlos, drei Fälle ausgenommen, wo ein donnerndes Grollen gehört wurde.
      (6) Horizontalfluggeschwindigkeiten wurden gewöhnlich auf gut 550 Stundenkilometer geschätzt.

3. Es wird empfohlen, daß: Hauptquartiere, Army-Air For-

ces Richtlinien herausgeben unter Festlegung von Prioritäten, Geheimhaltungsklassifizierung und Codenamen für eine detaillierte Untersuchung dieser Angelegenheit.

4. In Erwartung exakter Richtlinien wird AMC vorläufig die Untersuchungen mit bereits vorhandenen Mitteln fortführen.

gez. N. F. Twining
Lieutenant General, U.S.A.
Commanding

Auf Grund dieses Berichts wurde von der amerikanischen Luftwaffe das geheime Ufo-Project Sign ins Leben gerufen.

# Tödliche Begegnung

Major General L. C. Craigie beantwortete den streng geheimen Bericht von Twining mit dem Befehl, ein Luftwaffenprojekt zu gründen, dessen Aufgabenbereich es sein sollte, das Phänomen der unbekannten Flugobjekte zu untersuchen.

Damit wurde Project Sign dem Luftwaffenstützpunkt Wright Patterson zugeteilt, unter Geheimhaltungsstufe 2A geführt und der Schirmherrschaft der Technical Intelligence Division des AMC unterstellt.

Project Sign oder Project Saucer (Untertasse), wie es in eingeweihten Kreisen auch genannt wurde, nahm am 22. Januar 1948 seine Arbeit auf. Das heißt: Erst einmal wurden alle Informationen über Ufo-Sichtungen und -Phänomene in der Atmosphäre – so weit diese für die nationale Sicherheit der Vereinigten Staaten von Bedeutung sein könnten – gesammelt. Danach mußten sie verglichen, ausgewertet und schließlich bestimmten Regierungskreisen zugeleitet werden. Die Hauptaufgabe des Geheimprojekts bestand darin, festzustellen, ob Ufos eine Bedrohung der nationalen Sicherheit bedeuten.

Zwei Wochen vor Inangriffnahme dieses Aufgabenkreises kam es durch eine außergewöhnliche Sichtung allerdings beinahe zu einer Massenhysterie. Und dieser Vorfall sollte das Project Sign für fast ein Jahr in Atem halten.

Am 7. Januar 1948 sahen Augenzeugen über Louisville, Kentucky, ein scheibenförmiges, silbriges Objekt, von dem ein rötliches Leuchten ausging. Es hatte einen Durchmesser von etwa 80 bis 100 Metern und flog in südlicher Richtung.

Die Staatspolizei alarmierte daraufhin umgehend den Luftwaffenstützpunkt Fort Knox mit dem zugehörigen Feldflugplatz Godman Field. 15 Minuten später beobachtete die dortige Tower-Besatzung das Ufo. Als sie sicher war, daß es weder ein Flugzeug noch ein Wetterballon sein konnte, meldete sie den Vorfall dem Offizier vom Dienst, benachrichtigte den Abwehroffizier und schließlich den Stützpunktkommandanten, Colonel Guy F. Hix. Dieser setzte sich über Funk mit Captain Mantell in Verbindung und beauftragte ihn, seine F-51-Maschinen sofort zur Erkundung einzusetzen.

Der fünfundzwanzigjährige Flugkapitän Thomas Mantell war ein hochqualifizierter Pilot und hatte bereits im Zweiten Weltkrieg eine hohe Tapferkeitsauszeichnung, das Distinguished Flying Cross, erhalten. Denn Mantell hatte zu den ersten Piloten gehört, die Bombeneinsätze gegen die deutschen Stellungen in Cherbourg an der französischen Atlantik-Küste geflogen hatten, um die englisch-amerikanische Invasion einzuleiten.

Außer Mantell stiegen an jenem frühen Nachmittag des 7. Januar noch die Leutnants Hendricks, Clements und Hammond zur Verfolgung des unbekannten Flugobjekts auf. Radargeräte verfolgten die Spur der Jagdmaschinen, bis sich Mantell um 15.00 Uhr zum ersten Mal über Funk meldete:

Sehe noch nichts, drehe in Richtung Ohio River Falls ab.

15.02 Uhr Mantell: Sicht klar – noch nichts zu sehen – Flughöhe 9.400 Meter – steige weiter.
15.09 Uhr Flughöhe 10.400 Meter – noch nichts.
15.11 Uhr Jetzt – da ist das Ding – scheibenförmig – enorm groß – schwer zu schätzen – vielleicht 70 Meter groß – Oberteil ist mit Ring und Kuppel versehen – scheint rasend schnell um zentrale Vertikalachse zu rotieren. Flughöhe 10.500 Meter. Ende.

Im Tower herrschte fieberhafte Geschäftigkeit. Gebannt starrten die Radarspezialisten auf die Schirme. – Da war das Ding – was für eine Scheibe!

15.12 Uhr Der rechte Flügelpilot meldete: Sehe das Ding – photographiere – Mantell ist ihm auf der Spur. Objekt ist gut 150 Meter über mir, versuche ranzukommen, schaltete sich der linke Flügelpilot ein.

15.14 Uhr Mantell: Noch 900 Meter – fliege doppelt so schnell – erwische es auf jeden Fall. Sieht metallisch aus, schimmert glänzend – ist in hellgelbes Licht getaucht – ändert die Farbe; wird rot, orangefarben . .

15.15 Uhr Entfernung nur noch gut 350 Meter – das Objekt wird schneller – versucht zu entkommen – steigt im Winkel von fast 45 Grad.

15.16 Uhr Meldung vom rechten Piloten: Mantell hat's fast geschafft – kann sich nur noch um ein paar Meter handeln – Scheibe fliegt schneller – ich kann nicht mehr mithalten – Mantell ist in der Wolkendecke verschwunden.

Hammond und Clements geben auf und bitten um Lande-Erlaubnis, da Mantell außer Sichtweite geflogen war. Hendricks war schon früher zum Stützpunkt zurückgekehrt.

15.18 Uhr Mantell: Das Ding ist riesig – fliegt unwahrscheinlich schnell – jetzt –

Gegen 4.00 Uhr nachmittags fand der umgehend eingesetzte Suchtrupp die Trümmer der abgestürzten Maschine im Umkreis von anderthalb Kilometern verstreut. Mantells Uhr war um 15.18 Uhr stehengeblieben.

Selbstverständlich verarbeitete die Presse diesen Zwischenfall zu sensationellen Schlagzeilen. Das sonderbare Verhalten eines am Nachthimmel aufgetauchten Lichts ist eine Sache. Etwas ganz anderes dagegen ist der Tod eines erfahrenen Piloten unter dramatischen Umständen und noch dazu durch eine »fliegende Untertasse«. Und das am hellichten Tag!

Die Öffentlichkeit wurde unruhig. Auch einige von denen,

die das Phänomen bis dahin mit einem sarkastischen Lächeln abgetan hatten, fingen an besorgt zu werden. Schließlich schien es hier nicht nur um eine mysteriöse, unbekannte Größe zu gehen, sondern um etwas, das obendrein mit potentieller Feindseligkeit aufzuwarten schien. Hatte Mantell am Ende doch ein außerirdisches Raumschiff mit feindlich gesinnten Wesen gejagt? Oder war eine neue Geheimwaffe der Russen im Spiel? Es gab nichts als Unsicherheit und Fragen.

Auch die Luftwaffe und das Untersuchungsteam des Project Sign waren unsicher und völlig verwirrt. Wenigstens wäre das die einzige Entschuldigung für die der Presse und breiten Öffentlichkeit offerierte lächerliche Erklärung, um die Gemüter zu beruhigen. Sie lautete schlicht und ergreifend: Mantell habe die Venus gejagt und sei bei dem Versuch, sich dem Planeten zu nähern, umgekommen. Als Astronomen und Wissenschaftler diese Theorie mit dem Hinweis zerschlugen, daß der Himmel bewölkt und die Venus an diesem Tage praktisch unsichtbar gewesen sei (im Tageslicht ganz besonders), wurde eine andere Erklärung, ein weiteres faules Ei ausgebrütet: Mantell habe einen Erkundungsballon – sky hook – verfolgt. In einer späteren Untersuchung durch ATIC (Air Technical Intelligence Center = Lufttechnische Nachrichtenzentrale) wurde jedoch nachgewiesen, daß sich in dem betreffenden Gebiet kein sky hook aufgehalten haben konnte. Denn ATIC registriert u. a. alle gestarteten sky hook-Ballons. An diesem denkwürdigen Tag hatte sich außerdem ein Ingenieur namens Scott in Godman Field aufgehalten. Seiner Aussage nach soll Mantells letzter Satz gelautet haben:

»Großer Gott, es ist riesig. Es hat Fenster.«

Scott behauptet, daß er die Bandaufnahme mit dieser letzten Aussage von Mantell selbst mit abgehört habe. Im späteren offiziellen Bericht fehlte allerdings die letzte Bemerkung Mantells.

Kein Wunder, daß der Mantell-Fall Professor Jessup besonders interessierte. Die Möglichkeit, daß es sich bei diesem

Phänomen um einen geheimen, neuen Flugzeugtyp handeln könnte, schloß er von vornherein aus. Denn Jessup war sich darüber im klaren, daß keine Macht der Erde in der Lage war, ein Flugobjekt mit den bei den Ufos beobachteten Charakteristiken zu bauen. Es fehlten ganz einfach die technologischen Voraussetzungen, um die bei den Ufos beobachteten Manövriereigenschaften, die unbeschreibliche Beschleunigung und die Wendungen von 90 Grad zu erreichen... Nein! Es war einfach unmöglich, kein Gedanke daran! Die vorhandenen Beweise ließen nur eine einzige Schlußfolgerung zu: Ufos sind außerirdischer Herkunft und operieren mit Hilfe von Technologien, die den irdischen um Lichtjahre voraus sind. Sicher hatte Mantell solch ein außerirdisches Raumschiff verfolgt. War er ihm vielleicht zu nahe gekommen? Unter Umständen in sein Kraftfeld geraten, das mit seiner Antriebskraft zusammenhing, und so zerschmettert worden?

Interessanterweise waren auch die Untersuchungsexperten von Project Sign insgeheim ähnlichen Vermutungen nachgegangen, wie sich in späteren Geheimberichten zeigte.

Als Astronom wußte Jessup natürlich, daß die mögliche Existenz außerirdischen Lebens überwältigend groß ist. Denn die Menschheit als einzige intelligente Lebensform im Kosmos zu betrachten, würde an Wahnsinn grenzen. Schließlich ist unser Solarsystem kein Einzelexemplar seiner Gattung, sondern vielmehr nur eines von unzähligen ähnlichen Planetensystemen im Kosmos.

Leben – welche Form es auch immer vertritt – ist von komplizierten, schnell veränderlichen chemischen Verbindungen abhängig. Doch das ist nicht alles, auch die Temperaturbedingungen sind wesentliche Voraussetzung. Denn wie einerseits große Hitze komplexe chemische Verbindungen beeinträchtigt, werden sie andererseits durch extreme Kälte zur Erstarrung gebracht. Auf diese Weise werden in beiden Fällen chemische Veränderungen ausgeschlossen. Die Entstehung höherer Lebensformen hängt somit von drei Grundvoraussetzungen ab:

1. von einem Stern, der ausreichend lange die entsprechende Temperatur, die Ökosphäre, liefert;
2. von einem Planeten, der mindestens so alt wie unsere Erde ist – d. h., etwa fünf Milliarden Jahre –, damit sich die Entstehung und Entwicklung des Lebens vollziehen kann;
3. und von einer geeigneten Umgebung – der Biosphäre –, damit sich das Leben erhalten kann.

Schätzungen zufolge gibt es danach allein schon in unserem Sternensystem, der Milchstraße, Milliarden Sterne mit Planeten, auf denen Leben existieren müßte. Mit Sicherheit kann jedenfalls vorausgesetzt werden, daß es Leben und Intelligenz, gleich welcher Art, überall dort im Universum geben kann, wo genügend Zeit und eine einigermaßen geeignete Umgebung seine Entwicklung fördern. Eigentlich müßte es in der Milchstraße Leben aller Entwicklungsstufen geben. Leben, das unserem gegenüber noch in den »Anfängen der Schöpfung« steckt oder umgekehrt unserem Entwicklungsniveau Millionen Jahre voraus ist. Auf der kosmischen Stufenleiter ist zwischen 5000 oder 50.000 Entwicklungsjahren nur wenig Unterschied.

Aber wäre es nicht letztlich das Ziel hochentwickelter Intelligenzen, sich nicht nur mit der eigenen, unmittelbaren Welt auseinanderzusetzen, sondern sich der Herausforderung unbekannter Welten zu stellen – den Kosmos zu erforschen und mit fremder Intelligenz Kontakt aufzunehmen?

Gedankenfolgen, die für Jessup in den Ufo-Sichtungen eine Bestätigung fanden.

Am 6. April 1948 beobachteten Wissenschaftler über dem Lenkwaffenversuchsgelände White Sands ein ovales unbekanntes Flugobjekt. Durch Theodolitenmessungen (Theodolit = Winkelmeßgerät) wurde seine Geschwindigkeit mit 27.000 Kilometern pro Stunde errechnet. Als das Ufo plötzlich steil aufstieg, wurde seine Steiggeschwindigkeit – abermals durch Theodoliten – mit 40 Kilometern pro 10 Sekunden registriert. –

Am 2. Juli 1948 sahen etwa zehn Personen acht unbekannte Flugobjekte, die den Ort Disma überquerten und danach auf einer Anhöhe in der Nähe von St. Maries, Idaho, landeten.

Am Abend desselben Tages sichtete der Rundfunksprecher Dannie Kelley eine ähnliche Ufo-Formation, die rasch über seine Heimatstadt Augusta hinwegflog. Die Objekte sahen grau aus und flogen in einem Tempo, wie es Kelley bisher bei keinem Flugzeug beobachtet hatte. Später wurde bekannt, daß in weiteren 33 amerikanischen Bundesstaaten zur gleichen Zeit Ufos aufgetaucht waren. U. a. in Knoxville, wo Professor C. E. Brehm von der Universität Knoxville einen langen, metallisch erscheinenden Zylinder am Himmel beobachtete, der sich mit hoher Geschwindigkeit fortbewegte.

Am 24. Juli 1948 flog nachts um 2.45 Uhr eine DC-3 der Eastern Air Lines auf ihrer Reiseroute zwischen Mobile und Montgomery, Alabama. Da bemerkten Flugkapitän Ch. Chiles und sein Copilot J. Whitted gleichzeitig etwa 250 Meter voraus ein mattrotes Licht.

»Sieh mal, da kommt 'ne neue Düsenerfindung vom Militär,« sagte Chiles beiläufig zu Whitted.

Das Flugobjekt schien im leichten Sturzflug auf die DC-3 zuzukommen, wich ihr aber im letzten Moment durch eine plötzliche Linksdrehung aus, passierte sie rechts auf gleicher Höhe und parallel zu deren Flugrichtung.

In diesem Moment schätzten die DC-3-Piloten die Entfernung des Objekts auf etwa 800 Meter. Nachdem es an der Verkehrsmaschine vorbeigezogen war, stieg es in einem steilen Winkel aufwärts und verschwand in einer Wolke. Durch die ungeheuren Druckwellen wurde die behäbige DC-3 hin- und hergeschaukelt. Später beschrieben Chiles und Whitted das Objekt als flügellos, etwa 35 Meter lang, zigarrenförmig und im Durchmesser etwa doppelt so groß wie eine B-29. Leitwerk und Tragflächen waren nicht zu sehen, aber vorn stand etwas heraus, das einer Radarantenne ähnelte. Chiles hatte außerdem den Eindruck einer Kabine mit Fenstern. Innen schien das Flugobjekt außerordentlich hell erleuchtet zu sein. Beim Vorbeigleiten fiel den beiden Piloten auf, daß sich am »Rumpf« des Objekts ein dunkelblaues Leuchten über seine gesamte Länge hinzog. Hinter sich ließ es einen orangefarbenen Strahl zurück.

Wie sich herausstellte, befand sich zur gleichen Zeit ein anderer Pilot mit seiner Maschine in der Nähe. Er berichtete, ein hell leuchtendes Objekt am Himmel gesehen zu haben. Auch vom Boden aus hatten Augenzeugen zur Zeit der Begegnung zwischen der DC-3 und dem Ufo ein derartiges Objekt am Himmel beobachtet.

Verblüffende Ähnlichkeit hat ein Vorfall, der sich bereits zwei Jahre vorher, und zwar am 1. August 1946, zugetragen hatte. Captain Jack E. Puckett, ehemaliger Kampfflieger des Zweiten Weltkrieges und seither Chefassistent der Flugsicherung des Tactical Air Command, flog an diesem Tag gemeinsam mit dem Copiloten und einem Flugingenieur mit einer C-47-Transportmaschine von seinem Stützpunkt Langley nach McDill. 50 Kilometer von Tampa entfernt sahen die drei ein großes Ufo, daß ihnen auf Kollisionskurs entgegenraste.

»Etwa 900 Meter vor uns schwenkte es plötzlich ab und kreuzte unsere Flugroute«, berichtete Puckett. »Wir konnten feststellen, daß es länglich war, die Form eines Zylinders hatte und zweimal so groß war wie ein B-29-Bomber. Es hinterließ die Spur eines orangeroten Strahls und verschwand mit einer geschätzten Geschwindigkeit von 2.500 bis 3.200 Kilometern in der Stunde.«

Aber für die Luftwaffenexperten war das Erstaunlichste an dieser Begegnung die Beschreibung der C-47-Besatzung, die eine Reihe von »Bullaugen« an dem fremdartigen Objekt gesehen haben wollte. Fenster? Daraus könnte oder müßte doch unter Umständen auf eine Besatzung – Wesen mit Augen – geschlossen werden?

Knapp drei Jahre später, am 1. November 1948, fiel Radarspezialisten des Luftwaffenstützpunktes Goose Bay in Labrador ein eigenartiges Flugobjekt auf, das mit etwa 1.000 Kilometern in der Stunde durch den Luftraum flog.

Zwei Tage später verfolgten Radaroperateure der japanischen Luftwaffe über eine Stunde lang die höchst sonderbaren Luftmanöver zweier Flugobjekte, die scheinbar in einen Luftkampf verwickelt waren. Auf den Radarschirmen sahen sie wie Flugzeuge aus. Aber zu dieser Zeit befanden sich keine konventionellen Maschinen in diesem Gebiet.

Drei Wochen später sahen sich deutsche Luftüberwachungsexperten vor ein Problem gestellt. In der Nacht zum 23. November begegnete ein F-80-Düsenjäger 9.000 Meter über Fürstenfeldbruck in Bayern einem kreisenden Objekt mit hellroten Lichtern. Das Radarpersonal am Boden wurde zur gleichen Zeit auf das fremde Flugobjekt aufmerksam. Als der Düsenjäger näher kam, stieg das rotleuchtende Objekt rasch außer Sichtweite. Doch bevor es vom Radarschirm verschwand, konnte seine Flughöhe noch mit 13.000 Metern errechnet werden.

»All diese Vorfälle stifteten Verwirrung«, kommentierte später der Astrophysiker und Ufo-Berater der US-Luftwaffe, Professor Allen J. Hynek vom Department of Astronomy der Northwestern Universität:

Zu viele der Ufo-Berichte aus aller Welt stammten zweifellos von zuverlässigen, verantwortungsbewußten Menschen, u. a. von Bergwachtpiloten, Polizeibeamten, Flugkapitänen und militärischen Luftüberwachungszentralen. Die mit der Luftverteidigung des Landes betraute US-Air Force war unmittelbar betroffen.

Was lag also näher als die Erklärung, daß die nationale Sicherheit offenbar durch die potentielle, unheimliche Erfindung einer fremden Macht bedroht sei. Dem militärischen Verstand leuchtete das sofort ein. Wenn die Aussichten auch noch so furchterregend sein mochten, so war dergleichen doch zu bewältigen.

Die beobachteten Eigenschaften der Ufos paßten jedoch nicht in die Vorstellungswelt militärischen Fortschritts – und nur ein geringer Prozentsatz der Sichtungen konnte mit Sicherheit astronomischen Objekten oder Vorfällen zugeschrieben werden.

Aus diesem Grund gingen die Meinungen in Project Sign schon sehr bald auseinander: Ging es um außerirdische oder nur um irdische, aber fremde Technologie? Handelte es sich um außerirdische Raumschiffe oder um eine Massenpsychose – eine Nachkriegsneurose?

Bald schon gingen die konventionellen Erklärungen aus. Es gab also nur zwei Möglichkeiten – das Problem hatte psychologisch zu sein, eine Ausflucht, die nur zu gern mangels stichhaltiger Erklärungen benutzt wurde. Oder aber hinter diesem Phänomen verbarg sich tatsächlich etwas, das niemand zugeben wollte.

Sobald der menschliche Verstand mit Fakten konfrontiert wird, die nicht in sein gewohntes Weltbild passen, bemüht er sich angestrengt, diesen Zwiespalt zu überbrücken, allerdings lieber mit Hilfe von Emotionen als mit dem Verstand. Denn der Verstand müßte eine Wissenslücke eingestehen.

1948 sah sich Project Sign in der bedauerlichen Situation, keine hinreichenden Erklärungen geben zu können, und es wandte sich daher an seine wissenschaftlichen Berater in der Luftwaffe und das wissenschaftliche Establishment. Und dort schloß man messerscharf, daß nicht sein kann, was nicht sein darf!

Die Air Force spielte eine Schlüsselrolle, denn die Welt, d. h. andere Regierungen, richtete sich nach der US-Luftwaffe aus. Hynek sagt dazu:

»Wenn ich mich erkundigte, was in diesen Ländern in bezug auf das Ufo-Phänomen geschah, erhielt ich in vielen Fällen zu Antwort: Nachdem die Vereinigten Staaten dieses Problem mit all ihren Mitteln und Möglichkeiten handhaben, könnten andere Länder mit ihren begrenzten Möglichkeiten kaum mehr tun. Sie würden das Ergebnis der amerikanischen Untersuchungen abwarten.«

Monatelang analysierten Angehörige von Projekt Sign das vorliegende Beweismaterial: Pilotenbefragungen, Radarbildspuren, Beobachtungen von Wissenschaftlern und Zeugen mit Spezialausbildung:

Danach sind die meisten Ufos scheibenförmig, gewöhnlich mit einer Kuppel versehen, und haben einen Durchmesser, der das Zehnfache ihrer Dicke im Zentrum beträgt. Sie fliegen häufig in Formationen und werden von Augenzeugen und Radar gesichtet. Es gibt außerdem elliptische oder »zigarrenförmige« Objekte, einige davon »Doppeldecker« mit zwei übereinanderliegenden Fensterreihen. Beide Typen verfügen über ein außerordentliches Beschleunigungsvermögen, sind geradezu phantastisch schnell und machen im Flug Kehrtwendungen um 180°. Es ist offensichtlich, daß sie über revolutionäre Antriebsmethoden verfügen, die allen bekannten irdischen weit überlegen sind.

Die Wissenschaftler und Abwehroffiziere des Projektes kamen in einmütiger Übereinstimmung zu der streng geheimen Schlußfolgerung: Ufos sind außerirdische Raumschiffe, die aus uns unbekannten Motiven die Erde beobachten. Sie verfaßten daraufhin einen detaillierten Bericht, der dem damaligen Chef des Stabes General Hoyt S. Vandenberg zuging. In diesem top secret-Dokument Nr. F-TR-2274-IA heißt es am Schluß

3. Außerirdische Raumschiffe: Die nachfolgenden Überlegungen betreffen:
   a) Wenn eine außerirdische Zivilisation existiert, die solche Objekte, von denen berichtet wird, herstellen kann, ist deren Entwicklung der unseren höchstwahrscheinlich weit überlegen. Dieses Argument läßt sich bereits durch Wahrscheinlichkeitsberechnungen untermauern, ohne auf astronomische Hypothesen zurückgreifen zu müssen.
   b) Eine solche Zivilisation könnte beobachten, daß sich jetzt auf der Erde Atombomben befinden und wir mitten in einer schnell fortschreitenden Raketenentwicklung stehen. Im Hinblick auf die vergangene Menschheitsgeschichte müßten sie alarmiert sein. Aus diesem Grund sollten wir – vor allem jetzt – mit außerirdischem Besuch rechnen.
   Da Atombomben *die* Aktionen der Menschheit sind, die am einfachsten aus großer Entfernung beobachtet werden können, sollten wir einen direkten Zusammenhang erwarten: zwischen der Zeit von A-

Bombenexplosionen, der Zeit, in der Ufos gesichtet werden, und jener Zeit, die solche Raumschiffe brauchen, um von ihren Welten anzukommen und wieder dahin zurückzukehren.

In dieser Analyse an General Vandenberg wurde außerdem vorgeschlagen, die U. S. Air Force zu veranlassen, kompetentes Personal zu schulen, damit das Ufo-Problem gemeistert werden könne. Gleichzeitig wurde die Anwendung neuer Verfahrenstechniken in Photographie und Radar anempfohlen, um genaue Meßdaten der Sichtungen zu erhalten.

Damit war unter der Geheimhaltungsstufe 1A (= streng geheim) die »Katze aus dem Sack«. Project Sign war sich absolut darüber im klaren, daß die Ufos mit hoher Wahrscheinlichkeit außerirdische Raumschiffe sind, die den Planeten Erde beobachten – und einer langfristigen Untersuchung unterziehen.

Sollte die Öffentlichkeit über diese geheime Schlußfolgerung nicht informiert werden? Die Projektangehörigen waren unbedingt dafür und versuchten auch, den General davon zu überzeugen, daß es besser sei, das Land jetzt zu unterrichten, als so lange zu warten, bis unter Umständen ein Malheur passiert war. Aber General Hoyt S. Vandenberg, Chef des Stabes, las den Bericht und ließ umgehend seinen »Schlacht«-Plan ausführen. Er befahl:

»Verbrennen!«

Damit die Wahrheit nicht ans Licht kam. Seine Begründung war: ausgeschlossen, die Öffentlichkeit mit einer solchen Schlußfolgerung zu beunruhigen. Es sei einfach unzumutbar, noch dazu gäbe es kein solides physikalisches Beweisstück für diese Behauptung. Ganz abgesehen davon, wie solle man der Öffentlichkeit begreiflich machen, daß von den Ufos keine feindseligen Handlungen zu erwarten seien, nachdem man das selbst nicht einmal wisse. Die Folge wäre nur Panik.

Also ging der Bericht in Flammen auf – bis auf eine Kopie, die jemand »vergessen« hatte.

# Täuschungsmanöver

Kurz nach dem Bericht von Project Sign erstellte auch Dr. James E. Lipp von der Rand Corporation in Santa Monica, Kalifornien, aus der Abteilung für Lenkwaffen ein Gutachten. Es war für Brigadier General Putt, den damaligen Air Force-Direktor für Forschung und Entwicklung, bestimmt und behandelte die These: Ufos = außerirdische Raumschiffe.

In seinem Gutachten vom 13. Dezember 1948 stellt Lipp fest, daß derartige Flugobjekte nicht von einem Planeten unseres Sonnensystems stammen könnten, da nur die Erde intelligentes Leben hervorgebracht habe. Wenn sie also wirklich real wären, müßten sie von einem anderen Planetensystem kommen. Aber selbst wenn die Zivilisation eines anderen Planetensystems eine Raumfahrt entwickelt haben sollte, wären die Entfernungen von dort zu uns viel zu groß, um eine solche Reise überhaupt zuzulassen. Trotzdem schloß Lipp die Möglichkeit außerirdischer Besuche nicht aus, wenn er sie auch für unwahrscheinlich hielt.

Weiterhin argumentierte Lipp:

»Wenn sie kämen, würden sie ja wohl Verbindung zu uns aufnehmen.«

Im übrigen bleibt seine Äußerung, die beobachteten fliegenden Objekte würden seiner Auffassung von Raumfahrzeugen nicht entsprechen, ziemlich unverständlich. Denn ausgerechnet in seinem Gutachten taucht eine Feststellung auf, die paradoxerweise den beobachteten Charakteristiken der Ufos in etwa entspricht:

»Daher werden zwei Möglichkeiten dargestellt: 1. Eine Anzahl von Raumschiffen könnte als Gruppe aufgetreten sein. Dergleichen würde nur im Falle einer formellen Kontaktaufnahme geschehen. 2. Zahllose kleine Flugobjekte könnten aus einem Mutterschiff herabgekommen sein, das die Erde (wie ein Satellit) in einer erdnahen Umlaufbahn umkreist. Aber die Voraussetzung dazu wären raketenähnliche, kleine Flugmaschinen, die mit Satellitenleistung operieren. Außerdem müßte das Mutterschiff wirklich riesig sein, um sie aufnehmen zu können.«

Nach dem Project Sign-Report änderte die US-Luftwaffe ihre Einstellung zu Ufos drastisch. Und mit dieser neuen Politik erhielt das Geheimprojekt bezeichnenderweise einen neuen Namen: »Grudge« = Groll.

Plötzlich waren Ufos nur noch Unsinn. Die Project Grudge-Analytiker hatten von vornherein alle Ufo-Sichtungen als Fälschung, Halluzination oder Verwechslung zu behandeln. Der mit den Ufo-Untersuchungen der Luftwaffe beauftragte Projektleiter, der Geheimdienstoffizier Captain Edward Ruppelt, äußerte sich später folgendermaßen über Project Grudge:

». . . Das Klima für jede ernsthafte Untersuchung fliegender Untertassen war sehr frostig geworden. Dieser drastische Wechsel der offiziellen Einstellung ist ebenso schwer zu erklären, wie er vielen Leuten unfaßbar war, die wußten, was in Project Sign vorging . . . Auf einmal wurde alles nach der Prämisse festgelegt, daß Ufos nicht existieren konnten. Aber weiterhin gingen monatlich im Durchschnitt zehn gute Berichte über Ufo-Sichtungen ein. Sie wurden weder bestätigt noch untersucht. Die meisten wurden einfach abgetan.«

Dazu schreibt Professor A. Hynek in seinem Buch »The Ufo Experience«: »Der Wechsel zu Project Grudge signalisierte, daß das Ufo-Problem strikt abgeschüttelt werden sollte. Die offiziellen Stellungnahmen zu speziellen Ufo-Fällen hatten jetzt nur noch entfernte Ähnlichkeit mit den tatsächlichen Fakten. Wenn in einem Fall einige Elemente auftauchten, die möglicherweise einem Flugzeug, Ballon usw. zugeschrieben werden konnten, dann wurde in der Pressefreigabe automatisch eines dieser Objekte daraus.«

Auch wenn diese neue Ufo-Politik vielen Eingeweihten unverständlich war, gab es für sie gute Gründe. Sie waren allerdings nur einer kleinen Gruppe in höchsten Kreisen – Regierung und Geheimdienst – bekannt. In den »unteren Rängen« herrschte daher Unsicherheit und Verwirrung. Und daraus erklären sich wiederum die von grollenden Grudge-Mitarbeitern gemachten, widersprüchlichen Aussagen. Wenn auch das Grudge-Team im großen ganzen nichts davon merkte, daß es von oben manipuliert wurde, argwöhnte wenigstens Captain Ruppelt, daß etwas faul sein mußte.

»Von oben« bedeutete in diesem Fall die CIA. Doch selbst wenn dies nach finsteren Machenschaften riechen sollte, gab es für die CIA einige gute Gründe, sich für das Ufo-Phänomen zu interessieren und damit zu befassen. Um diese schicksalhafte Verwicklung besser zu verstehen, müssen die Hintergründe miteinbezogen werden.

Wenn das Jahr 1947 wegen der Arnold-Sichtung auch ein bedeutungsvolles Jahr auf dem Ufo-Gebiet war, so kam ihm doch weit größere Bedeutung aus viel weniger augenfälligen Gründen zu. 1947 entstand die CIA.

Nach Beendigung des Zweiten Weltkrieges hatte Präsident Truman das Office of Strategic Services (OSS-Büro für Geheimdienste) aufgelöst. Seine Begründung war: In Friedenszeiten seien weder politische Manipulationen erforderlich noch Kriegstaktiken im Sinne paramilitärischer oder psychologischer Operationen notwendig. Aber trotzdem sah Truman die Notwendigkeit für eine Institution mit dem Aufgabenbereich, Informationen – besonders geheime Informationen – zu sammeln, zu analysieren und zu koordinieren. Deshalb ersuchte der amerikanische Präsident 1947 den Kongreß, durch die Annahme des National Security Act (Nationales Sicherheitsgesetz) den geheimen Nachrichtendienst Central Intelligence Agency – CIA – zu gründen.

In der spannungsgeladenen Atmosphäre des Kalten Krieges gelang es den Geheimdienstexperten, den Kongreß von der Notwendigkeit zu überzeugen. Durch die Annahme des National Security Act 1947 erhielt die CIA Sonderprivilegien: Diese neue Behörde war von den normalen Überprüfungsverfahren durch den Kongreß ausgenommen; und 1949 sorgte der Central Intelligence Act sogar noch für eine Erweiterung dieser Ausnahmestellung. Die schwerwiegendsten Folgen ergaben sich allerdings aus dem im Gesetz von 1947 verankerten Artikel, durch den die CIA »Vollmacht erhält, auch derartige andere Funktionen und Pflichten auszuüben, die mit dem Nachrichtenwesen nicht in unmittelbarem Zusammenhang stehen«.

Diese kurze, harmlose Formulierung des Kongresses gestattete es der CIA auch, im Lauf der Jahre eine geheime Charta zu bilden, die einerseits in völliger Übereinstimmung zu den Anweisungen des National Security Act stand und auf den Ausführungsbestimmungen des Präsidenten beruhte, andererseits jedoch befand sich diese Charta in beinah vollständigem Widerspruch zur eindeutigen Absicht des Gesetzes, durch das die CIA eingesetzt worden war. Aus einigen »unbedeutenden« Worten des Kongresses hatte die CIA die Freiheit abgeleitet, sich in geheime Angelegenheiten einzumischen, die ihre grundsätzlichen Aufträge nicht betraf. Und daher wurde die CIA zum größten Machtfaktor der westlichen Welt.

Mitten im Kalten Krieg häuften sich die Ufo-Sichtungen. Wurde der Westen etwa durch eine neue russische Geheimwaffe bedroht? Eine Waffe, vielleicht von deutschen Wissenschaftlern entwickelt, die nach Kriegsende von den Russen übernommen worden waren? Diese Spekulation stand einige Zeit gut im Kurs und wurde auch von der CIA ernst genommen. Ein noch strengerer als streng geheimer CIA-Befehl wurde unter »above top secret« erlassen, mit der Maßgabe, die Herkunft der Ufos zu untersuchen. Da die Militärgeheimdienste der USA der CIA unterstehen, war die CIA der automatische Empfänger aller Projektanalysen und Berichte. Als sich dann herausstellte, daß Ufos weder eine Erfindung der Russen noch die einer anderen irdischen Nation sind – und die Russen durch dieses Phänomen mindestens so verwirrt wie die Amerikaner waren, denn die Ufos verschonten auch den Osten nicht –, faßte die CIA den Entschluß, die Situation noch einmal neu zu überdenken.

Der Project Sign-Schlußbericht, daß Ufos außerirdische Raumschiffe sind, stellte die CIA vor eine völlig neue Situation. Welch unerwartete Möglichkeiten konnten sich da eröffnen!

Soweit es um die Interessen der CIA ging, bestand vor allen Dingen Grund zu der Annahme, daß man bei einigem Glück höchstwahrscheinlich mit einem Schlag in den Besitz einer absolut neuartigen Technologie, revolutionärer wissenschaftlicher Erkenntnisse gelangen konnte. Für die USA wären sie von unschätzbarem Wert gewesen. Andererseits stand die Wahrscheinlichkeit dafür, daß die Sowjets eines dieser außerirdischen Raumschiffe erwischten, was einem geradezu fatalen Schlag für die Vereinigten Staaten gleichkommen würde. Für die CIA wurde es daher zur absoluten Notwendigkeit, zuerst auf dem Plan zu sein. Natürlich folgten die Russen ähnlichen Erwägungen. Und damit begann das Wettrennen nach einem Ufo.

Die Öffentlichkeit mußte natürlich ausgesperrt werden, denn schließlich handelte es sich ja nicht nur darum, so ein Objekt einfach zu »schnappen«. Vielmehr mußten obendrein auch noch die Sowjets abgelenkt werden. Die CIA ließ sich also eine Methode einfallen, mit der sie den gegnerischen Geheimdienst benutzte, in der UdSSR Verwirrung zu stiften, während sie im stillen eifrig danach trachtete, der Technologie und den Methoden dieser Ufos auf die Spur zu kommen, um das Weltraumrennen zu gewinnen. Da die Massenmedien und die breite Öffentlichkeit einer Geheimhaltung entgegenstanden, wandte die CIA (und, wie später bekannt wurde, auch der KGB) die Methode an, das Ufo-Phänomen ins Lächerliche zu ziehen oder »wegzuerklären«.

Der damalige Direktor der CIA, Admiral R. H. Hillenkoetter, bestätigte Jahre später, daß die Öffentlichkeit über die unbekannten Flugobjekte immer fehlgeleitet worden sei.

Damit wäre dann auch die »Abschütteltechnik« von Project Grudge zu erklären. Das war allerdings erst der Anfang.

Zu Beginn der fünfziger Jahre, nachdem Russen, Amerikaner und Kanadier u. a. nach ihrer ergebnislosen Jagd auf Ufos resigniert hatten, trafen sich die leitenden Geheimdienstler aus den USA, der UdSSR, Frankreich und England 1955 in Genf. Sie beschlossen dort einmütig eine strikte Geheimhaltungspolitik in bezug auf das Ufo-Phänomen gegenüber der Weltöffentlichkeit.

Schon als zu Zeiten von Project Grudge die ersten spinnerten Kontaktgeschichten veröffentlicht wurden, kam dies der CIA und der US-Luftwaffe nur zu gelegen. Denn nichts konnte die Öffentlichkeit besser davon überzeugen, wie lächerlich das ganze Ufo-Phänomen ist als die Verbreitung derart unsinniger Geschichtchen.

1950 beauftragte die Aerojet General Corporation den Ingenieur Daniel W. Fry mit der Verantwortung für die Instrumenteninstallation in den Steuersystemen von Lenkwaffen auf dem Raketenversuchsgelände White Sands bei Las Cruces in New Mexico. Später war Fry wesentlich an der Entwicklung des Leitsystems der Atlas-Trägerrakete beteiligt und stand dem California Institute of Technology zeitweilig als Berater zur Verfügung. Danach müßte von Fry eigentlich angenommen werden können, daß er ein Realist und kein Phantast ist. Aber was war er wirklich?

Die folgende unheimliche Begegnung soll sich, seinen Aussagen zufolge, abgespielt haben:

Am 4. Juli 1950 war Fry bei einem abendlichen Spaziergang in Richtung des alten statischen V-2-Versuchsstandes gelaufen. Auf dem etwa zweieinhalb Kilometer langen Weg zum Zentrum des Versuchsgeländes hatte Fry beiläufig zum Himmel aufgesehen. Dabei war ihm eine Reihe von Sternen aufgefallen, die von irgend etwas verdeckt wurden. Bei intensiverem Hinsehen erkannte Fry schließlich ein ovales Objekt, das langsam zur Erde sank und etwa 20 Meter von ihm entfernt lautlos aufsetzte. Außer dem Knacken von Ästen war nichts zu hören.

Fry lief um das Objekt herum, das seiner Schätzung nach acht Meter hoch und im Durchmesser neun Meter dick sein mußte. Er konnte weder Fugen noch Öffnungen feststellen, und eventuelle Insassen konnten das sonderbare Objekt höchstens oben oder unten verlassen. Fry näherte sich und berührte die scheinbar polierte, silbrig glänzende Metalloberfläche mit ihrem kaum wahrnehmbaren, violetten Schimmer. Sie fühlte sich ungeheuer glatt an und schien etwas wärmer als die Luft zu sein. Fry schlug leicht mit der Hand darauf und spürte umgehend ein Prickeln in der Hand und an den Fingern. Gleichzeitig kam eine Stimme sozusagen aus dem Nichts:

»Die Hülle sollten Sie besser nicht berühren, mein Lieber. Sie ist noch warm.«

Fry erschrak derartig, daß er rückwärts stolperte und der Länge nach hinfiel. Später sagte er aus, daß ihn das korrekte Englisch des Sprechers erstaunt und er deswegen angenommen habe, ein Amerikaner sei im Spiel. Aber er hätte diesen Gedanken noch nicht einmal zu Ende gedacht gehabt, als die Stimme gesagt habe:

»Nein, ich bin kein Amerikaner wie Sie. Aber aufgrund meiner derzeitigen Aufgabe muß ich mich wie ein Amerikaner verhalten. Und die Tatsache, daß Sie mich für einen Landsmann gehalten haben, spricht für den Erfolg meiner Bemühungen, Ihre Sprache und Redewendungen während der letzten zwei Jahre zu erlernen. Ich habe Ihren Planeten noch nie persönlich betreten. Bevor ich mich der irdischen Atmosphäre und Gravitation anpassen kann und gegen die Krankheitserreger der Erde gefeit bin, werden noch vier weitere Jahre vergehen. Unsere jetzige Expedition dient in der Hauptsache der Erforschung der menschlichen Anpassungsfähigkeit. Wir wollen vor allem feststellen, ob der Mensch überhaupt fähig ist, seine Gedankenwelt auf Konzeptionen einzustellen, die seiner konventionellen Denkweise weltenfern sind. Bereits unsere Vorfahren haben jahrhundertelang Expeditionen zur Erde gemacht, die leider wenig Erfolg hatten. Diesmal hoffen wir fruchtbareren Boden und einsichtigere Menschen vorzufinden. Denn wir möchten den Erdbewohnern bei ihrer fortschreitenden Entwicklung Hilfe leisten.«

Fry stand erstaunt im Sand, als die fremde Stimme fortfuhr:

»Ich kann mir vorstellen, daß es ermüdend sein muß, im Sand meinem Vortrag zu folgen. Vielleicht haben Sie an einer kleinen Flugreise Spaß. Diese ferngesteuerte Raumkapsel ist zwar nur als Transportmaschine gedacht, aber trotzdem sind ein paar Sitzplätze in einer kleinen Passagierkabine vorhanden. Ich selbst befinde mich in der Steuerzentrale, dem Mutterschiff, wie es auf der Erde genannt wird, 1450 Kilometer über der Erdkugel.«

Bei diesen Worten glitt ein Teil der unteren Hüllenwand nach innen. Fry betrat durch diese Öffnung eine Kabine von 2,70 Meter Länge und 2,10 Meter Breite. Es waren vier mäßig große, anatomisch geformte Sessel vorhanden.

Wieder meldete sich die Stimme und schlug Fry einen 30-Minuten-Flug nach New York und wieder zurück vor. Fry willigte verwundert ein, klammerte sich instinktiv an seinen Sitz und stemmte die Füße auf. Sekunden später »fiel die Erde mit unvorstellbarer Geschwindigkeit unter ihm zurück«, wie er sich ausdrückte. Er spürte nicht die geringste Beschleunigung, und seiner Meinung nach bewegte sich der Flugkörper überhaupt nicht von der Stelle. Daher die Ausdrucksweise, daß »die Erde zurückgefallen« sei. Schon gleich nach dem Start tauchten die Lichter der Stadt Las Cruces auf. Sie erschienen in der unteren linken Ecke der durchsichtig gewordenen Türöffnung. Fry schloß daraus, daß er in zwei bis drei Sekunden etwa 3300 Meter gestiegen sein mußte. Aber es war ihm unbegreiflich, daß er die Beschleunigung während des Aufstiegs überhaupt nicht gespürt hatte.

Auf seine Frage erhielt er zur Antwort: Die Antriebskraft, die das Flugobjekt beschleunige, gleiche in etwa einem Gravitationsfeld und wirke sich nicht nur auf jedes Atom des Raumschiffes selbst aus, sondern auch auf jedes darin befindliche Masse-Atom – Pilot oder Passagier. Die Beschleunigungsgrenze sei allein durch die maximale Antriebskraft gesetzt. Da sich diese Energie jedoch proportional zur Masse verhalte und die Gravitation der Erde unvermindert auf beides einwirke, bliebe die ursprüngliche Kraft zwischen Sitz und Körper konstant. Es gäbe nur eine Einschränkung: Diese Kraft verringere sich im selben Verhältnis, wie das Gravitationsfeld der Erde bei zunehmender Entfernung abnimmt. Bei interstellaren Reisen mit weit auseinanderliegenden Planeten und ihren Gravitationsquellen sei daher die Erzeugung eines künstlichen Gravitationsfeldes erforderlich.

»Wir sind an eine Gravitation gewöhnt, die nicht einmal halb so groß wie die der Erde ist«, sagte die Stimme zum Schluß.

Über New York ging das Flugobjekt auf 32.000 Meter herunter.

»Aus dem bis dahin verschwommenen Lichtermeer kristallisierten sich Millionen einzelner Lichtpunkte heraus, die wie weißblaue Diamanten auf dunklem Grund aussahen«, beschrieb Fry sein »Raumerlebnis«.

Aber der Aufenthalt über New York war nur sehr kurz, und Fry wurde viel schneller nach White Sands zurückgeflogen, als die Hinreise gedauert hatte.

Nach der Landung stolperte er aus dem Raumschiff und lief benommen ein paar Schritte durch den Sand, bevor er sich noch einmal umsah. Die Tür war wieder verschwunden, aber mitten um das Flugobjekt züngelte ein orangerotes Leuchten, bis es plötzlich senkrecht in den Nachthimmel emporschoß. Durch den Sog wurde Fry einige Meter vorwärts gerissen und verlor fast das Gleichgewicht. Trotzdem ließ er das Flugobjekt nicht aus den Augen. Erst als sich das orangerote Leuchten in ein dunkles Violett verwandelt hatte, entschwand es seiner Sicht.

Es heißt, Fry habe das Erlebnis umgehend in einem Bericht mit allen technischen Einzelheiten festgehalten. Doch durch die besonders strengen Geheimhaltungsvorschriften, denen White Sands als militärisches Sperrgebiet unterlag, sei dieser Bericht erst nach zwölf Jahren veröffentlicht worden.

Diese Kontaktgeschichten, diese sogenannten nahen Begegnungen, sind die größte Belastung für das Ufo-Verständnis, da sie die Schattenseiten eines sonst durchaus respektablen Phänomens repräsentieren. Es waren vor allem Kontaktgeschichten, die zu einer Art Ersatzreligion, einem Ufo-Sektierertum, führten und nicht zuletzt das ganze Ufo-Gebiet in Mißkredit brachten.

Aber kann deswegen allen Ernstes behauptet werden, daß alle Kontaktberichte (von denen es, ganz nebenbei gesagt, unzählige gibt) unverschämt dreist zusammengebraute Lügenmärchen sind – ausnahmslos alle? Das wäre sicher der leichteste Ausweg, denn vieles ließe sich auf diese Weise vereinfachen. Denn sobald wir auch nur eine einzige dieser »nahen Begegnungen« akzeptieren oder wenigstens für wahrscheinlich halten, sind die Schlußfolgerungen daraus unabsehbar. Das Problem ist nämlich, daß einige dieser Berichte überzeugend wahr klingen. Wahr klingen – aber im Endeffekt ist es immer wieder nur ein Bericht »aus zweiter Hand«, der bleibt; und der springende Punkt ist leider der, daß nichts Konkretes, nichts Substantielles vorhanden ist und nichts definitiv nachgewiesen werden kann.

Am 7. Juli 1952 erschien in der North American Newspaper Alliance der Bericht einer Ufo-Landung in der DDR. Er stammt von dem ehemaligen Bürgermeister von Gleimershausen bei Meiningen, Oskar Linke. Vor englischen und amerikanischen Untersuchungsbeamten erklärte Linke folgendes an Eides statt:

»Da ich beabsichtigte, mich zum Westen abzusetzen, fuhr ich häufig mit meinem Motorrad und meiner zwölfjährigen Tochter im Beiwagen an die westdeutsche Grenze. Die russischen Grenzbeamten kannten uns auf diese Weise bald und wurden über unsere wirklichen Absichten getäuscht. Eine Woche vor unserer Flucht fuhren wir an einem Nachmittag von unserer Grenzfahrt wieder einmal nach Hause. Dabei kamen wir an einem Wäldchen vorbei, das etwa fünf Kilometer von der westdeutschen Grenze entfernt ist. Plötzlich deutete meine Tochter auf etwas Helles, das durch die Bäume schimmerte. Wir hielten sofort an, versteckten das Motorrad im Gebüsch und schlichen vorsichtig zwischen den Bäumen darauf zu. Etwa 25 oder 30 Meter entfernt sahen wir dann auf einer Lichtung ein scheibenförmiges Objekt, das vielleicht acht Meter im Durchmesser war. Es wirkte so, als sei es erleuchtet, und aus seiner Mitte ragte oben eine viereckige Konstruktion unter einem kuppelartigen Gebilde heraus. Dieser Aufbau war dunkler als das Objekt und erinnerte an poliertes Aluminium.

Wir hatten uns hinter einem kleinen Hügel versteckt und beobachteten zwei menschenähnliche Wesen, die etwa 1,20 Meter groß waren, von der anderen Seite der Lichtung kommen. Sie trugen einteilige, silbrig schimmernde Anzüge. Einer von beiden hatte einen schachtelförmigen Gegenstand, der so groß war wie drei aufeinanderliegende Zigarettenpakkungen, auf der Brust. Vorn war er mit einem bläulich blinkenden Licht versehen. Die Fremden gingen hintereinander, und der Hintere tippte seinem Vordermann auf den glasartigen Helm. Daraufhin blieben beide stehen. Als sich einer plötzlich in unsere Richtung drehte, entfuhr meiner Tochter ein unterdrückter Seufzer. Die Fremden liefen daraufhin schnell zu einer Luke in dem viereckigen Aufbau und verschwanden im Inneren des Objekts. Jetzt erst bemerkten wir, daß rings um das Flugobjekt zwei Reihen runder Luken verliefen, fast so wie Schiffsbullaugen. Der viereckige Aufbau verschwand langsam in dem kuppelförmigen Aufbau, und das Objekt hob nun vom Boden ab. An seiner Unterseite wurde eine viereckige Konstruktion sichtbar, wahrscheinlich war dies der Antrieb. Das Flugobjekt stieg etwa 30 Meter hoch, verhielt eine Weile auf der Stelle und schoß dann auf einmal davon.«

Als Linke seine eidesstattliche Aussage zu Protokoll gab, äußerte er vor den Engländern und Amerikanern die feste Überzeugung, eine neue russische Flugmaschine gesehen zu haben. Von Ufos hatte er bis dahin nichts gehört.

Die Theorie, das Ufo-Sichtungen und insbesondere Kontaktgeschichten ein Nebenprodukt unserer zunehmend entmenschten, technologischen Welt sind, entbehrt jeder Grundlage. Denn im Lauf der Jahrhunderte wurde nicht nur immer wieder von Ufo-Sichtungen berichtet, sondern auch nahe Begegnungen geschildert.

Zum Beispiel wurde 1790 ein französischer Polizeibeamter namens Liabeuf von Paris nach Alençon geschickt, um einen sonderbaren Vorfall für seine vorgesetzte Dienststelle aufzuklären. Er berichtete folgendes:

»Am 12. Juni morgens um 5 Uhr hatten einige Bauern einen enormen *Globus* beobachtet, der von Flammen umgeben schien. Zuerst glaubten sie, es sei ein Montgolfier-Ballon, der brannte. Aber seine große Geschwindigkeit und sein pfeifendes Geräusch verwunderte sie. Der *Globus* wurde langsamer, machte eine Schaukelbewegung und stürzte auf einer Hügelkuppe ab, dabei entwurzelte er die ganze Hangvegetation. Die dem Objekt entströmende Hitze war so groß, daß Büsche und Gras in Brand gerieten.

Es gelang den Bauern, den Brand, der sonst das ganze Gebiet vernichtet hätte, einzudämmen. Am Abend war der *Globus* immer noch warm. Und dann passierte ein außergewöhnliches – man möchte sagen unglaubliches – Ereignis: Augenzeugen waren zwei Bürgermeister, ein Physiker und drei andere lokale Autoritäten, die meinen Bericht bestätigen – nicht zu vergessen, das Dutzend Bauern, die auch dabei waren.

Die Kugel, groß genug, um ein Fuhrwerk darin unterzubringen, war nach ihrem Absturz völlig intakt.

Es hatte sich schnell herumgesprochen, und die Neugier trieb die Leute aus allen Richtungen herbei.

Plötzlich öffnete sich eine Art Tür, und – das ist das Interessante – eine Person kam heraus, genau wie wir, nur seltsam angezogen. In Kleidern, die eng am Körper anlagen, und als dieser Mann all die Menschen sah, murmelte er etwas und rannte ins Gehölz.

Die Bauern zogen sich instinktiv furchtsam zurück, und das rettete sie, denn kurz danach explodierte die Kugel lautlos, die Trümmer flogen in alle Richtungen und lösten sich dann in eine Art Pulver auf.

Nach dem mysteriösen Mann wurde ohne jeden Erfolg gesucht. Er schien sich in Luft aufgelöst zu haben, denn bis jetzt wurde nicht die geringste Spur entdeckt. So, als sei er aus unserer Welt verschwunden.

War er nicht von unserer Erde, weil er in so sonderbarer Weise auftauchte? Ich bin zwar kein Gelehrter, aber dieser Gedanke kam mir plötzlich in den Kopf...«

Der Bericht über diesen Vorfall ging anschließend der französischen Akademie der Wissenschaften zu und wurde von den namhaften Gelehrten mit entsprechendem Sarkasmus entgegengenommen. Sie erklärten mit absoluter Bestimmtheit, es sei unmöglich für ein Lebewesen, auf solche Weise zur Erde zu kommen. Sie lehnten es auch ab, die Stelle mit eignen Augen zu besichtigen, um sich von dem Loch zu überzeugen, das durch den Einschlag der Kugel entstanden war und für Jahre sichtbar blieb.

Ein vom Himmel gefallenes Lebewesen – noch dazu unter den geschilderten Umständen –, das schlug dem Faß den Boden aus! Hatte man nicht schon genug Ärger gehabt mit dem – zugegebenermaßen – tüchtigen Physiker Ernst Friedrich Chladni? Was hatte diesen Wissenschaftler nur bewogen, alle physikalischen Gesetze auf den Kopf zu stellen und zu behaupten, daß »Steine – Meteoriten – vom Himmel fallen«. Nun, er hatte seine gerechte Strafe erhalten und war mit Hohn und Spott überschüttet worden. Am meisten vergrämt über die Chladnische Behauptung war das Mitglied der Academie Française, der Chemiker Antoine Laurent Lavoisier. »Steine können nicht vom Himmel fallen, weil es im Himmel keine Steine gibt«, also sprach Lavoisier.

Aber Chladni gab keine Ruhe und bewies 1794 ärgerlicherweise, daß sie eben doch vom Himmel fallen. Allerdings ignorierte das wissenschaftliche Establishment diese Tatsache noch viele Jahre in der Hoffnung, um die kosmischen Steine herumzukommen.

Chladni – ging es ihm, Morris K. Jessup, nicht ähnlich? Für ihn waren Ufos außerirdische Raumschiffe – auch wenn seine Kollegen über ihn lächelten und begannen, ihn zu meiden. Durch das Studium historischer Fälle, die ihn besonders interessierten, wurde er in seiner Annahme, daß außerirdische Intelligenzen die Erde immer wieder aufsuchen, nur noch bestärkt. Für Jessup wurde es immer einleuchtender, daß der

Mensch stets die Vorstellung und Sprache seiner eigenen Zeit verwendete, um diese rätselhaften Ufo-Erscheinungen zu beschreiben. Besonders deutlich kam dies für Jessup in den Massensichtungen der Jahre 1896 und 1897 zum Ausdruck.

# Die tollkühnen Flugmaschinen

Um die Jahrhundertwende, genauer gesagt in den Jahren 1896 und 1897, wurden Tausende von Amerikanern in Texas und Kalifornien von plötzlich auftauchenden, seltsam leuchtenden Flugobjekten in Erstaunen versetzt, die riesigen Zigarren glichen. Und das sieben Jahre vor dem ersten Flug, den die Brüder Wright in ihrem Motorflugzeug im Jahre 1903 in Kitty Hawk unternahmen; und viereinhalb Jahre, bevor Graf Zeppelin am 2. Juli 1900 am Bodensee die Welt mit dem ersten Luftschiff zum Staunen brachte.

Pendelten da doch über Sacramento helle, vielfarbene Lichter auf und nieder, während die Menge über Oklahoma ein etwa 50 Meter langes Gefährt mit rotorähnlichen Flügeln bestaunte, an dessen Unterseite ein riesiger Scheinwerfer den Boden ableuchtete.

Aber Flugobjekte wurden nicht nur auf dem Festland beobachtet, sondern auch von Schiffsbesatzungen auf dem Meer – strahlende Kugeln oder scheibenförmige Objekte –, die aus dem Wasser auftauchten und in die Luft aufstiegen. An japanischen und chinesischen Küsten wurden öfters seltsame »Scheiben« oder »Räder« gesichtet, in Europa dagegen nur hin und wieder.

Im März und April nahmen die Sichtungsberichte in Amerika unverhältnismäßig zu, wenn sie sich auch nach wie vor auf Gebiete zwischen Texas und Michigan konzentrierten. So berichtete z. B. der »Daily Texarkanian«, Tageszeitung von Texarkana im Bundesstaat Arkansas, am 25. April 1897 von dem phantastischen Erlebnis des Richters Lawrence A. Byrne. Die Geschichte eines Mannes, dem seine Mitbürger absolute Glaubwürdigkeit und Zuverlässigkeit bescheinigen:

»Am vorausgehenden Freitag hatte der Richter an einem sumpfigen Nebenarm des McKinney-Flusses Gebietsvermessungen überprüft. Dabei war er aus dem Dickicht auf eine Lichtung getreten und hatte dort zu seiner maßlosen Verblüffung ein seltsames Objekt stehen sehen. Beim Nähertreten wurde ihm klar, daß es sich dabei um das gleiche Flugobjekt handeln mußte, von dem in letzter Zeit so oft die Rede in den Tageszeitungen war. Byrne sah drei auffallende, kleine Männer mit mongolischen Gesichtszügen und Bärten, die sich in einer fremden Sprache unterhielten. Die drei sahen zu ihm hinüber, und als sie seine Überraschung bemerkten, winkten sie und gaben durch Zeichen zu verstehen, daß er ihnen in das Flugobjekt folgen solle. Byrne erklärte, es sei aus Aluminium gewesen.«

War es ein Zeichen der Zeit, daß damalige sogenannte »Kontaktzeugen« meistens behaupteten, die Besatzungsmitglieder dieser Flugobjekte seien Männer mit Bärten gewesen? Eine der spaßigsten Kontaktgeschichten des Jahres 1897 veröffentlichte der »Courier-Herald« in Saginar:

»Kategorisch erklären die Einwohner von Linn Grove, daß sie die Existenz einer Flugmaschine nunmehr nicht mehr bezweifeln. Denn am Vortage wurde ein großes Objekt am Himmel beobachtet, das sich langsam in nördlicher Richtung fortbewegte und anscheinend landen wollte. Sofort sprangen der Kaufmann James Evan, der Pferdegeschirrhändler F. G. Ellis, Ben Buland, der Effektenhändler, und zwei weitere Männer in eine Kutsche und trieben die Pferde in Richtung der Maschine. Sie war etwa sechs Kilometer nördlich der Stadt niedergegangen. Als es die jagenden Pferde geschafft hatten, die Kutsche bis auf 250 Meter an die Maschine heranzubringen, hob diese ab und flog nach Norden davon. Aber vorher warfen einige Insassen noch zwei Gesteinsbrocken zu den Verfolgern heraus. Diese wurden mit in den Ort zurückgenommen und sind dort jetzt ausgestellt. Die Zusammensetzung des Gesteins ist unbekannt. – In Linn Grove herrschte helle Aufregung, denn fast alle Bewohner beobachteten das Objekt, als es die Stadt überflog.«

Am 15. April veröffentlichten der »Argus-Leader« von Sioux Falls, South Dakota, und eine ganze Reihe anderer Zeitungen einen Bericht über folgenden Vorfall unter der Spalte »Springfield, Illinois«:

»Die Landarbeiter Adolph Winkle und John Hulle erklärten an Eidesstatt, daß gut drei Kilometer außerhalb von Springfield ein Flugobjekt gelandet sei, um so etwas wie elektrische Apparaturen an Bord zu reparieren. Die Arbeiter behaupteten außerdem, sie hätten mit Insassen dieses Objekts, zwei Männern und einer Frau, gesprochen und dabei erfahren, daß das Objekt in einer halben Stunde von dem ungefähr 160 Kilometer entfernten Quincy nach Springfield geflogen sei.«

Auch der Sheriff J. Sumpter jr. und sein Deputy Sheriff John McKenire von Garland County, Arkansas, unterzeichneten am 8. Mai 1897 eine eidesstattliche Erklärung über das, was sie am 6. Mai erlebt hatten.

Auf ihrem Patrouilleritt in nördlicher Richtung war ihnen in jener Nacht ein glänzendes Licht hoch am Himmel aufgefallen, das dann plötzlich verschwand. Da die beiden Polizisten nach herumlungernden Landstreichern suchten, vermieden sie es, laut zu sprechen, um nicht unnötig auf sich aufmerksam zu machen. Als sie eine Weile zwischen den Hügeln dahinritten, war das Licht plötzlich wieder da, wenn auch viel näher am Boden als vorher. Die Gesetzeshüter verhielten ihre Pferde und beobachteten, wie es immer weiter sank und hinter einem Hügel verschwand. Nun trieben sie ihre Pferde wieder an und ritten etwa einen Kilometer in dieser Richtung weiter, bis die Tiere plötzlich scheuten und den Gehorsam verweigerten. Jetzt bemerkten die Polizisten ca. 35 Meter entfernt zwei Personen, die Lichter trugen. Sie brachten ihre Winchestergewehre in Anschlag und riefen:

»Wer ist da? Was machen Sie da?«

Eine Lampe in der Hand, kam ein kleiner, bärtiger Mann zum Vorschein, der dem Sheriff und seinem Deputy auf Befragen antwortete, daß er mit einem jungen Mann und einer Frau in einem Luftschiff auf Reisen sei. Die Polizeibeamten sahen deutlich die Umrisse eines zigarrenförmigen Objekts von etwa 180 Meter Länge, das ganz genau der Skizze eines Flugobjekts glich, das kürzlich in Zeitungen abgebildet war. Sie befragten den Fremden, warum das blendende Licht des Luftschiffs ständig an- und ausgeschaltet werde. Daraufhin erhielten sie zur Antwort, damit würde Antriebsenergie gespart. Da die Polizisten ihrer Streife nachgehen mußten, ritten sie davon. Als sie nach etwa 40 Minuten zurückkamen, war niemand mehr da. Außerdem hatten sie weder gehört noch gesehen, wann das Flugobjekt aufgestiegen war und die Gegend verlassen hatte.

Hier ergibt sich nun die Überlegung, ob da nicht vielleicht ein heimlicher Erfinder unheimlich am Werk gewesen sein könnte. Wäre er im Spiel gewesen, taucht die Frage auf, wo Erfinder und Erfindung geblieben sind. Sollte die Vermutung zutreffen, könnte es sich wiederum nur um einen Vorgänger des Grafen Zeppelin gehandelt haben, denn das erste Starrluftschiff – seine LZ 1 – flog ja erst einige Jahre später, sie war 128 Meter lang, mit zwei Daimlermotoren von je 15 PS ausgestattet, und ihre Spitzengeschwindigkeit betrug 32,4 km in der Stunde. Höchstwahrscheinlich wurden einige Jahre vorher Konstruktionsideen von Luftschiffen in den Zeitungen veröffentlicht. Aber es darf nicht vergessen werden, daß der erste Zeppelin im Verhältnis zu den beschriebenen Charakteristiken der Flugobjekte primitiv war.

Es spricht sehr vieles dafür, daß tatsächlich 1897 etwas gesehen wurde. Selbst wenn wir der Phantasie der Beobachter, die natürlich durch Zeitungsartikel angeregt war, Zugeständnisse machen, gibt es verblüffende Übereinstimmungen zwischen den verschiedenen Aussagen aus allen Teilen Amerikas, über ein Objekt, das dem Entwicklungsstand dieser Zeit weit voraus war: zigarrenförmige Objekte aus Aluminium oder ähnlichem Metall mit Antriebsaggregaten; das Schweben; Senkrechtstarten; hohe Geschwindigkeit; auffallende, gleißende Lichtquellen.

Verfolgt man im übrigen die Zeitungsmeldungen über Sichtungen in jener Zeit auf der Landkarte, kristallisiert sich eine bemerkenswerte Tatsache heraus: Sichtungsorte und zeitliche Reihenfolge der Berichte ergeben schnurgerade Flugrouten über weitgespannte Entfernungen.

Mag bisher vielleicht der Eindruck entstanden sein, daß Massensichtungen unbekannter Flugobjekte ein rein amerikanisches Problem sind, erweist sich dies nun als Irrtum.

Anfang der dreißiger Jahre tauchten über Europa, insbesondere im skandinavischen Luftraum, große, graue Flugmaschinen ohne Hoheits- oder sonstige Kennzeichen auf. Häufig erschienen sie im Verlauf schwerer Gewitter und kreisten über Städten, Eisenbahnen, Festungsanlagen, Schiffen auf See und stellten sehr oft ihre Motoren ab. In vielen Beschreibungen wurde immer wieder von riesigen, vielmotorigen Maschinen gesprochen. So bestand eine Gruppe von fünf Zeugen auf der Behauptung, ein gigantisches Flugzeug mit acht Propellern gesehen zu haben. In jenen Jahren gab es in Skandinavien jedoch so gut wie keine Privatflugzeuge, und große Verkehrsmaschinen befanden sich erst in der Entwicklungsphase. 1926 waren Admiral Byrd und Floyd Bennet in einer dreimotorigen Fokker von Spitzbergen in Norwegen zum Nordpol geflogen. Dieser Flug stieß damals in Skandinavien auf großes öffentliches Interesse, und in der Presse erschienen immer wieder Photos dieser Maschine. Als nun sechs Jahre später die mysteriösen Flugmaschinen am skandinavischen Himmel auftauchten, wurden sie von vielen Zeugen mit der dreimotorigen Fokker von Byrd verglichen.

Die schwedische Luftwaffe nahm diese Berichte ganz und gar nicht auf die leichte Schulter. Und 1934 entsandte sie 24 Doppeldecker in die einsamen, dünnbesiedelten Gebiete, um nach den dort aufgetauchten »Geisterfliegern« Ausschau zu halten. Eine gründliche Suchaktion zu Lande, zu Wasser und in der Luft wurde durchgeführt, um diesem Phänomen auf die Spur zu kommen. Die Konditionen, unter denen die schwedischen Luftwaffenpiloten ihren Auftrag ausführen mußten, waren so halsbrecherisch, daß zwei Maschinen während der Suchaktion abstürzten.

Piteå, 22. Januar 1934

Der ständige Hilfspfarrer aus Långtrask berichtete, daß er während der letzten zwei Jahre in diesem Gebiet immer wieder rätselhafte Flugmaschinen gesehen habe: die bekannten »Geisterflieger«, von denen im letzten Sommer zwölfmal je einer über seine Gemeinde geflogen sei – und zwar stets in der gleichen Richtung von Südwesten nach Nordosten. Obwohl die Maschine bei vier verschiedenen Gelegenheiten sehr niedrig flog, seien weder Hoheits- noch andere Kennzeichen zu sehen gewesen. Allerdings zeigten sich einmal bei einem sehr niedrigen Flug über dem Pfarrhaus für ein paar Sekunden drei Personen in der Flugkabine. Der Hilfspfarrer sagte weiterhin aus, daß die Maschine grau war und rechts und links nur je eine Tragfläche hatte.

Bis zum Dezember 1933 gab es kaum Presseberichte über dieses Phänomen. Einer der ersten stammt vom 24. Dezember 1933 aus Kalix. Darin wurde mitgeteilt, daß am Heiligen Abend gegen 18 Uhr ein mysteriöser Flugkörper aus Richtung Bottensea auftauchte, Kalix überflog und in westlicher Richtung verschwand. Von der Maschine ausgehende Lichtstrahlen suchten die Gegend ab.

Am 27. Dezember 1933 widmete die »New York Times« einem rätselhaften Flugobjekt, das während eines furchtbaren Schneesturmes mit donnerndem Geräusch genau über New York kreiste, einen ausführlichen Artikel.

Danach wurde am 26. Dezember vormittags um 9.30 Uhr in ganz Manhattan das Motorengeräusch eines mitten im Schneesturm kreisenden Flugzeuges gehört. Nachdem ein Nachrichtensprecher der NBC den Vorfall gemeldet hatte, liefen bald darauf aus allen Himmelsrichtungen Telefondurchsagen ein. Die »New York Times« gab bekannt:

»Nach einer Überprüfung der verschiedenen Anrufe darf angenommen werden, daß der Flieger bis zur 72. Straße vorstieß, über dem Central Park kreiste und dann in Richtung 23. Straße und bis zur Bronx weiterflog.«

Damit war bis nachts 2.25 Uhr Ruhe. Dann wurden über dem Riverside Drive und der 155. Straße wieder Motorengeräusche gehört.

Alle Flugfelder im Metropolitan District gaben bekannt, daß im Verlauf des Tages aufgrund der Wetterlage alle Flüge gestrichen waren und auch kein verirrtes Flugzeug aus dem Schneehimmel abgestürzt sei.

1933 waren Flugzeuge technisch noch nicht in der Lage, unter derartigen Witterungsbedingungen zu fliegen. Keiner der damals existierenden Flugzeugtypen konnte sich während eines fünf- bis sechsstündigen Schneesturmes in der Luft halten. Aber die über New York gehörte Maschine war dazu offenbar in der Lage gewesen. Sie wurde nie identifiziert.

Am 4. Februar 1934 berichtete der Londoner Korrespondent der »New York Times« über einen ähnlichen Vorfall, der sich über London abgespielt hatte.

Kurz nach Weihnachten tauchte dann wieder ein »Geisterflugzeug« in Skandinavien auf. Es wurde zur selben Zeit in Norwegen und Schweden beim Hin- und Herflug über die Grenze beobachtet. Aus dem schwedischen Tärnaby und dem norwegischen Langmo Vefsn kamen darüber gleichlautende Meldungen. Aus diesem Grunde wurde am 28. Dezember das 4. schwedische Fliegerkorps zur Untersuchung nach Tärnaby geschickt.

Am 10. Januar beobachtete eine Menschenmenge in Tarna in etwa 350 Meter Höhe ein gleißendes Licht. Es wendete und flog in Richtung Archeplog davon. Etwa eine Viertelstunde danach wurden Bewohner dieser Stadt auf Geräusche in der Luft aufmerksam. Sie liefen ins Freie, um nachzusehen. Danach tauchte es über Rortrask, nordöstlich von Norsjö, auf. Augenzeugen behaupteten, daß die Motoren direkt über ihnen dreimal ausgesetzt hätten. Die Maschine sei so niedrig geflogen, daß die ganze Umgebung in Licht getaucht war.

Am selben Tag wurden im norwegischen Trondheim zwei »Landungen der Geisterflieger« gemeldet:

Im äußersten Norwegen landete am Mittwochabend eine Maschine in der Nähe der Insel Gjeslingen außerhalb von Rørvik und die andere bei Kvaloj im Gebiet Naniudal. Im Bericht von Gjeslingen hieß es, es sei ein blendender Lichtstrahl gesehen und lautes Motorengeräusch gehört worden. Dann sei die Maschine auf dem Wasser gelandet und anderthalb Stunden dort geblieben. Nach der Landung sei das Licht verlöscht.

Sofort wurde der norwegische Kreuzer »Adler« in das Gebiet entsandt. Aber als er eintraf, war das Flugobjekt bereits fort. Sehr oft wurde in Sichtungsberichten nur von hellen, blendenden Lichtern gesprochen, und immer wieder tauchte als Vergleich der Ausdruck »Suchscheinwerfer« auf.

Durch die ständigen Berichte über Geisterflugzeuge beunruhigt, entschlossen sich die Verteidigungsministerien von Schweden, Norwegen und Finnland im Februar 1934, in den betroffenen Gebieten eingehende Untersuchungen durchzuführen. Aus den Sichtungsberichten ging eindeutig hervor, daß der Luftraum dieser Länder nicht nur von einem oder zwei Flugzeugen verletzt wurde, sondern von einer ganzen Reihe. Die meisten dieser Maschinen waren größer als die bekannten Militärflugzeuge und außerdem in der Lage, unter schlechtesten Wetterbedingungen und über tückischsten Gebirgslandschaften zu operieren. Dafür waren nach Meinung der Militärs gut funktionierende Versorgungsstützpunkte mit dem erforderlichen technischen Personal, Ersatzteilen und Treibstoff notwendig. Aber derartige Flugstützpunkte wurden trotz des gemeinsamen militärischen Einsatzes dreier Länder nirgends gefunden.

Am 30. April 1934 erließ daraufhin der schwedische Generalmajor Reutersward eine Presseerklärung mit folgendem Wortlaut:

»Aus dem Vergleich dieser Berichte geht eindeutig hervor, daß über unseren militärischen Sperrgebieten illegaler Luftverkehr stattfindet.

Es liegen viele Berichte von zuverlässigen Personen vor, die diese rätselhaften Flieger genau beobachtet haben. Und immer wieder wurde die gleiche Feststellung gemacht: An den Maschinen fehlten Hoheits- oder Identifikationszeichen. Es ist unmöglich, die ganze Angelegenheit als Einbildung wegzuerklären. Die Frage ist nur, wer sind sie und aus welchem Grund sind sie in unseren Luftraum eingedrungen?«

Dann war zwei Jahre lang Ruhe.

Aber 1936 kamen die unbekannten Flugobjekte auf derselben Flugroute, die sie schon 1934 benutzt hatten, wieder nach Skandinavien zurück: Vom hohen Norden in südlicher Richtung zum nördlichen Norwegen, quer über Schweden und wieder zurück.

Nach dem Zweiten Weltkrieg, am 10. Juni 1946, wurden über Finnland Flugobjekte entdeckt, die Ähnlichkeit mit den deutschen V-Waffen hatten. Tausende sahen auch über ganz Norwegen und Schweden innerhalb von wenigen Wochen Lichter, zigarrenförmige Objekte und nicht zu identifizierende Flugmaschinen mit Tragflächen. Am häufigsten wurden sie im spärlich besiedelten, äußersten Norden gesichtet. Von der europäischen Presse wurden diese Vorfälle weidlich ausgeschlachtet, und aus den »Geisterfliegern« der dreißiger Jahre wurden nun »Geisterraketen«. Diese Flugobjekte wurden schließlich in ganz Europa beobachtet, im hohen Norden ebenso wie in Griechenland. Sie erschienen auf Radarschirmen, wurden photographiert, und ihre registrierten Geschwindigkeiten variierten zwischen 700 und 1600 Kilometern in der Stunde.

Britische und skandinavische Zeitungen unterstellten den Russen, sie würden neue Abwehrraketen im nördlichsten Europa testen, worauf Moskau natürlich prompt dementierte.

Im September wurden über Portugal »grüne Feuerbälle« gesehen, und über Casablanca zog ein fliegendes Geschoß mit einem Feuerstrahl. Oslo wurde von »großen glühenden Dingern« heimgesucht, die vom Himmel fielen und mit ohrenbetäubendem Lärm explodierten.

Die schwedische Regierung war über die gesichteten »Geisterraketen« derartig beunruhigt, daß sie sich an die amerikanische Regierung um Hilfe wandte. Diese wurde ihr auch in Form des Geheimdienstgenerals der Armee James A. Doolittle gewährt, der das Phänomen an Ort und Stelle untersuchte. Obwohl er in der Lage war, viele der Sichtungen zu erklären oder wenigstens wegzuerklären, blieb doch noch ein verhältnismäßig hoher Prozentsatz, genauer gesagt, mehr als 20 Prozent, für die Doolittle keine Deutung parat hatte.

All das war Jessup natürlich bis in alle Einzelheiten bekannt, und er gelangte zu der Überzeugung, daß nach Ausklammerung von Irrtümern, Fehldeutungen usw. ein solider Kern von Sichtungen übrigblieb, der das tatsächliche Ufo-Problem verkörperte. Auffallend war dabei die Tatsache, daß im Ballonzeitalter, Ende des 18. Jahrhunderts, von gesichteten »Kugeln« berichtet wurde. Ende des 19. Jahrhunderts, also einige Jahre vor dem ersten Zeppelin und Motorflugzeug, wurde dagegen von mysteriösen, motorisierten Luftschiffen mit oder ohne Flügeln berichtet. In den dreißiger Jahren waren es dann »vielmotorige Geisterflugzeuge«, und nach Beendigung des Zweiten Weltkrieges änderte sich das Erscheinungsbild in geheimnisvolle »Raketen«. Mit dem ersten Vorstoß in den Weltraum tauchte die klassische Scheibenform wieder auf. Von Scheiben und zigarrenförmigen Objekten wurde ja schon seit eh und je berichtet.

Jessup leitete aus diesen unterschiedlichen Erscheinungsformen die Theorie ab, daß außerirdische Besucher unter Umständen ihre Flugmaschinen den Gegebenheiten und der Vorstellungswelt jeder Zeitepoche anzupassen vermögen.

Der amerikanische Schriftsteller und Ufo-Forscher John A. Keel geht sogar noch einen Schritt weiter und vertritt die These, daß Ufos und ihre Besatzungen Besucher aus einer fremden, eventuell psychischen Dimension seien. Und ihre Flugobjekte könnten von ihnen, da sie nicht unserer materiellen Welt entsprächen, beliebig manipuliert werden.

Wörtlich sagt Keel:

»Die Ufos scheinen nicht als greifbare, fabrizierte Objekte zu existieren. Sie gehen nicht mit den von uns akzeptierten Naturgesetzen konform. Sie scheinen nur Metamorphosen zu sein, die sich den Fähigkeiten unseres Verstandes anzupassen vermögen. Tausende von Kontakten mit diesen Wesen lassen den Schluß zu, daß sie uns bewußt zum Narren halten ...

Nehmen wir an, daß eine andere Welt – entweder von einem anderen Planeten oder von einer Region, die aus anderen Frequenzen und anderer Art physikalischer Materie besteht – Absichten auf unsere Erde hätte. Angenommen, ihr Zeitgefüge wäre von Grund aus anders als unseres und sie wären in der Lage, einen Übernahmeplan auszuarbeiten, der Tausende von Jahren erfordert. Während sie nun Vorbereitungen für diese Invasion treffen, müßten sie uns notgedrungen durch die Anwendung einer Art psychologischer Kriegführung fehlleiten. Dadurch, daß sie uns verwirren und davon überzeugen, daß fliegende Untertassen in Wirklichkeit überhaupt nicht existieren.«

Keels Theorie ist neben dem Unbehagen, die sie verursacht, wohl kaum zu akzeptieren. Denn nicht nur wird hier das Phänomen als solches ins Übernatürliche, in die Welt der Dämonen, der dunklen Machenschaften und nicht zuletzt in die Welt des Aberglaubens, also ins tiefste Mittelalter, abgeschoben. Genausowenig kann die Lieblingsthese der Ufo-Sektierer anerkannt werden, daß sich eine »Weltraumbrüderschaft« zur Rettung der bedauernswerten Menschheit entschlossen hat und deswegen ständig hier aufkreuzt. Doch letzteres scheint immer wieder und mit großer Ausdauer zu geschehen.

Auf einer von Präsident Truman am 4. April in Key West einberufenen Pressekonferenz gab der amerikanische Präsident bekannt, daß Ufos weder den USA noch irgendeinem anderen Land der Erde entstammen. Mehr oder weniger war diese Pressekonferenz durch eine Invasion fliegender Untertassen am 17. März 1950 ausgelöst worden, wie sie in den USA bis dahin noch nicht beobachtet wurde. Über 500 scheibenförmige, silbrig schimmernde Flugobjekte hatten das Atomsperrgebiet in New Mexico lautlos und in unbeschreiblicher Geschwindigkeit überflogen. Sie wurden an drei aufeinanderfolgenden Tagen mittags zwischen 11 und 13 Uhr nördlich von New Mexico über der Stadt Farmington gesehen. Die Ereignisse wurden in der Lokalpresse ausführlich besprochen. So berichtete die »Farmington Times« am 18. März unter der Schlagzeile: Ufo-Flotte über Farmington, daß 5000 Einwohner der Stadt am Vortage Hunderte seltsamer Flugobjekte am Himmel gesehen hätten:

»Was sie auch gewesen sein mögen, für unsere Stadt waren sie jedenfalls eine Riesensensation.«

Die offizielle Luftwaffenversion über die Farmington-Sichtung lautete:

»In der Luft herumfliegende Baumwollflocken.«

Nebenbei gesagt, soll sich die Gegend ganz und gar nicht für den Baumwollanbau eignen.

War dieser Fall schon problematisch genug für Projekt Grudge – es sollte noch viel schlimmer kommen.

# Katz-und-Maus-Spiel

In der Nacht vom 19. zum 20. Juli 1952 versetzten unbekannte Flugobjekte die Luftüberwachung der amerikanischen Hauptstadt in helle Aufregung. Um 23.40 Uhr hatte sich auf den Radarschirmen des zivilen Luftkontrollzentrums des National Airport Washington plötzlich eine Gruppe Ufos getummelt – zuerst langsam mit etwa 160 bis 200 Kilometern pro Stunde –, um dann mit rasender Geschwindigkeit davonzuschießen.

Um die gleiche Zeit meldeten die Besatzungen einiger Linienmaschinen die Sichtung mysteriöser Lichter, die den Luftraum mit variierendem Tempo durchquerten. Augenzeugenberichte von Beobachtern am Boden deckten sich mit diesen Aussagen.

Die Fluglotsen Harry Barnes, Ed Nugent, Jim Ritchey und James Copeland trauten ihren Augen nicht. Sie setzten sich mit dem Tower in Verbindung und hörten vom dortigen Radaroperateur, Howard Cockelin, daß diese Objekte auch auf seinem Schirm zu sehen seien.

»Eines sehe ich sogar mit bloßem Auge – keine Ahnung, was das ist«, sagte er.

Gespannt verfolgten die vier Fluglotsen die Ufos eine Weile auf ihren Schirmen, bis Ritchey auffiel, daß sich eines der Objekte an eine gerade gestartete Verkehrsmaschine angehängt hatte. Sofort informierte er den Kapitän der Linienmaschine, einen erfahrenen Piloten namens Pireman, und gab ihm die Position des Ufos an. Da waren – von einer Sekunde zur anderen – alle Spuren der Ufos auf den Radarschirmen wie weggeblasen. Die Fluglotsen waren fassungslos.

Im selben Moment meldete sich Pireman und sagte, er habe das Ding gesehen. Aber bevor er sich nähern konnte, sei es rasend schnell aufgestiegen und in Sekundenschnelle verschwunden. Als die Ufo-Formation danach wieder auftauchte, wandte sich Chief Radar Controller Harry Barnes beunruhigt an das Luftwaffenoberkommando und erreichte, daß gegen 3 Uhr morgens endlich zwei F-94-Abfangjäger zur Erkundung aufstiegen.

Normalerweise war ein Geschwader Abfangjäger zum Schutz des Weißen Hauses und des Capitols auf dem drei Kilometer entfernten Luftwaffenstützpunkt Bolling stationiert. Aber das Geschwader war einige Stunden früher insgeheim zum 160 Kilometer entfernten New Castle County Airport in Wilmington, Delaware, verlegt worden, da die Piste in Bolling repariert werden mußte. Die Düsenjäger brauchten also etwa eine halbe Stunde, um diese Strecke zurückzulegen. Als sie den Luftraum von Washington erreicht hatten, wurden sie von den Fluglotsen in die Richtung der Ufos dirigiert. Aber sobald die Düsenjäger sich ihnen näherten, verschwanden die Ufos blitzschnell und vereitelten jede Art von visueller Kontaktaufnahme, so, als hätten sie den Funkverkehr zwischen Tower und Jagdmaschine verfolgt. Um die gleiche Zeit berichteten Augenzeugen am Boden von seltsamen »Lichtern«, die einzeln am Himmel herummanövrierten. Zwei der Flugobjekte hatten sich inzwischen selbständig gemacht und schwebten im verbotenen off limit-Luftkorridor über dem Weißen Haus, während ein drittes über dem Capitol kreiste.

Im Laufe der Nacht zeigten sich auf den Radarschirmen immer wieder Ufos. Eines der Objekte wurde sogar gleichzeitig von den drei Radarstationen des National Airport und dem Luftwaffenstützpunkt Maryland, fünf Kilometer nördlich von Washington, ausgemacht. Aber das gleiche Spiel wie vor sieben Tagen wiederholte sich – sobald die Düsenjäger auftauchten, verschwanden die Ufos von der Bildfläche – auch von den Radarschirmen.

Dafür trafen die ersten Meldungen aus Newport News in Virginia ein. Dort waren unbekannte Flubobjekte aufgetaucht – helle rotierende Lichter, deren Farbton variierte. Als einige Minuten später auch vom Luftwaffenstützpunkt Langley in Virginia ein seltsames Licht am Himmel gesichtet wurde, stieg wieder ein Düsenjäger zur Erkundung auf. Er wurde vom Tower in Richtung des Ufos dirigiert, bis der Pilot das Objekt vor sich sah. Aber es verschwand, sobald sich der Abfangjäger näherte – »als knipse jemand das Licht aus«. Durch Radarpeilung gelang es dem Piloten jedoch, sich für einige Minuten an das für ihn unsichtbare Objekt anzuhängen. Nachdem er dann wieder in Langley Field gelandet war, tauchten die Objekte erneut über Washington auf. Ein weiterer Abfangjägereinsatz folgte.

Doch diesmal gingen die Ufos ihren Verfolgern nicht mehr aus dem Weg. Ganz im Gegenteil. Es setzte ein regelrechtes Katz-und-Maus-Spiel ein. Denn sobald die Jäger es schafften, bis auf Sichtweite an ihre Ziele heranzukommen und in der Lage gewesen wären, diese genauer in Augenschein zu nehmen, machten sich die Ufos mit ungeheurer Geschwindigkeit gerade so weit davon, um das zu verhindern. Bei diesem sonderbaren Spiel bemerkte einer der Piloten plötzlich, daß er ringsum von Ufos eingekreist war. Nervös geworden, fragte er beim Tower an, wie er sich verhalten solle. Doch bevor die Antwort von dort eintreffen konnte, zogen sich die fremden Flugobjekte bereits zurück und verließen seinen Umkreis. Nach einer knappen halben Stunde ergebnisloser Verfolgungsjagd mußten die Jäger wegen Treibstoffmangels aufgeben und zu ihrem Stützpunkt zurückkehren.

Internationale Schlagzeilen waren die Folge, heilloses Durcheinander und schließlich ein offizielles Dementi, um die allgemeine Ruhe wiederherzustellen. Das Phänomen selbst war damit zwar nicht geklärt, und zufriedenstellende Antworten blieben aus. Von überall her trafen Anfragen im Pentagon ein – sogar von Präsident Truman.

Dem Vorfall selbst kommt insofern besondere Bedeutung zu, als durch Augenzeugenberichte am Boden, in der Luft und Radaraufzeichnungen übereinstimmende Beobachtungen gemacht wurden. Sogar die Farbe der fremden Flugkörper wurde allgemein als von Orange zu Grün zu Rot wechselnd beschrieben.

Schließlich entschloß sich die Air Force unter dem Druck der Öffentlichkeit etwas zu unternehmen.

Daher wurde offiziell entschieden, und zwar vom Chef des Stabes, Lieutenant General Nathan Twining, eine Pressekonferenz abzuhalten. Ängste sollten damit ausgeschaltet und Gerüchte zum Schweigen gebracht werden. Dieser Entschluß führte am 29. Juli 1952 zur längsten Pressekonferenz der Luftwaffe seit dem Zweiten Weltkrieg. Sprecher dieser Konferenz waren u. a. Major General John A. Samford, Direktor des Air Force Intelligence (Abwehrdienst der Luftwaffe), Major General Roger A. Ramey, Chef des Air Defence Command (Luftwaffenverteidigungskommando), und Captain Ed Ruppelt vom Projekt Blaubuch.

Mit der Bekanntgabe, die Luftwaffe sei so gut wie überzeugt davon, daß es sich bei den Radarsichtungen der vergangenen zwei Wochen um Temperaturinversionen (Temperaturumkehr in der Atmosphäre) handle, leitete der dazu ausersehene, schlaue Samford die Pressekonferenz mit undurchdringlicher Freundlichkeit ein. Die Radareinrichtungen hätten Lichter vom Boden aufgefangen, die von einer kalten Luftschicht zwischen zwei warmen, also durch Temperaturinversionen, reflektiert worden seien.

Auf präzise Fragen erhielten die Reporter ausweichende, nichtssagende Antworten. So sprach Samford von der Absicht der Luftwaffe, einen unabhängigen Wissenschaftler mit der intensiven Untersuchung der Washingtoner Sichtungen zu betrauen. (Bei der Absicht blieb es dann auch.)

Gegen das Argument der Reporter, daß einige Piloten von Verkehrsmaschinen die Objekte doch tatsächlich gesehen hatten, konnte Samford auch nichts einwenden und antwortete lahm, daß die Luftwaffe dafür keine Erklärung hätte. Er versuchte sich mit der lapidaren Feststellung herauszuwinden, daß noch kein Astronom jemals ein Ufo zu Gesicht bekommen habe – eine Behauptung, die mit den Tatsachen in keiner Weise übereinstimmte.

Samford hätte eigentlich besser informiert sein müssen. Wußte er z. B. tatsächlich nichts von den Ufo-Sichtungen seines berühmten Landsmannes, des Astronomen Professor Clyde Tombaugh, der 1930 den Planeten Pluto entdeckt hatte und auch zeitweilig Berater der US-Regierung in Weltraumfragen gewesen war?!

Ein Ufo sichtete er am Abend des 10. August 1949 von der Terrasse seines Hauses in Las Cruces, New Mexico, aus. Hier hatte er gegen 22.45 Uhr ein dunkles zigarrenförmiges Objekt gegen den Himmel beobachtet. Ihm war mindestens eine Reihe leuchtender, lukenförmiger Öffnungen aufgefallen, die von der Mitte nach hinten verliefen. Nach späteren Aussagen Tombaughs konnten es auch quadratische Fenster sein.

Doch das nur am Rande.

Um auf Samford zurückzukommen: Er gab der Presse weiterhin bekannt, daß der Luftwaffe eine Anzahl von Berichten über Ufos zugegangen sei, »von glaubwürdigen Beobachtern über relativ unglaubliche Dinge«. Dabei handele es sich um etwa 20 Prozent aller Berichte. Besonderen Wert legte Samford schließlich auf die Feststellung, daß Ufos in keiner Weise eine Bedrohung der nationalen Sicherheit darstellten.

Eine geradezu paradoxe Aussage, da in der Nacht vor dieser Pressekonferenz Informationen durchgesickert waren, daß Piloten – einem neuerlichen Luftwaffenbefehl zufolge – Ufos unter Feuer zu nehmen hatten, wenn diese sich weigerten zu landen. Die von Samford anfangs gegebene »Verlegenheitserklärung« über die »Temperaturinversionen« war damit ad absurdum geführt. Es sei denn, Samford wäre im Besitz »neuester wissenschaftlicher Erkenntnisse« gewesen, nach denen Temperaturinversionen in militärischer Formation auftauchen, abgeschossen oder zur Landung gezwungen werden können. Unter diesen Umständen mußte Samford natürlich auch die Erklärung darüber schuldig bleiben, warum Abfangjäger den Befehl erhalten hatten, einem »meterologischen Phänomen« nachzujagen.

Nicht zur Sprache kam, warum erfahrenen Radarspezialisten ausgerechnet bei der Washington-Sichtung unterstellt wurde, Temperaturinversionen mit außerirdischen Raumschiffen verwechselt zu haben. Denn weder vor noch nach dem Washington-Vorfall war diesen Fluglotsen jemals eine derartige Verwechslung passiert. Sie verwahrten sich auch entschieden gegen diese Behauptung. Schließlich zeigte die durch Radar gemessene Geschwindigkeit der unbekannten Flugobjekte eine Beschleunigung von 150 auf 11.000 Stundenkilometer in wenigen Sekunden. Die Windgeschwindigkeit zur gleichen Zeit betrug dagegen nur 35 Kilometer in der Stunde.

Der Öffentlichkeit war ebenfalls nicht bekannt, daß die Ufo-Sichtungen über Washington nicht die einzigen in jenen Tagen waren. Auch Samford ließ darüber während der Pressekonferenz, die mit etwa 50 Journalisten überfüllt war, nichts verlauten.

Aus einem Geheimdienstbericht geht zum Beispiel hervor, daß am 23. Juli blaugrün leuchtende Objekte über Boston gesehen und durch Radar ermittelt wurden. Ein zur Erkundung beorderter F-94-Pilot meldete kurz nach seinem Aufstieg Sichtkontakt mit den Ufos, aber er wurde durch deren rasante Beschleunigung ausmanövriert.

Am 28. Juli gelangen dem in seinem Garten arbeitenden Privatmann George Stock aus Passaic in New Jersey sogar sieben Schnappschüsse eines scheibenförmigen Objekts, das über seinem Haus schwebte. Auch sein herbeieilender Vater sah das seltsame Flugobjekt. In der gleichen Periode bestätigten CIA-Beamte eine Reihe von Sichtungen über Flugzeugwerken an der Westküste. Ingenieure eines der Werke, die die Flugmanöver der diskusförmigen Objekte beobachteten, sagten aus, daß es sich bei den Untertassen definitiv um intelligent gesteuerte Maschinen handele.

Erneut flammte Angst auf. Was ging vor? Woher kamen diese unbekannten Flugobjekte? Hatten die Russen vielleicht doch eine neue Geheimwaffe entwickelt?

# GRU-FO

Doch das hatten die Sowjets ganz und gar nicht. Sie hatten vielmehr ernsthafte Probleme mit Ufos, von denen sie nicht wußten, ob sich dahinter nicht vielleicht doch amerikanische Geheimwaffen verbargen. Denn Valentin Akkuratov, der berühmte russische Pilot und Chefnavigator der Soviet Polar Aviation meldete, ihm sei, während er in Grönland in einer TU-4-Maschine einer strategischen Mission nachging, ein linsenförmiger, perlfarbener Flugkörper »mit wellig pulsierender Kante« begegnet.

Im ersten Moment vermuteten er und seine Besatzung einen neuen amerikanischen Flugzeugtyp und wichen in die Wolkendecke aus. Als sie den Schutz der Wolken nach einer Weile wieder verließen, stellten sie zu ihrer maßlosen Verblüffung fest, daß sich das fremde Flugobjekt längsseits ihrer eigenen Maschine befand. Nun wollte es Akkuratov genau wissen, er änderte blitzschnell seinen Kurs und näherte sich dem fremden Objekt. Gleichzeitig holte er dafür Erlaubnis beim Flugstützpunkt Aderma ein, die ihm gewährt wurde. Sobald sich Akkuratovs Kurswechsel vollzogen hatte, folgte das fremde Flugobjekt mit dem gleichen Manöver und flog auf Parallelkurs zur TU-4. Nach einem Seite-an-Seite-Flug von einer Viertelstunde änderte es seinen Kurs erneut, setzte sich vor die TU-4, stieg plötzlich schnell steil auf und verschwand.

Die russische Besatzung konnte weder Antennen, Flügel oder Fenster an dem fremden Flugkörper ausmachen. Auch über dessen Antriebskraft konnten sie sich keinen Aufschluß verschaffen. Akkuratov äußerte sich nur über die »unmögliche Geschwindigkeit«, mit der sich das Objekt entfernt hatte.

Übrigens bestätigte er, bei seinen Flügen im Baltikum, besonders auch über Murmansk, Charkow und Gorki, öfters Ufos gesehen zu haben.

Die Russen versuchten nicht nur durch fliegerische Annäherungsversuche dem Geheimnis der Ufos auf die Spur zu kommen, sondern fuhren auch mit schärferen Geschützen auf, nämlich in den Hügeln von Rybinsk, 150 Kilometer nördlich von Moskau. Auch dort wurden Ufos gesichtet – was um so schlimmer war, da hier Raketenabwehrbatterien Teil des Abwehrnetzes der sowjetrussischen Hauptstadt bilden sollten. Beim Anblick der unidentifizierten Flugobjekte geriet ein nervös gewordener Batteriechef in Panik und gab (unautorisierten) Schießbefehl auf die gigantische Scheibe. Die Raketen wurden abgefeuert; alle explodierten etwa zwei Kilometer vor dem Ziel. Eine zweite Salve folgte – mit dem gleichen Resultat. Zu einer dritten kam es dann nicht mehr, da mittlerweile eine Anzahl kleinerer Scheiben in Aktion getreten war und das gesamte elektrische System des Raketenstützpunktes zum Erliegen gebracht hatte. Wie sich später herausstellte, mußten diese Flugkörper das Stromnetz durch starke elektromagnetische Felder außer Betrieb gesetzt haben. Denn sobald sie sich wieder zum Mutter-Ufo zurückgezogen hatten, funktionierte die Elektrizität wieder.

Der Rumäne Jon Hobana, Wissenschaftsredakteur der Bukarester Tageszeitung »Scinteia«, ordnete das Ufo-Problem in der Sowjetunion nach folgenden Gesichtspunkten ein:

1. Die moderne russische Ufo-Ära begann im Jahre 1946.
2. Ufos in Rußland zeichnen sich durch die gleichen Charakteristika aus wie überall sonst auf der Welt.
3. Obwohl Ufo-Sichtungen nicht durch die Massenmedien verbreitet werden, existieren zwischen Beobachter und Öffentlichkeit trotzdem Informationsfluß und Echo.
4. Die *offizielle* Einstellung in der Sowjetunion zum Ufo-Problem ist im großen ganzen genauso ablehnend wie im Westen.
5. Trotzdem wird in Rußland angenommen, daß es sich bei den Ufos um ein außerirdisches Phänomen handelt. Und gerade in diesem Zusammenhang sollte festgestellt wer-

den, daß die Möglichkeit einer außerirdischen Herkunft im Osten ernsthafter in Erwägung gezogen wird als im Westen – sogar in wissenschaftlichen Kreisen.

Es ist allerdings wenig bekannt, daß die Anzahl der Sichtungen in der Sowjetunion enorm groß ist. Aber der normale Sowjetgenosse verschwendet keinen Gedanken daran, eine Sichtung zu melden, allein schon wegen des ungeheuren, bürokratischen Papierkriegs. Die Sowjetluftwaffe wiederum legt nur Akten von Pilotensichtungen an.

»Doch trotz der relativ geringen Anzahl offizieller Sichtungsberichte glaube ich, daß im Osten genauso oft Ufos gesichtet werden wie im Westen«, sagt Hobana.

So wird berichtet, daß eine Ärztin in der Nähe der Stadt Irkutsk ein scheibenförmiges Flugobjekt aus dem Fenster ihres Labors photographierte, als es auf vier Beinen landete.

Über der Stadt Woronesch erschien im Sommer 1952 ein gigantisches zigarrenförmiges Objekt von wenigstens 800 Meter Länge, das langsam auf eine Flughöhe von etwa 2000 Metern herunterkam und dort lange bewegungslos verharrte. Tausende, die das Objekt im hellen Tageslicht beobachteten, gerieten in Panik. Plötzlich war es weg – wie ausgelöscht. Kurz darauf tauchten ein paar Kampfflugzeuge auf, die offensichtlich nach dem Flugobjekt suchten. Sekunden nach dem die erfolglos suchenden, verblüfften Piloten wieder heimgeflogen waren, tauchte das mysteriöse Objekt wieder an der gleichen Stelle über der Stadt auf, wo es vorher verschwunden war. Aus seinem Heck schoß ein gewaltiger orangefarbener Strahl, die »Zigarre« stieg fast senkrecht in den Himmel auf und verschwand mit ungeheurer Geschwindigkeit.

In einer Fabrik, die schwere Panzer herstellt (Ort und genaues Datum wurden geheimgehalten), löste eine außergewöhnliche Explosion beinah eine internationale Krise aus, da die Sowjets den Zwischenfall anscheinend als Sabotage amerikanischer Agenten hinstellen wollten. Ursache waren einige zigarren- und scheibenförmige Flugobjekte, die eine Woche vorher in der Nähe des Fabrikgeländes gesichtet worden waren. Verschiedene Zeugen beschrieben, wie sie im anbrechenden

Tageslicht einen Feuerball auf die Fabrik herunterschießen sahen. Dann folgte eine laute Explosion, die von »Miriaden intensiv leuchtender, kleiner Kugeln« begleitet war. In der frühen Morgendämmerung wurde die ganze Umgegend davon erhellt und eine starke Druckwelle wahrgenommen. Für ein paar Minuten verhüllte eine Staub- und Schuttwolke das ganze Gelände. Als sich der Staub verzogen hatte, war außer einem mit Trümmern angefüllten Krater nichts mehr vorhanden. Er befand sich an der Stelle, wo noch vor einigen Minuten eine Abteilung der Fabrik gestanden hatte, in der automatische Spezialgeräte zur Auslösung von Atomraketen hergestellt wurden.

Nach der Explosion stand für eine ganze Weile eine Scheibe reglos in der Luft darüber. So, als wolle sie sicher sein, daß gründliche Arbeit geleistet worden war. Sobald ein paar Kampfflugzeuge auftauchten, flog sie mit hoher Geschwindigkeit davon.

Das größte Rätsel für alle Beteiligten war jedoch die Tatsache, daß niemand verletzt worden war. Denn einige Minuten vor der Explosion hatte die Fabriksirene gewarnt, und alle Arbeiter hatten Deckung gesucht. Wie sich jedoch bei der anschließenden Untersuchung herausstellte, hatte niemand den Alarmknopf berührt, wie durch die Stellung des Unterbrecherschalters bewiesen werden konnte.

Die Sowjets waren vom Ufo-Phänomen genauso mystifiziert wie die Amerikaner. Die CIA hatte die Quelle angezapft – nämlich den militärischen Geheimdienst der Russen »GRU«, wie er abgekürzt wird. Oder genauer gesagt: GRU-Oberstleutnant Juri Popow, der genaugenommen CIA-Agent war, was die Sowjets aber erst 1958 entdeckten.

Bereits 1952 wurde durch eine geheime GRU-Direktive (UZ-II/14) eine unverzügliche Untersuchung des Ufo-Problems mit folgender Instruktion angeordnet:

Absatz 3 . . . es ist dringend geboten aufzuklären, ob es sich bei den unidentifizierten Flugobjekten um

a) geheime Vehikel ausländischer Mächte, die in den Luftraum der Sowjetunion eindringen,

b) disinformative Aktivität durch imperialistische Geheimdienste,
c) extraterrestrische, bemannte oder unbemannte Sonden zur Erkundung der Erde oder
d) ein unbekanntes, natürliches Phänomen handelt.

An der Realität des Phänomens gab es also auch in der Sowjetunion keinen Zweifel. Aber insgeheim kamen die Russen sehr bald zu der Überzeugung, daß es sich dabei um Flugobjekte außerirdischer Herkunft handeln mußte.

Bedauerlicherweise wissen wir nur wenig über die frühen Sichtungen in der Sowjetunion, insbesondere in den fünfziger Jahren. Den wenigen Berichten, die in den Westen durchsikkerten, fehlen meistens genaue Einzelheiten, wie Namen, Orte, Daten usw., da diese geheimgehalten wurden. So klingt der Zwischenfall in der Panzerfabrik einfach zu »schön, um wahr zu sein«, nach der strafenden Hand der Götter. Trotzdem muß es genug beunruhigende authentische Fälle in der Sowjetunion gegeben haben, so daß offizielle Maßnahmen in die Wege geleitet und schon damals ähnliche Schlußfolgerungen gezogen wurden wie von den Amerikanern.

Von den wenigen historischen Fällen, die überliefert sind, erschien 1842 in Petersburg in den Archiven der Archäologischen Kommission der folgende Bericht:

August 1663
An Seine Hoheit, den Archimandriten Nikita,
An Seine Hoheit den Starosch Matwei,
an Seine Hoheit den Starosch Pawel,
an Ihre Hoheiten, die Staroschs der Synode des Klosters von St. Cyril.

Gruß zuvor an die Hochwohlgeborenen Herren von Ihrem ergebenen Diener Iwatschko Rjewskoi.
Der in dem Dorf Mys wohnhafte Kulak Lewka Fedorow übergab mir den folgenden Augenzeugenbericht:
Danach sind die Gläubigen von Belosero am fünfzehnten Tag des August im Jahre des Herrn 1663, einem Samstag, in

großer Zahl zur Kirche nach Robasero gegangen. Und während sie dort waren, hörten sie ein lautes Getöse vom Himmel kommen, und viele verließen das Gotteshaus und versammelten sich draußen auf dem Kirchplatz. Nun war der schon benannte Bauer Lewka Fedorow auch unter ihnen und sah, was geschah. Für ihn hatte Gott ein Zeichen gegeben. Etwa um die Zeit des Zwölfuhrläutens kam auf Robosero ein großer Feuerball aus dem klarsten aller Himmel, nicht aus einer Wolke herunter. Er kam aus der Richtung, die uns den Winter bringt, und zog über die Kirche zum See. An jeder Seite war ein etwa 45 Meter breiter Feuerschein und von vorn zwei durchdringende Strahlenbündel von der gleichen Länge. Plötzlich war er fort, aber als die Uhr ungefähr eine Stunde weiter vorgerückt war, erschien er wieder dort über dem See, wohin er vorher verschwunden war. Er zog in einer Entfernung von etwa 500 Metern vorbei, als er von Süden nach Westen verschwand. Aber als er dann noch einmal wiederkehrte, erfüllte er alle mit großer Furcht, als er sich westwärts fortbewegte und eineinhalb Stunden über Robosero verweilte. Nun waren Fischer in ihren Booten auf dem eineinhalb Kilometer entfernten See, und sie wurden schmerzhaft von der Hitze gebrannt. Das Wasser des Sees war bis auf seine tiefsten Tiefen erleuchtet, und die Fische entflohen zum Ufer. Unter dem Leuchten schien das Wasser mit Rost bedeckt.

Über 300 Jahre später wird ein Ufo-Zwischenfall in der Sowjetunion weniger blumenreich, in der nüchternen Sprache des 20. Jahrhunderts, folgendermaßen geschildert:

Als im Frühjahr 1959 Ufos über Swerdlowsk erschienen, der Befehlszentrale eines strategischen Raketenstützpunkts, verursachten sie bei Radar- und Luftwaffenangehörigen weitverbreitete Panik.

# Kaperbefehl

Bereits zehn Jahre früher, und zwar am 24. April 1949, wurde über dem amerikanischen Raketenversuchsgelände White Sands in New Mexiko ein Ufo beobachtet. Damals arbeitete ein Team von Wissenschaftlern unter der Leitung des Marine Commanders R. B. McLaughlin in White Sands.

Am Morgen des 24. April gegen 10.30 Uhr bereiteten die Wissenschaftler unter McLaughlin den Start eines riesigen Marine-Skyhook-Ballons vor, dessen Durchmesser über 30 Meter betrug. Der Himmel war glasklar, und ein Wetterballon zur Überprüfung der niederen Höhenwinde war bereits hinaufgeschickt worden. Ein Teil der Wissenschaftler verfolgte den Flug dieses Ballons in Höhe von 3500 Metern aufmerksam, als einer der Männer plötzlich lautstark auf ein zweites, weit höher befindliches Objekt am Himmel aufmerksam machte, das sich links von dem Wetterballon befand. Zu ihrer großen Verwunderung sahen die Wissenschaftler ein silberweißes, ellipsenförmiges unbekanntes Flugobjekt. Einer der Wissenschaftler schwang den auf den Wetterballon ausgerichteten Theodoliten herum, richtete ihn auf das Flugobjekt und verfolgte es damit eine ganze Minute lang. Schließlich stieg das Ufo und war in Sekundenschnelle der Sicht entschwunden. Anschließende Schätzungen der Wissenschaftler mit Hilfe des Theodoliten ergaben eine Flughöhe des unbekannten Objekts von 80 Kilometern, als es zuerst gesehen wurde, und eine Fluggeschwindigkeit von 43.000 Kilometern in der Stunde.

Commander McLaughlin schrieb dazu in seinem Bericht:

»Ich bin überzeugt, daß es sich um ein Ufo gehandelt hat, und außerdem, daß diese Scheiben Raumschiffe aus anderen Welten sind, die von lebenden Intelligenzen gesteuert werden.«

Die Militärs gaben die Aussagen von McLaughlin ohne Einschränkungen frei. (Aus Versehen?) Es gab jedoch ein Nachspiel: Commander McLaughlin wurde unerwartet von White Sands auf den Zerstörer »Bristol« versetzt.

Am 10. September 1951 spielte sich in Amerika ein dramatischer Zwischenfall ab, der Project Grudge zu Fall brachte. Pilot und Passagier einer T-33, ein Major der Air Force, beobachteten über Fort Monmouth in New Jersey ein Flugobjekt zwischen zehn und 15 Metern im Durchmesser. Es wurde von den Zeugen, während es unterhalb des Flugzeugs schwebte, als rund, silberfarben, nicht reflektierend und flach beschrieben. Der Versuch des Piloten hinunterzutauchen, um das fremde Objekt aufzuhalten, schlug fehl. Dieses blieb kurze Zeit unterhalb der T-33, schlug dann Südkurs ein, drehte um 120 Grad ab und flog seewärts davon.

Genau um die gleiche Zeit führte ein Operateur des Army Signal Corps Radar Center von Fort Monmouth vor einer Gruppe von Air Force-Offizieren, die das Fort besichtigten, die Radareinrichtung vor. Er verfolgte ein unbekanntes Objekt auf dem Radarschirm, das sich mit einer Stundengeschwindigkeit von 800 bis 1200 Kilometern fortbewegte. Aber er verlor es bald vom Schirm, da es zu kurvenreich und schnell flog.

Am nächsten Tag wurden im Radarzentrum von Monmouth erneut unidentifizierte Flugobjekte mit den gleichen Flugcharakteristiken wie am Vortag auf dem Radarschirm aufgespürt. Diesmal blieb es allerdings nicht bei einem Einzelbesuch, die Objekte kamen und gingen immer wieder, bewegten sich aber so rasch, daß sie der Radaroperateur nicht ohne weiteres verfolgen konnte.

Diese Sichtungen riefen in Monmouth eine Sensation hervor. Eine Anzahl von Luftwaffenoffizieren hatte sie sogar »in natura« und auf dem Radarschirm beobachtet. Der Radaroperateur war außer sich und reichte ein schriftliches Gesuch zur Klärung dieser Angelegenheit ein. Eine Kopie seines Schreibens ging dem Direktor des Luftwaffengeheimdienstes, Generalmajor C. B. Cabell, zu, der daraufhin nähere Informationen über das Luftwaffen-Ufo-Project Grudge anforderte. Er schickte Leutnant Jerry Cummings (Leiter von Project Grudge) und dessen Vorgesetzten, Oberstleutnant N. R. Rosengarten (Chef der Flugzeug- und Lenkwaffenabteilung von ATIC) zur Aufklärung des Vorfalls nach Fort Monmouth.

Die angeordnete Untersuchung wurde von Cummings und Rosengarten mit der offiziellen Erklärung abgeschlossen, daß es sich bei den beobachteten Objekten um Ballons und falsche, anomale Radarechos gehandelt habe, die durch außergewöhnliche atmosphärische Bedingungen verursacht worden seien. Bei dieser Gelegenheit wurde Cabell auch über den Stand von Project Grudge unterrichtet und von Cummings über die Schwächen von Grudge aufgeklärt. Cabell erfuhr außerdem, daß laufend Sichtungsberichte seriöser Augenzeugen bei Project Grudge eingingen. Die gesamte Ufo-Problematik gab Cabell derart zu denken, daß er an ATIC den Befehl erließ, anstelle von Grudge mit einem neuen Ufo-Forschungsprojekt zu beginnen.

Dieses neue Projekt wurde der Leitung des verdienten Luftwaffenhauptmanns Edward J. Ruppelt, der im Zweiten Weltkrieg hohe Auszeichnungen erhalten hatte, anvertraut.

Besonders gründlich hatte sich David M. Jacobs, Geschichtsprofessor an der Temple-Universität in Philadelphia, mit den Hintergründen der Ufo-Projekte der amerikanischen Luftwaffe befaßt. Seinen Ergebnissen zufolge entschloß sich die Air Force zur Umorganisation von Project Grudge durch Ruppelt und zu einer besseren Unterstützung des Projekts. Ruppelts Methoden, von Grund auf neue Verfahren in der Organisation anzuwenden, und zunehmende Sichtungen in den ersten Monaten des Jahres 1952 veranlaßten die Air Force, Project Grudge abzulösen und zu einer selbständigen Organisation umzugestalten.

Und mit der Änderung des Status erhielt das Projekt gleichzeitig auch einen neuen Namen. Von nun an gab es Project Blue Book (Projekt Blaubuch), und sein Leiter Ruppelt erhielt zusätzlich Unterstützung durch die Spezialabteilungen von ATIC-Elektronik, Analyse, Radar und Erkundung, die nun künftig direkt für Blue Book arbeiteten. Außerdem wurde auch das Batelle Memorial Institute in Columbus/Ohio durch ATIC beauftragt, statistische Studien, insbesondere Fragebogenaktionen, durchzuführen. Die daraus resultierenden Ergebnisse wurden im Mai 1953 unter der Bezeichnung Project Blue Book, Special Report Nr. 14, der Luftwaffe übergeben.

In diesem Zeitraum besuchte Joseph Kaplan, Physiker an der California Universität in Los Angeles und Mitglied des Wissenschaftlichen Beirats der Luftwaffe, Project Blue Book auf dem Luftwaffenstützpunkt Wright Patterson in Dayton/Ohio, wo es stationiert war. Er war sich darüber im klaren, daß genaue Messungen von Ufos unbedingt notwendig waren, aber bisher leider keine durchgeführt werden konnten. Er schlug daher vor, durch ein spezielles Diffraktionsgitter eine Analyse des Farbspektrums der unbekannten Flugobjekte zu machen. Das Spektrum eines Ufos konnte anschließend im Labor mit den Spektral-Linien bekannter Objekte – wie z. B. von Sternen, Planeten, Meteoren – verglichen werden.

ATIC und Blue Book nahmen diesen Vorschlag begeistert auf. Und im Verlauf des Jahres 1952 wurden alle möglichen Diffraktionsgitter und Photoapparate auf ihre Tauglichkeit unter den verschiedensten Voraussetzungen überprüft. Solange sich der Kaplansche Plan noch im Entwicklungsstadium befand, setzte Ruppelt dem Vorschlag von Cabell entsprechend Radarbildschirme ein. Er nahm deswegen mit dem Luftverteidigungsministerium Verbindung auf, das innerhalb der Vereinigten Staaten über etwa 30 Radarschirmkameras verfügte. Die kommandierenden Offiziere wurden von Ruppelt entsprechend eingewiesen. Auch der Luftwaffenverteidigungsausschuß wurde informiert und für die Ausarbeitung von Plänen zur Anwendung von Radarschirmkameras um Zustimmung gebeten. Ruppelt führte auch Wissenschaftler des Cambridge Research Laboratory, die zu den technischen Beratern der Luftwaffe gehörten, in den neuen Aufgabenkreis ein. Von hier wurde der Einsatz automatisch-akustischer Empfangsanlagen in Gegenden mit intensiver Ufo-Aktivität empfohlen.

Da auch das Pentagon über die Tätigkeit von Project Blue Book laufend unterrichtet werden wollte, wurde Major Dewey Fournet als Verbindungsoffizier eingesetzt. (Jahre später sagte Fournet, daß die Air Force Ufo-Informationen und Sichtungsberichte geflissentlich zurückgehalten habe.) Fournet war im Zuge dieser Aufgabe bei allen wichtigen Entwicklungen, Untersuchungen und Entscheidungen des Jahres 1952 dabei und die wichtigste Informationsquelle über Blue Book für das Pentagon.

Im Laufe der Zeit erhielt Ruppelt von der Luftwaffe nicht nur mehr und mehr Vollmachten für das Projekt, sondern die Air Force führte auch die von ihm vorgeschlagenen Änderungen der Untersuchungen über Ufo-Berichte durch. So wies der Luftwaffenerlaß 200-5 vom 5. April 1952 alle Geheimdienstoffiziere jedes Luftwaffenstützpunktes in der ganzen Welt an, umgehend Sichtungsreporte zunächst an ATIC und alle Luftwaffenbefehlszentralen zu telegraphieren und anschließend ausführliche schriftliche Berichte per Post an ATIC zu schikken. Kopien dieser Berichte erhielt außerdem der Chef des Luftwaffengeheimdienstes in Washington. Die neue Direktive der Luftwaffe erlaubte sogar jedem Blue Book-Mitarbeiter, sich ohne Einschaltung des Dienstweges direkt mit jedem Luftwaffenstützpunkt in Verbindung zu setzen. ATIC erhielt durch diese neue Methode schnellstens jeden Ufo-Bericht, und Blue Book hatte mehr Macht als jedes andere Projekt zuvor. Geheimdienstoffiziere wurden angewiesen, alle Sichtungsberichte an Blue Book zu leiten, und die Mitarbeiter von Blue Book hatten die Entscheidungsfreiheit, die zu untersuchenden Fälle selbst zu bestimmen.

Daß man um ein fiktives, imaginäres Phänomen wohl kaum so viel Aufhebens gemacht hätte, dürfte einleuchten. Daß es sich allem Anschein nach um ein reales Phänomen handeln mußte, war auch der CIA bekannt. Sie wollte im Wettlauf mit dem KGB um neue Erkenntnisse nicht den kürzeren ziehen.

Wie sehr das gesamte Ufo-Gebiet in den Bereich der Geheimniskrämerei geriet, geht eindeutig aus dem Befehl JANAP 146 (B) (Joint Army Navy Air Publication) vom September 1951 und Dezember 1953 hervor. Hier wird den Angehörigen dieser Waffengattungen und auch Piloten ziviler Fluggesellschaften eine Geldstrafe von 10.000,– Dollar und eine Gefängnisstrafe bis zu zehn Jahren angedroht, wenn sie einen Ufo-Bericht veröffentlichen. Im Luftwaffenerlaß 200-2 (später

80-17 umnumeriert) heißt es u. a., daß nur Falschmeldungen und unechte Ufo-Berichte veröffentlicht werden dürfen. Alle echten Berichte sollten als geheim behandelt und an die vorgesetzte Dienststelle weitergeleitet werden.

Materielle Beweisstücke müßten sofort, möglichst auf dem Luftwege, an ATIC in Dayton befördert werden. So zum Beispiel:

1. Fragmente unbekannter Flugobjekte, die mit Sicherheit von solchen stammten oder stammen könnten.
2. Radarschirmphotographien, aus denen Flugmanöver und Geschwindigkeit Fliegender Untertassen ersichtlich sind.
3. Authentische Photos Fliegender Untertassen.

Es war schon Pech für die US-Air Force und die CIA, daß es ausgerechnet in den fünfziger Jahren außergewöhnlich viele überzeugende Sichtungen gab, die sich einfach nicht alle geheimhalten ließen. Die Öffentlichkeit wurde mißtrauisch und kam bald dahinter, daß irgend etwas faul war. Für Blue Book gab es daher alle Hände voll zu tun, um das Ufo-Problem herunterzuspielen. Gab es doch Fälle, die den Blue Book-Verantwortlichen schwer im Magen lagen:

Am 20. Januar 1951 wurde z. B. Captain Lawrence W. Vinther von den Mid Continent Airlines um 20.30 Uhr vom Kontrollturm des Sioux City Airport aufgefordert, ein »sehr helles Licht« über dem Flugplatz aus der Nähe zu untersuchen. Vinther flog daraufhin gemeinsam mit seinem Copiloten F. Bachmeier dem »Licht« in seiner DC-3 nach, bis dieses ganz plötzlich beinahe kopfüber auf die Maschine von Vinther heruntertauchte, sie lautlos passierte und dann mit großer Geschwindigkeit etwa 60 Meter über der Nase der DC-3 vorbeiflog. Beide Piloten reckten sich die Hälse aus, um zu sehen, wohin das Ding geflogen war, bis sie entdeckten, daß es im Bruchteil von Sekunden eine Wendung von 180 Grad gemacht haben mußte. Denn jetzt flog das Objekt auf einmal in einer Entfernung von etwa 60 Metern auf Parallelkurs mit der DC-3 in der gleichen Richtung. Es war eine sehr helle Mondnacht, die es den beiden Piloten ermöglichte, sich das Ufo genau anzusehen.

Es hatte die Größe einer B-29, vielleicht sogar etwas mehr, und war zigarrenförmig.

Das weiße Licht schien aus einer Vertiefung am Rumpf des Objekts zu stammen. Nach einigen Sekunden verlor es an Höhe, flog unterhalb der Verkehrsmaschine vorbei und verschwand. Ein Zivilbeamter der Luftabwehr, der als Passagier in der DC-3 mitflog, sah das Objekt ebenfalls und bestätigte die Beschreibung der Piloten.

Am 2. Juli 1952 um 11.10 Uhr vormittags befand sich der Marinedeckoffizier D. C. Newhouse mit seiner Frau auf einer Spazierfahrt in der Gegend des Salt Lake, etwa elf Kilometer von Tremonton, Utah, entfernt, als sie eine Formation runder, blitzender Objekte am Himmel sahen.

Newhouse wußte über Flugzeuge Bescheid, da er in einem Luftfahrtversorgungsdepot in Oakland stationiert war, dem er als Marinephotograph zugeteilt war. Newhouse war sich darüber im klaren, daß es sich nicht um eine Flugzeugformation handelte, da die Objekte rund waren und mit Überschallgeschwindigkeit zu fliegen schienen.

Newhouse nahm seine 16-mm-Filmkamera, setzte das Teleobjektiv auf und verfilmte etwa 13 Meter für die zwölf bis 14 Flugobjekte. Bevor er aufhörte, richtete er die Filmkamera auf eines der Objekte, das aus der Formation ausscherte und plötzlich in genau entgegengesetzter Richtung flog. Als Newhouse wieder auf die Formation zurückschwenkte, war diese verschwunden.

Nachdem Newhouse seinen Film entwickelt hatte, schickte er ihn an Project Blue Book zur Auswertung. Der Film wurde drei Monate lang durch Experten auf »Herz und Nieren« geprüft. Danach wurde eine Fälschung hundertprozentig ausgeschlossen. Außerdem analysierte das Marine-Photo-Interpretation Laboratory (P.I.L.), das Photo-Auswertungslabor der Marine, den Film in über 1000 Arbeitsstunden auf das genaueste. Aus graphischen Darstellungen von jedem der 1600 Teilbilder des Films ging die relative Bewegung der Objekte und die Abweichung ihrer Lichtintensität hervor. Konventionelle Objekte konnten danach eindeutig ausgeschlossen werden. Die P.I.L. hielt in ihrer schriftlichen Analyse zweifelsfrei fest, daß es sich bei den »gefilmten Objekten um unbekannte Flugobjekte unter intelligenter Kontrolle« gehandelt habe.

Bereits am 15. August 1950 wurde der sogenannte Montana-Film aufgenommen, der zwei unbekannte Flugobjekte über Great Falls in Montana zeigt. Auch bei diesem Film wurde nach gründlicher P.I.L.-Analyse jede Fälschung ausgeschlossen.

Sind diese Filme schon sensationell genug, so waren die folgenden Fälle, die Project Blue Book-Spezialisten beunruhigten, für Professor Morris K. Jessup ein eindeutiger Beweis für die Realität der Ufos.

In diese Reihe gehört u. a. das aufregendste Erlebnis, das PANAM-Flugkapitän William B. Nash und sein Copilot W. Fortenberry in ihrer fliegerischen Laufbahn wohl am 15. Juli 1952 gehabt haben dürften. Sie waren am Abend dieses Tages von New York nach Miami unterwegs, um eine alte DC-4 zu überführen.

Die Sicht war an diesem Abend ungewöhnlich gut, und die Maschine näherte sich in einer Flughöhe von 2500 Metern Newport News in Virginia. Nash erläuterte seinem Copiloten die Gegend, da dieser die Strecke zum erstenmal flog. In der einbrechenden Abend-Dämmerung sahen die Flieger in der Entfernung die Lichter von Norfolk und Newport News.

Der Zeiger der Borduhr stand auf 21.12 Uhr, als Nash und Fortenberry voraus ein eigenartiges Leuchten erblickten und unmittelbar darauf sechs anscheinend glühende Metallscheiben entdeckten, die sich rasend schnell näherten. Sie flogen auf einem Kurs etwa anderthalb Kilometer unterhalb der Verkehrsmaschine und mußten – verglichen mit den etwa 650 Meter unter den Scheiben befindlichen Objekten am Boden – einen Durchmesser von 33 Metern haben.

Die sechs unbekannten Flugkörper hielten Staffelformation ein, wobei sich das Führungsobjekt am tiefsten Punkt befand, als es die Verkehrsmaschine entdeckte. Es verlangsamte jäh seine Geschwindigkeit, und die beiden nachfolgenden Scheiben gerieten dadurch kurz ins Schwanken. Bei den DC-4-Piloten wurde jedenfalls der Eindruck erweckt, als wären diese zwei Scheiben um ein Haar in die vorausfliegende gerast, weil sie ein Signal zu spät erhalten und bemerkt hatten. Der helle Glanz der Objekte veränderte sich beim »Bremsvorgang« in ein mattes Leuchten.

Dann kippten alle sechs wie auf Kommando gleichzeitig ab, änderten ihren Kurs um 150 Grad und verschwanden.

Kurz danach tauchten noch zwei Objekte unter der DC-4 durch und schlossen in zwei bis drei Sekunden mit der vorausfliegenden Formation auf. Dabei leuchteten sie heller als alle anderen.

Nash und Fortenberry hatten den Kontrollturm in Norfolk sofort über Funk informiert. Dann errechneten sie die Fluggeschwindigkeit der unbekannten Objekte mit Hilfe eines Dalton-Spezialgerätes. Vom Augenblick ihrer Entdeckung durch die DC-4-Piloten bis zu ihrem Verschwinden hatten die fremden Objekte etwa 75 Kilometer in 15 Sekunden zurückgelegt – das käme einer Stundengeschwindigkeit von 18.000 Kilometern gleich. Eine unvorstellbare Geschwindigkeit, die dann auch von den Piloten in ihren offiziellen Berichten an den Geheimdienst nur zögernd erwähnt wurde. Der Presse nannten Nash und Fortenberry aus Furcht, unglaubwürdig zu erscheinen, eine Geschwindigkeit von nur »etwas über 1500 Kilometern in der Stunde«, und auch das sehr zurückhaltend.

Zur Verwunderung der DC-4-Piloten waren Luftwaffenexperten weder über die phantastische Geschwindigkeit noch über die unglaublichen Flugmanöver der Ufos erstaunt.

Nach Nashs und Fortenberrys Überzeugung konnte es sich bei den von ihnen gesichteten Objekten nur um gesteuerte Flugkörper handeln, die aus dem Weltraum stammten. Beide Piloten stimmten auch darin überein, daß kein Mensch physisch in der Lage sei, die blitzschnellen Flugmanöver zu überstehen.

Am 5. August 1952 begann kurz vor Mitternacht über dem damaligen Luftwaffenstützpunkt Haneda – dem heutigen internationalen Flughafen von Tokio – eine der atemberaubendsten Sichtungen im Fernen Osten.

Zwei Flugsicherungsbeamte, die Nachtdienst hatten, liefen über die Asphaltpiste zum Turm. Plötzlich bemerkten sie ein außerordentlich helles Leuchten über der Bucht von Tokio.

Sobald sie sahen, daß es sich bewegte, rannten sie zum Kontrollturm, um es durch Feldstecher zusammen mit ihren beiden noch im Dienst befindlichen Kollegen genauer beobachten zu können.

Von einer dunklen, runden Form schien ein Leuchten auszugehen. Das Ufo näherte sich langsam dem Flugplatz und verhielt schwebend darüber. Jetzt erkannten sie ein zweites schwächeres Licht am Boden des dunklen Schattens. Das Objekt bewegte sich in östlicher Richtung und verschwand, kam dann für ein paar Sekunden zurück, verschwand wieder und kam ein drittes Mal zurück.

Die Flugsicherungsbeamten vom Tower riefen die Radarüberwachung an und erfuhren, daß diese das Ufo auf den Schirmen hatte. Das Objekt wurde etwa fünf Minuten durch Radar verfolgt, während es über der Bucht von Tokio hin- und herflog. Kurz nach Mitternacht wurde ein F-94-Düsenjäger vom Johnson-Luftwaffenstützpunkt hinaufgeschickt, der das Ding möglichst gut aus der Nähe ansehen sollte, und es gelang ihm, nahe genug heranzukommen. Sein Radargerät erfaßte das Ufo etwa anderthalb Minuten, bis es schnell davonzog. Kurz danach sichteten die Flugsicherungsbeamten und auch die Radaroperateure das Ufo erneut, bevor es endgültig verschwand.

In der Nacht vom 23. November 1953 startete vom Luftwaffenstützpunkt Kinross/Michigan ein F-89-Düsenjäger zur Verfolgung eines Ufos über dem oberen Michigansee. Außer dem Piloten, Leutnant Felix Moncla, flog noch der Radarbeobachter Leutnant R. Wilson mit. Von der Bodenradarstation dirigiert, verfolgte Moncla den unbekannten Flugkörper mit einer Stundengeschwindigkeit von 800 Kilometern.

Nur einige Minuten später wurde ein Radarbeobachter der GCI (Ground Control Intercept) Radarstation völlig von der Tatsache überrascht, daß die Radarpunkte des Düsenjägers und des Ufos auf dem Schirm plötzlich miteinander zu einem Punkt verschmolzen. Als dieser eine verbliebene Punkt schließlich vom Radarschirm verschwunden war – das Ufo hatte sich mit enormer Geschwindigkeit entfernt –, funkte der Radarbeobachter sofort um Hilfe. Möglicherweise hatte sich eine Kollision ereignet, und die Besatzung des Düsenjägers war noch rechtzeitig ausgestiegen.

Amerikanische und kanadische Suchkommandos flogen die Gegend kreuz und quer auf der Suche nach der Besatzung der verschwundenen Maschine, Wrackteilen oder Ölspuren ab. Mit Tagesanbruch wurden zusätzlich auch noch Suchboote auf dem See eingesetzt. Aber weder von der Jagdmaschine noch von seiner Besatzung wurde auch nur die geringste Spur gefunden.

Am 29. Juni 1954 startete die BOAC-Linienmaschine Centaurus um 17 Uhr vom New Yorker Flugplatz Idlewild in Richtung London. Verantwortlich war Flugkapitän James Howard, einer der erfahrensten Flugpiloten der BOAC. Einige Passagiere schliefen bereits, als Captain Howard kurz nach 21 Uhr plötzlich auf einige Ufos aufmerksam wurde: ein großes Objekt, das von einer Anzahl kleiner begleitet war. Er wies Lee Boyd, seinen Copiloten, darauf hin, doch dieser hatte sie ebenfalls bereits bemerkt. Die Objekte waren etwa acht Kilometer von der Centaurus entfernt und flogen auf Parallelkurs in gleicher Richtung. Das große Objekt befand sich in der Mitte, während die kleineren es ständig umkreisten. Sie flogen etwa zwölf Kilometer parallel zur Centaurus. Das große Objekt schien von Zeit zu Zeit eine andere Form anzunehmen. Nach Ansicht von Flugkapitän Howard hatte es wahrscheinlich seinen Flugwinkel geändert, so daß eine Formveränderung vorgetäuscht wurde. Damit verbunden war ein ständiger Positionswechsel der kleineren Objekte.

Howard setzte sich mit dem Stützpunkt Goose Bay in Labrador in Verbindung und fragte, ob vielleicht Kampfflugzeuge oder andere Maschinen in der Nähe seien. Er erfuhr, daß das nicht der Fall sei, aber Goose Bay sagte Howard eine Erkundungsmaschine zu. Inzwischen waren auch der Navigationsoffizier George Allen, der Funker Douglas Cox, der 1. Ingenieur Dan Godfrey und der 2. Ingenieur Bill Stewart auf die unbekannten Flugobjekte aufmerksam geworden. Die Stewardeß war ebenfalls dabei und sagte später aus, daß sie in ihrer zweijährigen Flugzeit nie zuvor etwas Ähnliches gesehen habe.

Kurz vor Eintreffen des Abfangjägers zogen sich die kleineren Objekte zurück. Von seinem Navigationsoffizier, der sie unablässig beobachtet hatte, erfuhr der Kapitän der Centaurus, daß es diesem so vorgekommen sei, als wären sie im Inneren des großen verschwunden. Howard informierte den amerikanischen Jäger schließlich über Funk von dem unglaublich schnellen Verschwinden des großen Objekts.

Neben acht Besatzungsmitgliedern hatten auch noch 14 Passagiere der Centaurus den erstaunlichen Vorfall genau beobachtet. 18 Minuten lang und auf einer Strecke von 80 Kilometern hatten sich die unbekannten Flugobjekte auf Parallelkurs zur Centaurus befunden.

Howard sagte:

»Es war ein konkreter Flugkörper – davon bin ich überzeugt –, gesteuert und intelligent kontrolliert. Eine Art *Mutterschiff,* das in irgendeiner Weise zu diesen kleineren *Begleitsatelliten* gehörte. Dafür ist nur eine Erklärung möglich: Es muß eine Art Raumschiff aus einer anderen Welt gewesen sein.«

Auf dem Radarschirm des Luftwaffenstützpunktes Griffith im Staate New York wurde am Mittag des 1. Juli 1954 ein sonderbares Signal aufgefangen. Daraufhin wurde umgehend eine Düsenmaschine vom Typ F-94 entsandt und durch die Bodenkontrolle zur Sichtungsstelle dirigiert. Gleichzeitig verfolgte der Radarbeobachter der F-94 das Objekt vor sich und auch auf dem Bordradarschirm. Zwei Minuten nach seinem Start entdeckte der Pilot des Kampfflugzeuges ein scheibenförmiges, glänzendes Objekt hoch über sich. Der Pilot änderte seinen Kurs und stieg in Richtung Ufo aufwärts. Aber nichts passierte – bis der Radarbeobachter das Ufo über Bordfunk aufforderte, sich auszuweisen. Das fremde Flugobjekt wurde immer deutlicher sichtbar, der Zwischenraum zur Düsenmaschine verringerte sich, denn das Objekt stand reglos auf der Stelle. Ganz abrupt fiel der Düsenantrieb aus. Das Cockpit wurde augenblicklich heiß, obwohl die Instrumente keinen Bordbrand anzeigten. Der Pilot wollte dem Stützpunkt Meldung machen, aber er kam nicht dazu. Er schrie seinem Radarbeobachter zu, auszusteigen. Sekunden nachdem dieser abgesprungen war, fühlte der Pilot einen Stoß. Nach Luft schnappend und mit tränenden Augen betätigte er den Schleudersitz und warf einen letzten Blick auf das riesige, runde Objekt, während er zur Erde glitt. Beide Flieger landeten mit ihren Fallschirmen in der Nähe der Stadt Walesville im Staat New York. Die F-94 stürzte auf zwei Häuser und ein Auto und tötete dabei zwei Kinder und zwei Erwachsene.

Am 13. August 1956 wurde die Radarzentrale für Luftüberwachung im englischen Lakenheath von der mit Radar ausgestatteten, 40 Kilometer entfernten Bodenkontrollstation um 22 Uhr auf ein Signal aufmerksam gemacht, das sich mit einer Geschwindigkeit von 7000 Kilometern in der Stunde fortbewegte. Das zu diesem Signal gehörende Flugobjekt wurde zur gleichen Zeit unterhalb einer C-47 in einer Flughöhe von 2000 Metern gesichtet. Schließlich hatten beide Stationen das Objekt auf ihren Schirmen. Daraufhin wurde mit verschiedenen Radareinheiten Kontakt aufgenommen, damit diese untereinander Vergleiche und Kontrollen durchführen konnten.

Das alles führte schließlich zur Entsendung eines Nachtjägers vom Typ De Havilland Venom, der durch Radar in den Bereich des gesichteten Ufos dirigiert wurde. Zunächst meldete der Pilot über Sprechfunk, daß er das Objekt auf seinem Bordradarschirm und außerdem direkt vor sich habe. Das Ufo setzte sich jedoch hinter den Jäger, blieb hartnäckig dort und vollzog alle Manöver des Flugzeuges genau nach. Die Bodenstation hatte zehn Minuten lang das Ufo und den Nachtjäger gleichzeitig auf dem Schirm, bis der Pilot aus Treibstoffmangel zur Landung gezwungen wurde.

Ein zweiter Nachtjäger, der die Venom ablösen sollte, wurde hinaufgeschickt, fiel jedoch wegen Maschinenschaden aus. Schließlich schlug das Ufo Nordkurs ein und verschwand von den Radarschirmen.

Das Bodenpersonal hatte das Flugobjekt gleichzeitig mit bloßem Auge verfolgt und es als runde, hell leuchtende Scheibe bezeichnet. Von den Radarbeobachtern wurde es als konkretes Objekt auf dem Schirm erkannt und verfolgt. Der Nachtjägerpilot sah es auf dem Radarschirm seiner Maschine und gleichzeitig mit eigenen Augen.

»In dem Lakenheathfall waren zwei voneinander unabhängige Bodenradarbeobachter, ein Militärpilot und ein Luftüberwachungs-Towerbeamter verwickelt«, sagt Professor Dr. Allen J. Hynek, wissenschaftlicher Berater von Blue Book. »Es ist der verwirrendste und ungewöhnlichste Fall in den Radarsichtakten. Das offensichtlich rationale, intelligente Verhalten des Ufos läßt als bestmögliche Erklärung dieser Sichtung auf eine Erfindung von unbekannter Herkunft schließen.«

Portugal, 4. September 1957

Um 19.21 Uhr stiegen vier Düsenjäger vom Militärstützpunkt Ota zu einem Navigationsnachtflug auf. Eine Routineübung, die über Granada in Spanien zurück zu den portugiesischen Orten Portalegre und Coruche in 8000 Meter Flughöhe durchgeführt werden sollte. Flugkapitän Jose Lemos Ferreira leitete die Operation, an der drei weitere Piloten teilnahmen. Die Nacht war hell und sternenklar. Der erste Flugabschnitt verlief planmäßig und glatt. Über Granada drehten die Maschinen in Richtung Portalegre ab. Da bemerkte Kapitän Ferreira linker Hand am Horizont ein ungewöhnlich großes Licht. Er beobachtete es für einige Minuten und machte dann über Bordfunk die anderen Maschinen darauf aufmerksam. Der linke Flügelpilot hatte es bereits gesehen.

Der Kern des sonderbaren Objekts wechselte ständig die Farbe von Dunkelgrün zu Blau, Gelb und Rot. Plötzlich wurde es größer – fünf- oder sechsmal so groß als vorher. Und bevor die Piloten es richtig begriffen hatten, war es zu einem kaum mehr sichtbaren gelben Punkt zusammengeschrumpft. Das wiederholte sich ein paarmal. Während der ganzen Zeit hatte es aber seine Position zu den Düsenjägern nicht gewechselt. Der fremde Flugkörper stand etwa 40 Grad links von ihnen. Wie die Größenveränderung zustande kam, ob durch Bewegung oder stationären Zustand, konnte Kapitän Ferreira nicht feststellen. Nach sechs oder sieben Minuten ständigen Größenwechsels verschwand das Objekt etwa 90 Grad linker Hand der Düsenmaschine am Horizont.

Kurz vor Portalegre entschloß sich der Kapitän um 22.38 Uhr, die Richtung nach Coruche einzuschlagen. Die

Düsenmaschinen drehten etwa 50 Grad nach links ab. Doch da war der fremde Flugkörper wieder unverändert in einer 90-Grad-Position. Nun war Kapitän Ferreira überzeugt, daß es sich um kein stationäres Objekt handeln konnte. Es leuchtete hellrot und stand weit unter der Flughöhe der Militärmaschinen.

Als die Piloten sich bereits einige Minuten auf ihrem neuen Kurs befanden, entdeckten sie plötzlich, wie sich aus dem fremden großen Flugkörper ein kleinerer löste. Bevor sie sich von ihrer Überraschung erholt hatten, tauchten drei weitere, ähnliche Objekte an der rechten Seite des großen Ufos auf. Es bewegte sich mit seinen kleineren Begleitobjekten mit ständig wechselnder Geschwindigkeit.

Als die Militärmaschinen Coruche anflogen, tauchte das große Ufo plötzlich in rasendem Sturzflug nach unten weg und stieg sofort wieder mit gleicher Geschwindigkeit in Richtung der Düsenjäger aufwärts.

Die Piloten gerieten außer sich und sprengten fast die Formation, um das fremde Objekt seitlich zu übersteigen. Sobald sie jedoch die Aufstiegsbahn des Ufos schnitten, zog dieses sich mit seinen Begleitobjekten zurück.

Der Vorfall hatte etwa 40 Minuten gedauert, und alle Piloten stimmten darin überein, daß es keine natürliche Erklärung dafür gab. Kapitän Ferreira bat sich aus, nicht wieder eine der üblichen Routineerklärungen (wie Venus, Ballon, Flugzeug oder ähnliches) vorgesetzt zu bekommen, die nach jeder Ufo-Sichtung der typische Refrain seien.

Alle diese Vorfälle wurden selbstverständlich von der Luftwaffe geheimgehalten. Sie gelangten erst Jahre später – nachdem Blue Book aufgelöst worden war – an die Öffentlichkeit.

Schon 1953 entschloß sich die CIA zu einer drastischen Aktion, um zu verhüten, daß die Wahrheit über die Ufos bekannt wurde. Nicht zuletzt wurde diese Aktion durch einen außergewöhnlichen Vorfall ausgelöst, in den u. a. auch der Staatssekretär im Marineministerium, Dan Kimball, verwickelt war.

Kimball flog im April 1952 mit seinem ganzen Stab nach Hawaii. In einem zweiten Flugzeug folgte Konteradmiral Arthur Radford. Auf einmal tauchten zwei scheibenförmige Flugkörper auf, rasten auf die Maschine mit Kimball zu, flogen einige Male um diese herum und verschwanden in Richtung des zweiten Marineflugzeuges, das dem ersten in 80 Kilometer Abstand folgte. Dort vollzogen sie das gleiche Manöver. Die unbekannten Flugkörper umkreisten das Flugzeug mit Radford verschiedene Male, bevor sie sich »unvorstellbar schnell« entfernten, wie die Marinepiloten sagten. Sie schätzten die Geschwindigkeit der Ufos auf etwa 3000 Stundenkilometer.

Sobald Kimball in Hawaii gelandet war, funkte er einen Bericht über den Vorfall an die Luftwaffe, die ja offiziell mit der Untersuchung des Ufo-Phänomens beauftragt war. Zurück in Washington, wandte er sich durch einen seiner Adjutanten an die Luftwaffe mit der Frage, was in dieser Sache unternommen worden sei. Durch die Air Force und CIA wurde Kimball daraufhin zu verstehen gegeben, daß es für ihn besser sei, nichts gesehen zu haben, falls er im Amt bleiben wolle.

Das veranlaßte Staatssekretär Kimball zu einer Unterredung mit Marine-Admiral Calvin Bolster, Chef des Marineforschungsamtes (Office of Naval Research, ONR). Und von diesem wurde nun umgehend eine grundlegende Untersuchung aller Ufo-Sichtungen angeordnet, die sich im Bereich der Marine zugetragen hatten. Dieser Befehl von Bolster wurde befolgt. Die Untersuchungen erbrachten die Schlußfolgerung, daß es sich bei den Ufos um ein reales Phänomen handele und diese unbekannte, kontrollierte Flugobjekte seien.

Die Marine übergab ihre Auswertung mit dieser Schlußfolgerung im Herbst 1952 der Luftwaffe. Die Air Force bat die Navy daraufhin, keine weiteren Schritte zu unternehmen, bevor sie nicht ihre eigenen Analysen durch Project Blue Book beendet habe. Über die dann folgende CIA-Aktion schrieb Marinemajor Donald E. Keyhoe a. D., langjähriger Direktor von NICAP (National Investigation Committee on Aerial Phenomena – Nationales Untersuchungskomitee von Phänomenen im Luftraum):

»Wenn auch die Drohung durch Kimball ausgeräumt schien, so wußte die CIA doch, daß weitere Auseinandersetzungen mit der Marine aufflammen konnten und die Air Force nicht hart genug war, einer solchen Gefahr entgegenzutreten. Darauf gab es nur eine Antwort: volle Kontrolle über die Luftwaffenuntersuchungen zu übernehmen und auf unerbittlicher, rücksichtsloser Zensur zu bestehen, um in der Öffentlichkeit den Glauben an Ufos auszurotten. Zu diesem Zweck arrangierte die CIA ein Treffen von Wissenschaftlern und Air Force-Vertretern im Pentagon zur geheimen Analyse des Ufo-Beweismaterials ... Die von der CIA ausgewählten Wissenschaftler waren übrigens bekannte Skeptiker. Die meisten von ihnen wußten so gut wie nichts von Ufos und betrachteten das Thema als Unsinn. Nachdem die CIA mit allen Vollmachten versehen war, konnte sie Beweismaterial zurückhalten oder zurechtbiegen und die Wissenschaftler so zu einem vollständig negativen Urteil veranlassen. Über den Erfolg einer solchen Aktion hatte die CIA-Führung kaum Zweifel.«

Dieser von der CIA kontrollierte Ausschuß tagte vom 14. bis 18. Januar 1953 und wurde nach seinem Vorsitzenden, Professor Dr. H. P. Robertson – Physiker am California Institute of Technology und als Waffensystemspezialist auch Angestellter der CIA – Robertson Panel genannt. Zum Ausschuß gehörten unter anderem noch der CIA-Agent P. G. Strong, der ATIC-Geheimdienstchef, General Garland, die CIA-Angehörigen Dr. H. Marshall Chadwell und Ralph L. Clark, der Physiker Prof. Samuel A. Goudsmit und der Astronomieprofessor der Universität Chicago, Thornton Page. Außerdem waren noch Ruppelt, Fournet und Hynek anwesend.

Im Schlußbericht des Robertson-Ausschusses bestand die CIA darauf, Ufos abzuleugnen, da durch weitverbreitete Sichtungsberichte »Nachrichtenkanäle behindert und die nationale Sicherheit gefährdet« würde. Es wurde sogar die Befürchtung laut, daß die Russen im Kriegsfall eine derartige Situation manipulieren und ausnutzen könnten. In diesem Schlußbericht wurde außerdem ein Programm festgelegt, wie das Ufo-Phänomen herunterzuspielen und ins Lächerliche zu ziehen sei, um dadurch Desinteresse in der Öffentlichkeit zu erreichen. Damit den Sichtungen der Nimbus entzogen würde, sollten öffentliche Medien wie Funk, Fernsehen, Film und Zeitungen entsprechend eingesetzt werden.

Major Dewey Fournet sagte später:

»Wir wurden betrogen. Die CIA wollte die Öffentlichkeit nicht unterrichten. Sie versuchte Beweismaterial zu unterschlagen. Das ganze Spiel wurde von ihren Agenten dirigiert, und sie führten die Wissenschaftler an der Leine. Ich wußte, daß die CIA-Agenten nur ihre Befehle ausführten, aber trotzdem bin ich ein- oder zweimal beinahe in die Luft gegangen.«

Über die wahren Absichten der CIA und der Air Force sagte Keyhoe folgendes:

»Als die Luftwaffe dahinterkam, daß es sich bei den Ufos um Raumschiffe handelt, war die Luftverteidigungsbefehlszentrale entschlossen, eine dieser weit überlegenen Maschinen zu kapern. Das wurde mir von General Sory Smith, dem Stellvertretenden Direktor für Information, persönlich bestätigt. Und Major Jeremiah Boggs, ein Geheimdienstoffizier, gab frei heraus zu, daß ein spezieller Befehl an Air Force-Piloten erlassen war, ein Ufo abzufangen. Selbstverständlich waren wir scharf darauf, so ein Ding in die Hände zu bekommen. Unsere Piloten hatten die Anweisung, praktisch alles, was möglich war, zu tun, und wenn sie so ein Ding am Schwanz festhalten mußten.«

Ist Keyhoe glaubwürdig? Dazu die US-Luftwaffe selbst:

»... Wir von der Luftwaffe kennen Major Keyhoe als verantwortungsbewußten, präzisen Berichterstatter. Seine langjährige Verbindung und seine Zusammenarbeit mit der Luftwaffe in der Erforschung unbekannter Flugobjekte geben ihm die Qualifikation als führende Kapazität ...

Die Luftwaffe und die ihr unterstehende Untersuchungsbehörde Project Blue Book kennen Major Keyhoes Schlußfolgerung, daß die *Fliegenden Untertassen* von einem anderen Planeten stammen. Die Luftwaffe hat diese Möglichkeit nie bestritten. Einige Ausschußmitglieder glauben, daß es ein fremdes, natürliches Phänomen gibt, das uns noch vollkommen unbekannt ist. Wenn aber die offensichtlich gesteuerten Flugmanöver, die von vielen erfahrenen Beobachtern gemeldet wurden, wirklich zutreffen, dann bleibt als einzige Erklärung nur die interplanetarische Herkunft der Maschinen.

gez. Albert M. Chop
Presseabteilung der Luftwaffe«

# Das Netz

Verschiedene Nationen, insbesondere die Sowjets, Amerikaner, Kanadier, Engländer, Franzosen und Holländer, versuchten, dem technologischen Geheimnis der Ufos auf die Spur zu kommen. Die US-Luftwaffe intensivierte aus diesem Grund auch ihre Kaperversuche. Am entschlossensten von allen Nationen war allerdings die Sowjetunion. Doch nach ständigen Fehlschlägen der Abfangjäger griffen Sowjets und auch Amerikaner zu konsequenteren Mitteln und gaben den Befehl, auf Ufos das Feuer zu eröffnen in der Hoffnung, vielleicht doch eines zu erwischen und mit noch intaktem Antriebssystem zu Boden zu zwingen. Senator Lee Metcalf fragte darum 1957 auch bei der Luftwaffe an, ob ihre Piloten immer noch Jagd auf Ufos machten. Im Antwortschreiben des Hauptquartiers durch Generalmajor Joe W. Kelly hieß es daraufhin:

»Abfangjäger der Luftwaffe verfolgen Ufos immer noch aus Sicherheitsgründen für den Staat und um hinter technische Einzelheiten zu kommen.«

Von folgendem Zwischenfall wurde Major Keyhoe durch einen Mittelsmann der Luftwaffe privat informiert:

»Wir haben auch auf Ufos geschossen: z. B. eines Morgens gegen 10 Uhr fing eine in der Nähe von Jagdflugzeugen stationierte Radarstation die Signale eines Ufos auf, das mit 1200 Stundenkilometer daher kam. Es verminderte seine Geschwindigkeit bis auf 150 Stundenkilometer, und sofort wurden zwei F-80 zum Abfangen hinaufgeschickt. Einem der beiden Jäger gelang es, in einer Höhe von 1000 Metern an das Objekt aufzuschließen. Daraufhin beschleunigte es sofort. Aber trotzdem konnte sich der F-80-Pilot für kurze Zeit auf 450 Meter nähern. Es war definitiv untertassenförmig. Als der Pilot die

Höchstgeschwindigkeit aus seiner Maschine herausholte, zog ihm das Ufo davon. Aus etwa 950 Metern Entfernung feuerte der Pilot dann seine Bordkanone ab, um das Objekt vom Himmel zu holen. Aber der Angriff mißlang, und das Ufo verschwand in der Ferne.«

Auch das Sowjetische Oberkommando hoffte, ein Raumschiff zur Landung zu zwingen, ohne es total zu zerstören. Am 24. Juli 1957 eröffneten z. B. Flakbatterien auf den Kurilen das Feuer auf eine Ufo-Formation, aber die leuchtenden Objekte entfernten sich rasch, ohne Schaden zu nehmen.

Die Royal Canadian Air Force (Kanadische Luftwaffe) ging sogar soweit, in Zusammenarbeit mit dem Defence Research Board (Forschungsausschuß für Verteidigung) einen Landeplatz für Ufos in der Nähe von Suffield/Alberta zu bauen. Die Kanadier hofften, Ufos durch Spezialsignale zur Landung zu verlocken. Dieses Geheimprojekt lief unter der Bezeichnung Project Second Storey (Projekt Zweiter Stock).

Ein Sprecher der englischen Luftwaffe RAF erklärte: Ihre fünfjährigen Ufo-Forschungen seien nun abgeschlossen. Die Resultate würden jedoch der Öffentlichkeit vorenthalten, weil sonst nur noch mehr Kontroversen ausgelöst würden. Außerdem könnten sie nicht ausreichend erklärt werden, ohne »top secrets« preisgeben zu müssen.

Aber der englische Oberbefehlshaber der Luftwaffe, Marschall Lord Dowding, war weniger zurückhaltend und sagte:

»Die Existenz dieser Maschinen ist nachgewiesen, und ich habe sie absolut akzeptiert.«

Und am 16. Januar 1957 bestätigte der amerikanische Admiral Delmer Fahrney:

»Verläßliche Berichte weisen daraufhin, daß es Objekte sind, die mit sehr hoher Geschwindigkeit in unsere Atmosphäre eindringen und die von denkenden, intelligenten Wesen kontrolliert werden.«

Ausgerechnet dem Pressesprecher des Project Blue Book entrang sich das Zugeständnis:

»Eines ist absolut sicher: Wir werden von Wesen aus dem Weltraum beobachtet.«

Und Captain Ruppelt, der ehemalige Leiter von Blue Book,

der gezwungenermaßen mit den Wölfen heulen mußte, sagte später:

»Was macht die Wahrheit aus? Muß ein Ufo unbedingt genau vor der Tür vom Generalstabschef des Pentagons am Fluß landen? Oder ist es ein Beweis, wenn eine Bodenradarstation ein Ufo aufspürt, ein Düsenjäger zum Abfangen hinaufgeschickt wird, der Pilot es mit eigenen Augen sieht und es mit seinem Bordradar mit Erfolg verfolgt, bis es ihm mit phänomenaler Geschwindigkeit entwischt? Ist es ein Beweis, wenn ein Abfangjäger sein Geschütz auf ein Ufo abfeuert und an seiner Geschichte selbst unter Androhung eines Kriegsgerichtsverfahrens festhält? Macht das die Wahrheit aus?«

Jessup wurde immer einsamer. Er wußte, daß außerirdische Raumschiffe die Erde beobachteten und zu allen Zeiten immer wieder einmal aufgetaucht waren. Durch seine Verbindungen wußte er außerdem, daß auch das Militär zu ähnlichen Erkenntnissen gelangt war. Darüber waren aber weder die Öffentlichkeit noch seine Kollegen unterrichtet. Ganz im Gegenteil, man hatte ihn sogar kritisiert, die Ufos hätten sich bei ihm zu einer fixen Idee ausgewachsen und er vernachlässige deswegen bereits seinen Beruf. Sie stempelten ihn zum Außenseiter. Aber was ihn anbelangte, waren seinen Kritikern die Hintergründe seiner Informationen unbekannt. War es nicht seine Pflicht, die Öffentlichkeit zu informieren?

Jessup schrieb ein Buch, das die Citadel Press New York 1955 veröffentlichte: »The case for the Ufo« (Plädoyer für Ufos). Mit diesem Buch begann auch jene undurchsichtige Affäre, in die Jessup immer mehr verstrickt wurde. Denn nach dem Erscheinen seines Buches erhielt Jessup eine Reihe handschriftlicher Briefe, die ein gewisser Carl M. Allen unterschrieben hatte, die als Absender aber den Namen Carlos Miguel Allende trugen. Diese Briefe spielten auf den Ursprung von Ufos an, befaßten sich aber auch mit einigen Vorfällen während des Zweiten Weltkrieges, die Jessup bekannt waren, da er an einigen beteiligt war; möglicherweise nahm er diese Briefe deshalb ernster, als geraten schien. Denn der Briefverfasser (Allen oder Allende?) verwies auf ein angebliches Marine-Experiment, das im Oktober 1943 im Marinehafen von Philadelphia und auf See durchgeführt worden sein sollte.

Während des Zweiten Weltkrieges suchte das Marineforschungsamt der Vereinigten Staaten (ONR) dringend nach Vorschlägen unabhängiger Wissenschaftler, die zur Entwicklung von Tarnmethoden für Kriegsschiffe führen konnten.

In dieser Zeit soll ein nicht genannter Wissenschaftler die Verantwortlichen vom ONR aufgesucht haben, um »die perfekte Tarnung« zu demonstrieren. Da es sich um einen der angesehensten US-Forscher gehandelt haben soll, wurden seine Behauptungen angeblich auch ernst genommen und in Experimenten untersucht. Dieser Wissenschaftler habe auf »Auswirkungen der Einsteinschen einheitlichen Feldtheorie verwiesen, nach der es durch ein elektromagnetisches Feld möglich sei, Objekte nicht nur unsichtbar zu machen, sondern auch in Raum und Zeit zu versetzen«. Die »Eldridge« soll auf diese Weise innerhalb weniger Minuten mehrere Male von Philadelphia nach Norfolk und zurück versetzt worden sein. Allende schrieb Jessup:

»Bei dem Versuch im Oktober 1943 ist der US-Zerstörer *Eldridge* samt seiner Besatzung durch ein Magnetfeld in Form eines Rotationsellipsoids vom Marinehafen Philadelphia zum Verschwinden gebracht worden. Ein Magnetfeld von 90 Metern Radius hat das Schiff eingeschlossen. Innerhalb dieser Sphäre sah jeder jeden an Bord nur schemenhaft in einem bodenlosen Nichts laufen. Außerhalb, direkt an der Grenze dieses Kraftfeldes, konnte ich nichts mehr erkennen, als die im Wasser klar begrenzte Form des Schiffsrumpfes.«

Nach Allende soll es gelungen sein, die Molekularstruktur von Materie zu verändern, dadurch sei die »Eldridge« angeblich mit Mann und Maus zum Verschwinden gebracht worden. Nach Allendes Brief hatten die Männer der »Eldridge« ein furchtbares Schicksal. Viele sollen sich in Flammenbündel verwandelt haben oder wahnsinnig geworden und über Bord gesprungen sein. Die wenigen Überlebenden mußten angeblich in Nervenheilanstalten eingeliefert werden. Das Experiment sei für die Kriegsmarine ein totaler Fehlschlag gewesen, da das Schiff danach nicht einmal mehr manövrierfähig gewesen sei.

Nach der Veröffentlichung der Allende-Briefe durch Jessup wurde das Pentagon mobil. Admiral Ranson Bennett, Chef des ONR, bekam von einem Offizier Jessups Buch nebst Randbemerkungen von drei Personen zum Inhalt, die sich auf die Allende-Briefe bezogen. Als Bennett fragte, worum es ginge, erhielt er zur Antwort:

»Um das Philadelphia-Experiment.«

Darauf rief er umgehend eine Geheimnummer an. Bereits zwei Stunden später versammelten sich daraufhin Pentagonangehörige, Militärs, führende Wissenschaftler und führende Persönlichkeiten von FBI und CIA zu einer Geheimkonferenz auf höchster Ebene.

Noch am gleichen Tag flogen FBI-Agenten zum Absendeort der Allende-Briefe nach New Kensington in Pennsylvania, um Allen alias Allende ausfindig zu machen. Einige Ortsbewohner entsannen sich des kleinen Mannes mit südländischem Aussehen, der bei einem älteren Ehepaar mit Namen Carter gewohnt hatte, das seit 40 Jahren auf einem Bauernhof am Ortsrand lebte. Als die FBI-Agenten dort erschienen, waren Allende und auch die Carters verschwunden. Nachfragen bei der Polizei ergaben, daß die Carters freundliche Menschen gewesen sein sollen, selten oder fast nie ins Dorf gekommen waren, um Einkäufe zu machen, nicht einmal mit den nächsten Nachbarn Kontakt und nach 40 Jahren angeblich überhaupt keine Freunde gehabt hatten. Diese Aussage verwunderte den Polizeichef noch nachträglich. Nach ihrem Aussehen befragt, fiel den Nachbarn nichts anderes ein als »ein älteres Ehepaar mit dunklem Teint, genau wie Allende. Seltsame Leute!« war die allgemeine Ansicht. Den Grund aber konnte niemand angeben.

Die FBI-Agenten gaben die Nachforschungen nach Allende schließlich ohne Erfolg auf. Ihnen war nicht einmal der Fahndungsgrund bekanntgegeben worden. Außer dem damaligen Chef des FBI, J. Edgar Hoover, und zwei seiner engsten Mitarbeiter soll niemand mit den Hintergründen der Affäre vertraut gewesen sein.

1957 wurde Jessup vom Marineforschungsamt noch einmal nach Washington gebeten und darüber befragt, ob er die Verantwortlichen für die Randbemerkungen in seinem Buch, das an Admiral Bennett geschickt worden war, kenne.

Professor Jessup kannte sie nicht und versicherte noch einmal, daß er Allende nie persönlich gesprochen habe. Aber das war der Marine bereits bekannt.

Soviel über den Kern dieser mysteriösen Affäre – dieses angeblichen Experiments –, das nie stattgefunden hat, aber immer wieder als bare Münze verkauft wird.

Durch sorgfältige Recherchen des Autors stellten sich folgende Tatsachen heraus: Das Ganze ist eine bewußte Irreführung, eine Auswirkung der Beschlüsse des Robertson-Ausschusses, geheimdienstlich inszeniert, um Jessup auf raffinierte Weise unschädlich zu machen. Denn es paßte einfach nicht in das damalige Konzept, daß ein angesehener Wissenschaftler in der Lage war, Fakten über das Ufo-Phänomen publik zu machen, die geheim bleiben sollten. Darum war Jessup eine ernste Gefahr, und Allende wurde »erfunden«, um Jessup durch Spielmaterial, das durch fundierten wissenschaftlichen Anstrich glaubhaft erschien, auf den Leim zu locken.

Wie kalkuliert, verstrickte sich Jessup auch immer mehr in seine Nachforschungen über das Philadelphia-Experiment und machte sich zum Narren.

Der damals »unauffindbare« Allende lebt heute in Mexiko und hat zugegeben, daß die ganze Sache eine Geheimdienstente war. Wie sehr der Geheimdienst am Ufo-Gebiet interessiert war, zeigt die Erfahrung des NICAP-Beraters Ralph Mayher, die kein Einzelfall war. Denn CIA-Agenten waren ständig auf der Suche nach Ufo-Material, das, je nachdem, wie es ins jeweilige Konzept paßte, unterdrückt oder verwendet wurde. 1957 ersuchten CIA-Agenten Mayher, einen Ufo-Film herauszugeben, der angeblich von der Luftwaffe technisch analysiert werden sollte. Mayher wurde mit der Rückgabe des Films durch die Luftwaffe gleichzeitig auch die technische Analyse zugesagt. Aber außer einem Teil des Films, aus dem auch noch die besten Aufnahmen herausgeschnitten waren, erhielt Mayher nichts zurück.

Im übrigen waren CIA-Agenten »Gelegenheitskunden« des

NICAP-Büros in Washington, wo sie hin und wieder auftauchten, um nach vertraulichem Material Ausschau zu halten.

Selbstverständlich gab es schon immer Skeptiker, damals genauso wie heute. Skeptiker, die alle Gedanken an eine Verschleierungspolitik durch offizielle Organe als Hirngespinst und Verfolgungswahn der Ufo-Fanatiker auslegen. Genauso haben Skeptiker – mit Recht – schon immer die Frage gestellt, aus welchem Grunde Ufos – vorausgesetzt, es handelt sich wirklich um außerirdische Raumschiffe – nicht landen, um Kontakt aufzunehmen.

Wir kommen hier zum bizarrsten und scheinbar unglaubhaftesten Aspekt des ganzen Ufo-Phänomens. Offengestanden würde ich auf diesen Teil gern verzichten, ohne deswegen die wissenschaftliche Integrität zu verletzten: Close encounters of the third kind – nahe Begegnungen der dritten Art –, in denen von der Anwesenheit außerirdischer Lebewesen berichtet wird . . .

Bedauerlicherweise kann man aber Fakten nicht einfach weglassen, nur weil sie einem nicht zusagen oder mit der eigenen vorgefaßten Meinung nicht übereinstimmen. Uns enttäuschen Reporte über Ufo-Insassen, wir sind aber wahrscheinlich willens, Berichten über andere Ufo-Begegnungen aufmerksam zu lauschen. Warum?

Unser gesunder Menschenverstand lehnt allein schon den Gedanken an »menschenähnliche Wesen« ab, die zu Spott und Hohn und Witzen über kleine grüne Männchen führen. Das ganze Ufo-Konzept kommt durch sie in Verruf. Vielleicht existieren Ufos ja tatsächlich, sagen wir, aber Humanoide? Falls sie aber tatsächlich nur Phantasiegebilde sind, dann müssen es die gewöhnlichen Ufo-Sichtungen auch sein. Doch für diese gibt es so viele achtbare Zeugen, daß wir sie einfach nicht als Fälschungen betrachten können . . .

»Sind nun all diese Menschen von einem fremdartigen Virus befallen worden, das auf vernünftige Leute nicht anspricht? Um was für eine sonderbare Krankheit kann es sich da handeln, die Menschen aller Gesellschaftsschichten heimsucht, ohne Rücksicht auf Ausbildung oder Stellung«, fragt

Professor J. Allen Hynek in »The UFO Experience« (Erfahrung mit Ufos).

Nimmt man die sogenannten Kontaktler ernsthaft unter die Lupe, kristallisieren sich zwei Gruppen heraus.

Die erste besteht aus Menschen, die sich nie für das Ufo-Phänomen interessierten und nur durch Zufall verwickelt wurden. Meistens sind sie durch eine sogenannte nahe Begegnung nur bestürzt und äußern sich widerstrebend darüber. Im allgemeinen ziehen sie keine Schlußfolgerungen, versuchen kein Kapital daraus zu schlagen oder Schlagzeilen zu machen. Nach einem solchen Vorfall, der sehr oft nur durch Zufall herauskommt, versinken sie wieder in der Anonymität, aus der sie vorübergehend aufgetaucht waren.

Sorgfältige Recherchen ihrer Erlebnisse durch Fachleute bringen sehr selten Widersprüche oder Fälschungen ans Tageslicht. Die Aussagen solcher Kontaktler können durch Untersuchungsmethoden wie Hypnose, Lügendetektoren oder Wahrheitsdrogen meist nicht ins Wanken gebracht werden. Aber ein hundertprozentiger Beweis für die Wahrheit ist damit trotzdem nicht erbracht.

In die sogenannten nahen Begegnungen sind übrigens sehr häufig mehrere Personen auf einmal verwickelt.

Für die zweite Gruppe sind Ufos zum Lebensinhalt geworden. Sie erscheinen nach »ihren nahen Begegnungen« verklärt, wie der Prophet aus der Wüste, um das »Heil aller Welten« zu verkünden. Ohne Scheu und mit allem Pomp berichten sie von ihrer (T)Raumreise mit »Rheda dem Blauäugigen« oder »Arkon dem weißblonden Langhaarigen« und den obskuren »Botschaften der Allgegenwärtigen Brüder«. Umgeben von einer Schar Gleichgläubiger walten sie ihres Amtes als Hohe Priester ihrer Ufo-Clubs, halten Vorträge, schreiben Bücher über ihre Erlebnisse, gründen Sekten, lassen sich auf Ufologen-Kongressen feiern, sind pressesüchtig und kassieren schließlich. Sie produzieren u. a. Ufo-Photographien, indem sie die Deckel von Abfalleimern in die Luft werfen und photographieren, und verschwommene Kehrseiten von Venusianern oder X-ianern.

Unter diesen Umständen sollte eigentlich vorausgesetzt werden können, daß »eine Krähe der anderen kein Auge aushackt«, wie es so schön im Volksmund heißt. Doch dem ist ganz und gar nicht so! In dieser Gruppe ist jeder jedem spinnefeind. Denn das »Heil« des einen wird mitnichten als »Heil« des anderen angesehen. Und die große Botschaft ist – bei allen fließenden Gewändern und aller außerirdischen Herrlichkeit im Vergleich zu unserer verruchten Erde – die Übermittlung einer profanen »außerirdischen Botschaft«, die verdächtige Ähnlichkeit mit halbverdautem Boulevardwissen aufweist.

Zu welchen Exzessen solche »außerirdischen Botschaften« führen können, zeigt folgender seltsame Vorfall, der sich im Sommer 1944 ereignete, als halb Europa in Schutt und Asche lag.

Im Park eines sorgsam abgeschirmten Villengrundstückes bei London ließen sich jeden Morgen sechs wohlgewachsene, nackte Mädchen in den ersten Strahlen der Morgensonne auf Liegen nieder. Empfängnisbereit spreizten sie die Beine und lasen die Bibel. Sobald die Sonne untergegangen war, zogen sie sich schweigend an und verließen den Park. Ihre Plätze wurden von anderen Nackedeis eingenommen, die sich, mit der Bibel in der Hand, dem Mondlicht preisgaben.

Ursache: Lady R. war zu der Überzeugung gelangt, daß junge unberührte Mädchen durch den Samen kosmischer Wesen, die auf Sonnen- und Mondstrahlen zur Erde gleiten, befruchtet werden. Die so vorbereitete himmlische Empfängnis blieb leider ohne nennenswerte Folgen.

Im übrigen gibt es auch schon Ufo-Anhänger aus dieser Gruppe, die ihre »Uhren auf Weltraumzeit umgestellt haben« (was immer das bedeuten soll). Sie rechnen in Lichtjahren, halten sich ohne Beschwerden außerhalb von Raum und Zeit auf, kennen außer dem Liebesleben der Venusianer auch deren Raumschiffe – und das alles aus persönlicher Erfahrung, versteht sich.

Aber trotz allem – und obwohl das ganze Ufo-Gebiet gerade durch diese Kontaktler der Lächerlichkeit preisgegeben wird – sollten wir nicht zu sehr mit ihnen ins Gericht gehen. Denn sie sind im Grunde harmlos, und es bedarf keiner Tiefenpsychologen, um die Motive zu erkennen. Sie liegen klar auf der Hand: Vereinsamung, Komplexe, Geltungsdrang, das Verlangen nach einem Erlöser – einer Ersatzreligion. Wir sollten ihnen mit Verständnis und Toleranz begegnen. Nicht zuletzt ist für ihr Verhalten auch unsere Gesellschaft mit ihrer zunehmenden Entmenschlichung verantwortlich.

Verständlicherweise sind die Kontaktpersonen der ersten Gruppe für uns am interessantesten. Es ist auffallend, daß sich in den meisten ihrer Beschreibungen von Insassen unbekannter Flugobjekte die gleichen Merkmale zeigen. Aus welchem Erdteil die Berichte auch stammen, es werden meist kleinere, menschenähnliche Wesen in schimmernden, overallähnlichen Anzügen geschildert, die vorwiegend transparente Helme tragen. Bei fast allen Gelegenheiten war den Zeugen der Ort des Vorfalles vertraut. Sie waren sehr oft bei der Arbeit, wenn sie auf das Objekt aufmerksam wurden. Die Anzahl der Kontaktberichte verteilt sich gleichmäßig auf Personen beiderlei Geschlechts, und häufig haben sich auch nahe Begegnungen mit Kindern zugetragen.

Hynek hat nach den Berichten sogar gleiche Verhaltensweisen von Ufonauten festgestellt:

»Sie sammeln Erd- und Gesteinsproben und transportieren diese zu ihren Flugkörpern – genauso wie irdische Astronauten auf dem Mond Sand- und Gesteinsproben gesammelt haben. Sie interessieren sich für Menschen, irdische Installationen, Fahrzeuge und wurden auch schon beobachtet, als sie sich mit Kaninchen, Hunden und Kunstdünger davongemacht haben . . .«

»Es wäre hilfreich«, so Hynek, »wenn wir feststellen könnten, daß sich nahe Begegnungen der dritten Art von den übrigen grundsätzlich unterscheiden. Aber sie unterscheiden sich in keiner Weise. Ganz egal, wo sie stattfinden – in Amerika, Australien oder Frankreich –, die beschriebenen Umstände sind im Grunde immer gleich.«

Übrigens hat Professor Hynek die »nahen Begegnungen« folgendermaßen eingestuft:

Nahe Begegnung der ersten Art:
eine Ufo-Sichtung auf große Entfernung;
Nahe Begegnung der zweiten Art:
die Beobachtung eines Ufos in unmittelbarer Nähe;
Nahe Begegnung der dritten Art:
Fälle, in denen Kontakt mit Ufo-Besatzungsmitgliedern in oder außerhalb eines unbekannten Flugobjektes stattfindet.

Da anscheinend überwiegend menschenähnliche Wesen in nahe Begegnungen verwickelt sind, könnten wir mit Fug und Recht argumentieren, daß die Glaubwürdigkeit hier bis aufs äußerste strapaziert wird. Selbst wenn wir geneigt sein sollten, die außerirdische Herkunft von Ufo-Insassen zuzugeben, wäre es nicht zu viel verlangt, auch noch zuzugeben, daß sie wie Menschen aussehen? Wäre der Zufall nicht einfach zu groß, daß intelligente Wesen, die sich in einer viele Lichtjahre entfernten Welt entwickelt haben (denn die Erde ist mit Sicherheit der einzige bewohnte Planet in unserem Sonnensystem), ähnliche physiologische Charakteristika aufweisen sollen: Arme – Beine – Augen – Nase – Mund und sogar ähnliche Geschlechtsmerkmale?

Nach Ansicht einiger prominenter Wissenschaftler sollten wir aber gerade diese Ähnlichkeit im äußeren Erscheinungsbild bei intelligenten Wesen aus anderen Welten als Tatsache akzeptieren. So sagt z. B. Professor Roland Puccetti, Mitarbeiter der renommierten Fachzeitschrift »The Philosophical Quarterly and Analyses«, in seinem Buch »Außerirdische Intelligenz«:

»Aufgrund des Konvergenzprinzips in der Evolution muß eine große Ähnlichkeit zwischen uns und außerirdischen Wesen angenommen werden. Sie werden – ebenso wie wir – Abkömmlinge von Landraubtieren sein und daher auch die Neigung haben, andere körperlich anzugreifen, während sie gleichzeitig auch der Gefahr ausgesetzt sind, selbst verletzt zu werden. Da sie eine biologische Spezies sein werden, die sich zwar vom Homo sapiens unterscheidet, ihm aber andererseits sehr ähnlich ist, besteht kein vertretbarer Grund zur Annahme, solche außerirdischen Gesellschaften seien nicht durch weitgehende Gleichheit der einzelnen Mitglieder in bezug auf Körperkraft und Intelligenz gekennzeichnet, wenngleich natürlich erhebliche Unterschiede zwischen den einzelnen Gesellschaften bestehen könnten.«

Puccetti geht davon aus, daß gleiche äußere Bedingungen zur Entwicklung ähnlicher Gestalt und Organe bei genetisch verschiedenen Lebewesen führen. Diese Konvergenz würde bedeuten, daß auf allen erdähnlichen Planeten im Universum Lebewesen entstehen, die sich mit ihrer Umwelt auseinandersetzen müssen. Sie wären dann als Konsequenz wohl auch ähnlich wie auf der Erde beschaffen: Pflanzen mit einer Art Stengel und Blättern und »Tiere« mit Gliedern und Köpfen. Höhere Lebensformen würden im Laufe der Zeit Sinnesorgane und Verstand entwickeln, um ihre Probleme zu bewältigen.

Auch der Nobelpreisträger und Biochemiker, Joshua Lederberg, der Biochemiker Dr. Joseph Kraut von der California-Universität und der bekannte Biologe Dr. Robert Bieri, kamen zu gleichen Schlußfolgerungen.

Die Idee außerirdischer Humanoiden ist danach also gar nicht so abwegig. Trotzdem fühlen wir uns nach Berichten über nahe Begegnungen mit Außerirdischen immer ein bißchen sprachlos und unbefriedigt.

# Die phantastische Begegnung des Antônio Villas Boas

In Rio de Janeiro, in der Praxis des Arztes Dr. Fontes und im Beisein des Journalisten João Martins als Zeugen, behauptete Antônio Villas Boas, am Nachmittag des 22. Februar 1958 das Folgende erlebt zu haben:

Ich heiße Antônio Villas Boas, bin 23 Jahre alt und von Beruf Landwirt. Ich lebe mit meiner Familie auf einem Bauernhof, der uns gehört. Er liegt in der Nähe der Stadt São Francisco de Sales im Staate Minas Gerais, nahe der Grenze zum Staate São Paulo. Ich habe zwei Brüder und drei Schwestern, die alle in der Nachbarschaft leben; zwei weitere Geschwister sind gestorben. Alle männlichen Familienmitglieder arbeiten auf dem Hofe mit. Es gehören viele Felder und Pflanzungen dazu, die bearbeitet werden müssen. Zum Pflügen haben wir einen benzinbetriebenen Traktor, Marke International, den wir in zwei Schichten benutzen, wenn die Äcker bestellt werden. Tagsüber arbeiten die dafür eingestellten Landarbeiter. Nachts pflüge ich meistens allein oder mit einem meiner Brüder. Ich bin ledig und gesund, arbeite schwer, beteilige mich an einem Fernkurs und lerne, sooft ich kann. Es war für mich ein Opfer, nach Rio zu kommen, da ich auf der Farm dringend gebraucht werde. Aber ich dachte, es sei meine Pflicht, von den ungewöhnlichen Geschehnissen zu berichten, in die ich verwickelt wurde. Ich werde alles tun, was Sie, Senhores, für richtig halten – und ich bin auch zur Abgabe einer Erklärung vor zivilen oder militärischen Dienststellen bereit.

Es begann alles in der Nacht zum 5. Oktober 1957. Wir hatten an diesem Abend Besuch und gingen daher erst um 11

Uhr zu Bett – viel später als sonst. Ich war zusammen mit meinem Bruder Joao in meinem Zimmer. Weil es sehr heiß war, öffnete ich die Läden des Hoffensters. Da sah ich mitten im Hof einen blendenden Lichtschein, der den ganzen Boden hell erleuchtete. Er war viel heller als der Mondschein, und ich konnte mir seinen Ursprung nicht erklären. Aber er mußte irgendwo von hoch oben kommen und wirkte so, als würden nach unten gerichtete Scheinwerfer alles erleuchten. Doch am Himmel war nichts zu sehen. Ich rief meinen Bruder und machte ihn darauf aufmerksam, aber den bringt nichts aus der Ruhe, und er meinte nur, es sei besser zu schlafen. Darauf schloß ich die Läden, und wir legten uns beide hin. Aber es ließ mir keine Ruhe, und von Neugier geplagt, stand ich nach einer Weile wieder auf und öffnete die Läden noch einmal. Das Licht war unverändert am selben Platz. Ich starrte weiter hinaus, und plötzlich bewegte es sich auf mein Fenster zu. Vor Schreck schloß ich die Läden und machte dabei in der Eile so viel Lärm, daß mein Bruder, der schon eingeschlafen war, wieder aufwachte. Gemeinsam verfolgten wir nun im dunklen Zimmer, wie der Lichtschein durch die Schlitze der Läden eindrang, in Richtung auf das Dach weiterwanderte und schließlich durch die Dachziegel schimmerte. (Brasilianische Bauernhäuser sind vom Boden bis zum Dach offen und haben wegen der Hitze und zur besseren Durchlüftung keine Zwischendecken.) Schließlich verschwand das Licht und kam nicht mehr zurück.

Am 14. Oktober ereignete sich der zweite Vorfall. Es muß zwischen 21.30 Uhr und 22 Uhr gewesen sein. Genau weiß ich es nicht, da ich keine Uhr dabei hatte. Ich arbeitete mit einem anderen Bruder auf dem Feld mit dem Traktor. Plötzlich sahen wir ein sehr helles Licht, so gleißend, daß die Augen schmerzten. Als wir zuerst darauf aufmerksam wurden, stand es groß und rund – etwa wie ein Wagenrad – am nördlichen Ende des Ackers. Es war hellrot und beleuchtete eine große Fläche. Irgend etwas war in dem Licht erkennbar, aber ich kann nicht mit Sicherheit sagen, ob das stimmt, denn ich war viel zu sehr geblendet. Ich bat meinen Bruder, mit mir hinüberzugehen und nachzusehen. Aber er wollte nicht. Da ging ich allein. Als ich dichter an das Ding herankam, bewegte es sich plötzlich und wechselte mit enormer Geschwindigkeit zum südlichen Ende des Feldes hinüber, wo es wieder stehenblieb. Ich lief ihm nach, und das gleiche Manöver wiederholte sich. Diesmal bewegte es sich zu seinem anfänglichen Standort zurück. Ich versuchte es wieder, aber das gleiche Manöver wiederholte sich zwanzigmal. Langsam wurde ich es leid und ging zu meinem Bruder zurück. Ein paar Minuten blieb das Licht in der Entfernung unbeweglich. Von Zeit zu Zeit schienen von ihm Strahlen in alle Richtungen auszugehen, die wie die Strahlen der untergehenden Sonne aussahen. Dann verschwand es plötzlich, als sei es ausgeschaltet worden. Ich bin aber nicht ganz sicher, ob alles wirklich so gewesen ist, denn ich weiß nicht mehr, ob ich ununterbrochen in diese Richtung geschaut habe. Vielleicht habe ich auch für kurze Zeit weggesehen, und es könnte gerade dann schnell aufgestiegen sein und war verschwunden, als ich wieder hinsah.

Am nächsten Tag, am 15. Oktober, pflügte ich allein mit dem Traktor auf demselben Feld. Es war eine kalte Nacht, und der klare Himmel war mit Sternen übersät. Genau um 1 Uhr sah ich plötzlich einen roten Stern, der genauso aussah wie einer dieser großen hellen Sterne. Aber ich merkte schnell, daß es gar kein Stern war, denn er wurde immer größer und schien sich zu nähern. In wenigen Augenblicken wurde er zu einem leuchtenden, eiförmigen Ding, das mit rasender Geschwindigkeit auf mich zugeflogen kam. So schnell, daß es über dem Traktor war, bevor ich darüber nachdenken konnte, was ich tun sollte. Plötzlich blieb das Ding stehen und senkte sich bis auf etwa 50 Meter – oder so – über meinem Kopf herab. Der Traktor und das Feld lagen in so hellem Licht, als sei es mitten am Tag. Das Scheinwerferlicht meines Traktors wurde von dem gleißenden hellroten Schein vollständig verschluckt. Ich hatte schreckliche Angst, weil ich keine Ahnung hatte, was das sein konnte. Ich wollte mit dem Traktor auf und davon, aber im Vergleich zu dem Ding über mir war er viel zu langsam. Es hatte keinen Sinn. Vom Traktor abzuspringen und im Dunkeln auf dem frischgepflügten

Acker davonzurennen, hätte mir höchstens einen Beinbruch eingebracht.

Während ich unsicher zögerte und vielleicht zwei Minuten nachdachte, bewegte sich das Ding schon wieder und hielt etwa 10 bis 15 Meter vor dem Traktor. Dann senkte es sich langsam zu Boden. Es kam näher und näher, bis ich erkennen konnte, daß es sich um eine ungewöhnliche, beinahe runde Maschine mit kleinen roten Lichtern ringsum handelte.

Mir gegenüber strahlte ein riesiger roter Scheinwerfer, der mich geblendet hatte, als das Ding von oben kam. Jetzt sah ich die Form der Maschine ganz genau. Sie glich einem langgestreckten Ei mit drei Stacheln vorn – einer davon in der Mitte und je einer an den Seiten. Es waren spitz zulaufende Metallspieße mit breitem Ansatz. Die Farbe war nicht zu erkennen, da sie in rötliches Licht getaucht war. Obenauf drehte sich irgend etwas sehr schnell, das ebenfalls rötlich fluoreszierendes Licht ausstrahlte.

In dem Moment, als die Maschine langsamer wurde, um zu landen, änderte sich das Licht im Verhältnis zur verringerten Umdrehung des rotierenden Teils – den Eindruck hatte ich jedenfalls – ins Grünliche. Dieser rotierende Aufsatz wirkte in diesem Augenblick wie ein Teller oder eine flache Kuppel. Ob er nun wirklich so aussah oder ob der Eindruck nur durch die Bewegung hervorgerufen wurde, weiß ich nicht. Denn dieser rotierende Teil stand nicht eine Sekunde still, auch nicht, nachdem das Flugobjekt gelandet war.

Die meisten Einzelheiten habe ich natürlich erst später beobachtet, denn anfangs war ich dazu viel zu aufgeregt. Den letzten Rest meiner Selbstbeherrschung verlor ich, als wenige Meter über dem Boden aus der Unterseite des Objekts drei Metallstützen erschienen – wie bei einem Dreifuß. Metallbeine, die offensichtlich das Gewicht der Maschine bei der Landung zu tragen hatten. Aber darauf wollte ich nicht warten. Der Traktor hatte die ganze Zeit mit laufendem Motor dagestanden. Ich gab Gas, lenkte ihn um eine Seite des Flugobjektes herum und versuchte zu fliehen. Aber nach ein paar Metern setzte der Motor aus und meine Scheinwerfer verlöschten. Ich weiß nicht warum, denn der Zündschlüssel steckte und die Scheinwerfer waren eingeschaltet. Ich drückte auf den Anlasser, aber der Motor sprang nicht an. Daraufhin sprang ich auf der dem Objekt abgewandten Seite vom Traktor und rannte los. Aber es war schon zu spät, denn schon nach wenigen Schritten packte mich jemand am Arm, ein kleines, fremdartig angezogenes Wesen, das mir bis zur Schulter reichte. Ich drehte mich in meiner Verzweiflung um und versetzte ihm einen Stoß, der es aus dem Gleichgewicht brachte. Der Fremde ließ los und fiel rücklings zu Boden. Ich wollte davonlaufen, wurde aber zur gleichen Zeit von drei weiteren Fremden hinten und seitlich gepackt. Sie hielten mich an Armen und Beinen fest und hoben mich hoch, ohne daß ich mich wehren konnte. Ich wand mich zwar und strampelte, aber sie hielten mich fest und ließen nicht los. Da schrie ich laut um Hilfe, verfluchte sie und forderte sie auf, mich freizulassen. Mein Geschrei muß sie überrascht oder neugierig gemacht haben, denn auf dem Weg zur Maschine blieben sie jedesmal stehen, wenn ich den Mund aufmachte, und starrten mir ins Gesicht. Ihren Griff lockerten sie dabei nicht um einen Deut. Daraus konnte ich in etwa auf ihre Einstellung mir gegenüber schließen und war deswegen etwas erleichtert. Sie schleppten mich zu ihrer Maschine, die etwa zehn Meter über dem Boden auf den bereits beschriebenen Metallfüßen stand. Am hinteren Teil der Flugmaschine war eine Tür, die von oben nach unten herunterklappte und so zu einer Art Rampe wurde. An ihrem Ende stand eine Metalleiter. Sie war aus dem gleichen silbrigen Material wie die Wände der Maschine und reichte bis zum Boden. Für die Fremden war es sehr anstrengend, mich da hinaufzuschieben, denn dort konnten gerade zwei Personen nebeneinander stehen. Außerdem war diese Leiter nicht starr, sondern elastisch und schwankte durch meine Versuche, mich loszureißen, stark hin und her. Auf beiden Seiten war ein Geländer von der Stärke eines Besenstiels, daran klammerte ich mich fest, um nicht weiter hinaufgezerrt zu werden. Sie mußten daher ständig stehenbleiben, um meine Hände vom Geländer zu lösen. Dieses war ebenfalls elastisch, und später, als ich wieder hinunterstieg, hatte ich den Eindruck, daß es aus ineinandergeschobenen Gliedern bestand.

Schließlich hatten sie es geschafft und mich in einen kleinen, quadratischen Raum gebracht. Das schimmernde Licht der Metalldecke spiegelte sich in den polierten, metallenen Wänden und hatte seinen Ursprung in vielen viereckigen Lämpchen, die ringsum unterhalb der Decke angebracht waren.

Ich wurde auf den Boden gestellt. Die Eingangstür mitsamt der eingezogenen und daran befestigten Leiter klappte hoch und schloß sich. Der Raum war taghell erleuchtet, doch selbst in diesem blendenden Licht war nicht zu sehen, wo die Türe eingelassen war, denn nach dem Schließen verschmolz sie vollständig mit der Wand. Ich wußte nur durch die Metallleiter, wo sie sich befinden mußte.

Von den insgesamt fünf Personen deutete eine mit der Hand auf eine offene Tür und gab mir zu verstehen, daß ich ihr in diesen anderen Raum folgen sollte. Ich gehorchte, denn ich hatte keine andere Wahl.

Wir gingen also gemeinsam in diesen Raum, der größer war als der andere und die Form eines Halbovals hatte. Die Wände glänzten dort genauso. Ich glaube, daß es das Zentrum der Maschine war, denn in der Mitte stand eine runde scheinbar massive Säule, die sich in der Mitte verjüngte. Es ist kaum anzunehmen, daß sie nur zur Zierde dort stand. Meiner Meinung nach trug sie die Decke. Möbliert war der Raum nur mit einem ungewöhnlich geformten Tisch und mehreren Drehstühlen, die unseren Barhockern glichen. Alles bestand aus dem gleichen Metall. Tisch und Stühle hatten nur einen Mittelfuß, der beim Tisch fest mit dem Boden verbunden war, während er bei den Stühlen durch drei auf jeder Seite herausstehende Verstrebungen mit einem beweglichen Ring verbunden und in den Boden eingelassen war. Auf diese Weise konnte sich jeder Sitzende nach allen Richtungen drehen.

Sie hielten mich immer noch fest und schienen sich offensichtlich über mich zu unterhalten. Wenn ich sage, sie »sprachen«, so hatte das, was ich hörte, nicht die geringste Ähnlichkeit mit menschlichen Lauten. Ich kann diese auch nicht nachahmen. Plötzlich schienen sie einen Entschluß gefaßt zu haben. Alle fünf fingen an, mich auszuziehen. Ich wehrte mich, schrie und fluchte. Sie hörten auf, sahen mich an und wollten mir damit zu verstehen geben, daß sie höfliche Leute sind. Das hinderte sie aber trotzdem nicht, mich bis auf die Haut auszuziehen. Dabei taten sie mir weder weh, noch zerrissen sie meine Sachen.

Schließlich stand ich nackt da und fürchtete mich zu Tode, da ich nicht wußte, was sie als nächstes mit mir vorhatten. Einer von ihnen kam dann mit irgendetwas in der Hand auf mich zu. Es muß eine Art nasser Schwamm gewesen sein, denn er rieb damit meinen ganzen Körper mit einer Flüssigkeit ein. Ein ganz weicher Schwamm, keiner von den üblichen Gummischwämmen. Die Flüssigkeit war ganz klar und geruchlos, nur dickflüssiger als Wasser. Zuerst glaubte ich, es sei eine Art Öl, aber das konnte nicht sein, da die Haut nicht ölig oder fettig wurde. Als sie meinen Körper damit einrieben, fror ich, denn die Nacht war ohnehin kalt, und die beiden Räume in der Maschine noch viel kälter. Nackt zu sein, war da schon schlimm genug, aber die Flüssigkeit machte es noch viel ärger. Ich zitterte am ganzen Körper, so fror ich. Die Flüssigkeit trocknete schnell, und bald merkte ich nichts mehr davon.

Nun führten mich drei dieser Leute zu einer Tür gegenüber von der, durch die ich die Maschine betreten hatte. Einer von ihnen berührte irgend etwas in der Mitte der Tür, die sich daraufhin nach beiden Seiten öffnete, wie die Flügel einer Bartür, die geschlossen vom Boden bis zur Decke reichte. Darüber war eine Art Inschrift aus roten Leuchtzeichen. Durch den Lichteffekt wurde die Wirkung erzielt, als seien diese Zeichen erhaben, etwa ein bis zwei Zentimeter hoch, auf die Tür aufgesetzt. Sie hatten nicht die geringste Ähnlichkeit mit irgendwelchen Schriftzeichen, die ich kenne. Ich versuchte, sie mir einzuprägen, habe sie aber inzwischen vergessen.

Jedenfalls betrat ich mit zwei dieser Männer einen kleinen, viereckigen Raum, der ebenso beleuchtet war wie die anderen. Sobald wir dort waren, schloß sich die Türe hinter uns. Als ich mich umsah, war nichts mehr von einer Türe zu erkennen. Da war nur noch eine Wand zu sehen, die sich von den anderen in nichts unterschied.

Diese Wand öffnete sich plötzlich wieder, und durch die Tür kamen zwei weitere Männer herein. Sie hatten zwei ziemlich dicke, rote Gummischläuche in der Hand, von denen jeder einzelne länger war als einen Meter. Einer dieser Schläuche wurde mit einem Ende an einen becherförmigen Glasbehälter angeschlossen. Am anderen Ende befand sich ein Mundstück, das wie ein Schröpfglas aussah. Es wurde mir auf die Haut am Kinn gedrückt, hier, wo Sie noch die dunkle Stelle erkennen können, die als Narbe zurückgeblieben ist. Bevor der Mann damit anfing, drückte er mit der Hand den Schlauch so zusammen, als wolle er die Luft herauspressen. Anfangs spürte ich weder Schmerzen noch ein Prickeln – ich merkte nur, daß meine Haut angesaugt wurde. Später fing die Stelle dann an zu brennen und zu jucken. Schließlich entdeckte ich, daß die Haut verletzt und aufgeschürft war. Nachdem bei mir der Gummischlauch angesetzt worden war, sah ich, wie sich der Becher langsam bis zur Hälfte mit meinem Blut füllte.

Dann hörten sie auf, nahmen diesen Schlauch ab und ersetzten ihn durch den anderen. Dann wurde mir auf der anderen Seite des Kinnes noch einmal Blut abgenommen. Sie können dort die gleiche dunkle Stelle wie auf der anderen Seite sehen, Senhores. Diesmal wurde der Becher bis zum Rand gefüllt. Dann wurde der Behälter abgenommen. Auch an dieser Stelle war die Haut abgeschürft, sie brannte und juckte. Dann gingen die Männer hinaus. Die Türe schloß sich hinter ihnen, und ich war allein.

Eine ganze Weile kümmerte sich niemand um mich, sicher länger als eine halbe Stunde. In dem Raum stand nichts als eine große Liege – eine Art Bett, aber ohne Kopfteil oder Rahmen. Da sich die Liege in der Mitte hochwölbte, war sie nicht besonders bequem, aber sie war wenigstens weich, so wie Schaumgummi, und mit einem dicken, grauen, ebenfalls weichen Stoff bedeckt.

Da ich nach dem Gerangel und der ganzen Aufregung müde war, setzte ich mich darauf. In diesem Augenblick bemerkte ich einen eigenartigen Geruch, von dem mir schlecht wurde. Ich hatte das Gefühl, dichten, beißenden Rauch einzuatmen, der mich zu ersticken drohte. Vielleicht war es wirklich so, denn als ich die Wand untersuchte, bemerkte ich zum ersten Mal eine Anzahl kleiner, am Ende geschlossener Metallröhrchen, die in Höhe meines Kopfes aus der Wand ragten, aber wie bei einer Dusche viele kleine Löcher hatten. Aus diesen Löchern quoll grauer Rauch, der sich in der Luft auflöste. Daher kam der Geruch. Ich fühlte mich gar nicht gut, und mir wurde so schlecht, daß ich mich übergeben mußte. Ich stürzte in eine Ecke des Raumes und erbrach mich. Danach konnte ich wieder ohne Schwierigkeiten atmen. Aber vom Rauchgeruch war mir immer noch übel.

Ich war sehr niedergeschlagen. Was mochte mir noch bevorstehen?

Bis dahin hatte ich übrigens nicht die leiseste Ahnung, wie diese fremden Männer eigentlich aussahen. Alle fünf trugen sehr eng anliegende Overalls aus dickem, grauem Stoff, der sehr weich und an einigen Stellen mit schwarzen Streifen versehen war. Am Hals setzte ein Helm von der gleichen Farbe an. Er war aus festerem Material – woraus weiß ich nicht – und wurde hinten durch dünne Metallstreifen verstärkt. Bis auf die Augen, die durch zwei brillenartige, runde Gläser zu erkennen waren, verbarg dieser Helm alles. Mit ihren hellen, meiner Meinung nach blauen Augen, starrten mich die Männer durch diese Gläser an. Über den Augen war der Helm doppelt so hoch wie ein normaler Kopf. Wahrscheinlich befand sich oberhalb des Kopfes im Helm noch etwas anderes, das von außen nicht sichtbar war. Drei runde, silberne Röhren, von denen ich nicht weiß, ob sie aus Gummi oder Metall waren, liefen von der Mitte des Kopfes den Rücken hinunter und verschwanden in Rippenhöhe im Anzug. Die mittlere Röhre lief am Rückgrat entlang, die beiden anderen links und rechts etwa zehn Zentimeter unter den Achselhöhlen. Ich konnte weder eine Ausbuchtung noch einen Vorsprung erkennen, die auf eine Verbindung zu einem Behälter oder einem unter dem Anzug verborgenen Instrument schließen ließen.

Die Ärmel der Overalls waren lang und eng. An den Handgelenken gingen sie in dicke, gleichfarbige Fünffingerhandschuhe über, die die Bewegung der Hände sicherlich hinderten. Ich bemerkte nämlich, daß die Männer ihre Handflächen mit den Fingerspitzen kaum berühren konnten. Das hinderte sie allerdings nicht, mich kräftig zu packen und die Gummischläuche geschickt zu handhaben, als sie mir Blut abzapften.

Bei den Anzügen mußte es sich um eine Art Uniform handeln, da alle Besatzungsmitglieder ein Schild von der Größe einer Ananasscheibe trugen. Von dort führte ein silberfarbener Stoffstreifen oder eine Metallfolie zu einem engen, schnallenlosen Gürtel. Keine der overallartigen »Uniformen« hatte Taschen oder Knöpfe. Die Hosen waren hauteng und gingen ohne wahrnehmbare Unterbrechung in eine Art Tennisschuhe über. Allerdings hatten sie, anders als bei uns, vier bis sieben Zentimeter dicke Sohlen. An den Spitzen bogen sich die Schuhe leicht nach oben – aber nicht so wie die Schnallenschuhe in den Geschichtsbüchern. Die Fremden liefen flink und unbehindert darin herum. Nur der vollständig geschlossene Overall schien ihre Bewegungen zu beeinflussen, da sie stets etwas steif wirkten. Bis auf einen, der mir nicht einmal ans Kinn reichte, hatten sie alle meine Größe. Sie wirkten ohne Unterschied recht kräftig, aber auch wieder nicht so, daß ich mich vor ihnen gefürchtet hätte. Einzeln und im Freien hätte ich es mit jedem aufgenommen.

Nach einer Ewigkeit riß mich ein Geräusch von der Tür aus meinen Gedanken. Ich fuhr herum und sah, daß von dort eine Frau langsam auf mich zukam. Sie war splitterfasernackt und barfuß – genau wie ich. Ich war sprachlos, und sie schien über meinen Gesichtsausdruck belustigt zu sein. Sie war sehr schön, ganz anders als die Frauen, die ich kenne. Ihr Haar war weich und blond, beinahe weißblond – wie gebleicht – und fiel an den Spitzen nach innen gerollt in den Nacken. Sie trug einen Mittelscheitel und hatte große, blaue Augen, die mandelförmig waren. Ihre Nase war gerade. Mit den ungewöhnlich hohen Backenknochen war ihre Gesichtsform andersartig; viel breiter als die südamerikanischer Indianerinnen. Durch das spitze Kinn wirkte ihr Gesicht fast dreieckig. Sie hatte dünne, wenig ausgeprägte Lippen, und ihre Ohren (die ich erst später sah) waren genau wie die unserer Frauen. Sie hatte den schönsten Körper, den ich je bei einer Frau gesehen habe, mit hochangesetzten, wohlgeformten Brüsten und schmaler Taille. Sie war breithüftig, hatte lange Schenkel und kleine Füße, schmale Hände und normale Fingernägel. Sie war viel kleiner als ich, und ihr Kopf reichte mir nur bis zur Schulter.

Diese Frau kam schweigend auf mich zu und sah mich an, als ob sie etwas von mir wolle. Plötzlich umarmte sie mich und begann ihr Gesicht an meinem zu reiben. Gleichzeitig preßte sie ihren Körper an mich. Sie hatte die weiße Haut unserer blonden Frauen und Arme, die mit Sommersprossen übersät waren. Ich bemerkte nur ihren typisch weiblichen Geruch, aber sonst weder auf ihrer Haut noch in ihren Haaren irgendein Parfum.

Die Tür hatte sich wieder geschlossen. Allein mit dieser Frau, die mir deutlich zu verstehen gab, was sie wollte, wurde ich sehr erregt. In meiner Lage klingt das zwar ganz unwahrscheinlich, aber ich glaube, daß die Flüssigkeit, mit der ich eingerieben wurde, daran schuld war. Sie müssen es vorsätzlich getan haben. Ich weiß nur noch, daß ich meine sexuelle Erregung nicht mehr beherrschen konnte. Das war mir vorher noch nie passiert. Zum Schluß vergaß ich alles, ergriff die Frau und erwiderte ihre Zärtlichkeiten. Es war ein normaler Akt, und sie benahm sich wie jede andere Frau – auch nach wiederholten Umarmungen. Schließlich wurde sie müde und atmete schwer. Ich war zwar immer noch erregt, aber nun verweigerte sie sich mir. Als ich das merkte, war ich ernüchtert. Das war es also, wozu sie mich gebraucht hatten – als guten Deckhengst zur Auffrischung ihres Bestandes. Ich ärgerte mich zwar, machte aber gute Miene zum bösen Spiel, denn ich hatte immerhin ein durchaus angenehmes Erlebnis gehabt. Aber gegen eine von unseren Frauen möchte ich sie nicht eintauschen, da ich eine Frau vorziehe, mit der man sprechen kann und die einen versteht. Im übrigen irritierten mich ihre grunzenden Laute in bestimmten Augenblicken ganz entschieden. Küssen konnte sie anscheinend auch nicht, es sei denn, ihre leichten Bisse in mein Kinn hätten die gleiche Bedeutung. Aber da bin ich mir nicht so sicher. Eigenartigerweise waren ihre Achselhaare und »die an einer anderen Stelle« rot, fast blutrot. Kurz nachdem wir uns voneinander gelöst hatten, öffnete sich die Tür, und einer der Männer rief die Frau zu sich. Bevor sie hinaus ging, drehte sie sich noch einmal um, zeigte zuerst auf ihren Bauch, dann mit einer Art Lächeln auf mich und schließlich zum Himmel – in südliche Richtung, glaube ich. Dann ging sie hinaus. Diese Geste verstand ich als Warnung, daß sie wiederkommen und mich dorthin mitnehmen würde, wo immer es auch sein mochte. Noch heute zittere ich davor, denn wenn sie wiederkommen und mich noch einmal fangen, bin ich verloren. Ich möchte um keinen Preis von meiner Familie und meiner Heimat getrennt werden.

Dann kam einer der Männer mit meinen Kleidern unter dem Arm zurück, und ich zog mich wieder an. Außer meinem Feuerzeug fehlte nichts. Es konnte beim Kampf verlorengegangen sein. Wir gingen in den anderen Raum zurück, wo drei der Besatzungsmitglieder auf den Drehstühlen saßen und miteinander grunzten (sie unterhielten sich, glaube ich). Derjenige, von dem ich geholt worden war, ging zu ihnen und ließ mich einfach stehen. Während sie miteinander »sprachen«, versuchte ich, mir jede Einzelheit genau einzuprägen und alles zu beobachten. Dabei fiel mir auf dem Tisch neben den Männern ein viereckiger Kasten mit einem Glasdeckel auf. Er schützte eine Scheibe, die dem Zifferblatt eines Weckers glich. Es gab einen Zeiger, und an Stelle der Drei, Sechs und Neun war eine schwarze Markierung. Nur dort, wo normalerweise die Zwölf ist, waren nebeneinander vier kleine, schwarze Zeichen. Wofür, weiß ich nicht, es war nun mal so.

Zuerst dachte ich, das Instrument sei eine Art Uhr, weil einer der Männer von Zeit zu Zeit einen Blick darauf warf. Aber das konnte nicht sein, denn obwohl ich eine ganze

Weile darauf sah, rührte sich der Zeiger nicht von der Stelle.

Dann kam mir der Einfall, das Ding zu schnappen, denn ich brauchte einen Beweis für mein Abenteuer. Mit diesem Kasten wäre mein Problem gelöst gewesen. Wenn die Männer mein Interesse daran bemerkten, entschlossen sie sich vielleicht, ihn mir zu schenken. Ich schob mich vorsichtig immer näher heran, während die Männer nicht zu mir hinsahen, und riß das Instrument dann schnell mit beiden Händen vom Tisch.

Es war schwer und wog sicher mehr als zwei Kilo. Aber ich hatte nicht einmal genug Zeit, es genauer anzusehen, denn blitzschnell sprang einer der Männer auf, stieß mich zur Seite, riß mir den Kasten wütend aus den Händen und stellte ihn wieder an seinen Platz.

Ich wich bis zur nächsten Wand zurück und blieb dort regungslos stehen. Ich fürchte mich zwar vor niemanden, aber in diesem Falle verhielt ich mich lieber ruhig. Denn es hatte sich erwiesen, daß sie mich nur dann freundlich behandelten, wenn ich mich ordentlich benahm. Warum also ein Risiko eingehen, wo ohnehin kein Erfolg zu erwarten war. Ich blieb also einfach stehen und wartete.

Die Frau sah ich nicht wieder, weder nackt noch angezogen. Aber ich entdeckte, wo sie sich aufhalten mußte. Im vorderen Teil des großen Raumes gab es eine weitere Tür, sie war nicht ganz geschlossen, und ab und zu waren hin- und hergehende Fußschritte vernehmbar. Da sich alle anderen mit mir im selben Raum befanden, konnte es sich nur um die Schritte der Frau handeln. Ich vermute, daß es sich bei diesem vorderen Teil um den Navigationsraum der Maschine handelte. Aber natürlich kann ich das nicht beweisen.

Endlich stand einer der Männer auf und gab mir zu verstehen, daß ich ihm folgen sollte. Die anderen nahmen keine Notiz von mir, wir liefen durch den kleinen Vorraum bis zur geöffneten Außentüre mit der bereits wieder heruntergelassenen Leiter. Aber wir gingen nicht hinunter, sondern mir wurde bedeutet, mit auf die Plattform zu kommen, die sich beiderseits der Türe befand. Sie war zwar schmal, aber man konnte darauf in jeder Richtung um die Maschine herumlaufen. Wir gingen zuerst nach vorne, und ich sah einen viereckigen, metallenen Vorsprung, der aus der Maschine herausragte – auf der gegenüberliegenden Seite befand sich genau das gleiche Ding. Aus der Form schloß ich, daß es vielleicht Start und Landung der Maschine kontrollierte. Ich muß zugeben, daß ich diesen Teil niemals in Bewegung gesehen habe, auch dann nicht, als die Maschine abhob. Daher kann ich mir ihren Sinn und Zweck nicht erklären.

Vorn deutete der Mann auf die von mir bereits erwähnten Metallspitzen – besser gesagt Metallsporne. Alle drei waren fest mit der Maschine verbunden, der mittlere davon direkt mit dem Vorderteil. Sie hatten alle drei die gleiche Form, die sich von einem breiten Ansatz zu einer feinen Spitze verjüngte, und standen waagrecht heraus. Ob sie aus dem gleichen Metall waren, wie die Maschine, kann ich nicht beurteilen. Sie leuchteten zwar wie glühendes Metall, strahlten aber keine Hitze aus. Etwas darüber befanden sich rötliche Lichter. Die beiden seitlichen waren klein und rund, das am Vorderteil angebrachte dagegen riesengroß. Es war der bereits von mir beschriebene Frontscheinwerfer. Oberhalb der Plattform gab es rundum zahllose viereckige Lampen, die in den Rumpf der Maschine eingelassen waren. Ihr rötlicher Schein fiel auf die Plattform. Diese endete vorn an einer großen, dicken Glasscheibe, die tief in das Metall eingebettet, etwas erhaben und seitlich verjüngt war. Da es nirgends Fenster gab, diente diese Scheibe wohl zum Durchsehen, obwohl das meiner Ansicht schwierig gewesen sein muß, da das Glas von außen sehr trübe wirkte.

Meiner Ansicht nach mußten die Sporne an der Vorderfront etwas mit der Antriebsenergie zu tun haben, da ihr Leuchten beim Start der Maschine ganz intensiv wurde und vollständig mit dem Licht des Hauptscheinwerfers verschmolz.

Nach Besichtigung des vorderen Teiles der Maschine gingen wir wieder nach hinten (dieser Teil war stärker gewölbt als der vordere), aber vorher blieben wir noch stehen, denn der Mann deutete nach oben, wo die riesige, tellerartige

Kuppel rotierte. Während sie sich langsam drehte, war sie ständig in grünliches Licht getaucht, dessen Herkunft ich nicht ausmachen konnte. Verbunden damit war eine Art Pfeifen, das wie das Geräusch eines Staubsaugers klang oder so, als ob durch viele kleine Öffnungen Luft angesaugt würde.

Als die Maschine später vom Boden abhob, wurden die Umdrehungen der Kuppel schneller und schneller, bis sie nicht mehr zu sehen waren, sondern nur noch ein hellroter Lichtschein übrigblieb.

Gleichzeitig verstärkte sich das Geräusch zu einem lauten Heulen, und damit war für mich klar, daß die Drehgeschwindigkeit der Kuppel in ursächlichem Zusammenhang mit dem Geräusch stand. Nachdem ich alles gesehen hatte, brachte mich der Mann schließlich zur Metallstufenleiter und gab mir zu verstehen, daß ich nun gehen könne. Als ich wieder unten auf dem Boden stand, sah ich noch einmal nach oben. Dort stand der Mann immer noch, zeigte zuerst auf sich selbst, dann zu mir hinunter und schließlich in südliche Richtung himmelwärts. Danach bedeutete er mir, zurückzutreten, und verschwand in der Maschine.

Die metallene Stufenleiter verkürzte sich, die Stufen schoben sich wie ein Bretterstapel ineinander, und als die Leiter oben angekommen war, hob sich die Tür – die im geöffneten Zustand die Rampe bildete –, bis sie sich unsichtbar wieder in die Wand der Maschine eingefügt hatte. Die Lichter der Metallsporne, des Hauptscheinwerfers und der Kuppel wurden mit deren zunehmender Rotation immer heller. Langsam stieg die Maschine senkrecht aufwärts, gleichzeitig schob sich das dreibeinige Landegestell wie ein Stativ in den Boden der Maschine, und danach sah die Unterseite des Flugkörpers so glatt aus, als sei dort niemals ein Landegestell gewesen.

Das Flugobjekt stieg langsam weiter, bis es etwa 30 bis 50 Meter hoch war. Dort verhielt es für ein paar Sekunden, während sich seine Leuchtkraft verstärkte. Das Surren wurde lauter, die Kuppel begann sich in rasender Geschwindigkeit zu drehen, dabei änderte sich ihr Licht ständig, bis es hellrot war. In diesem Moment neigte sich die Maschine leicht zur

Seite, ein klopfendes rhythmisches Geräusch wurde hörbar, und plötzlich schoß sie in südlicher Richtung davon. Schon nach wenigen Sekunden war sie außer Sicht.

Nun ging ich zu meinem Traktor zurück. Nachdem ich um 1.15 Uhr in die fremde Maschine verschleppt worden war, hatte ich sie nun morgens um 5.30 Uhr wieder verlassen. Sie hatten mich also 4 Stunden und 15 Minuten dort festgehalten. Eine lange Zeit.

Außer meiner Mutter habe ich niemandem von meinem Erlebnis erzählt. Sie sagte, es sei besser, nie mehr mit solchen Leuten zu tun zu haben. Meinem Vater wagte ich nicht, etwas davon zu sagen. Ich hatte mit ihm schon über das Licht auf der Kuppel gesprochen, aber er glaubte mir nicht und behauptete, daß ich mir alles nur eingebildet hätte.

Später entschloß ich mich, an Senhor João Martins zu schreiben. Ich hatte im November seinen Artikel im »Cruzeiro« gelesen, in dem er seine Leser aufforderte, ihn über alle Fälle im Zusammenhang mit Fliegenden Untertassen zu unterrichten. Hätte ich genügend Geld gehabt, wäre ich früher nach Rio gekommen. Aber so mußte ich warten, bis er mir mitteilte, daß er einen Teil der Reisekosten übernehmen wolle.

### *Klinische Aufzeichnungen und ärztlicher Untersuchungsbericht von Dr. Olavo Frontes*

Angaben zur Person: Antônio Villas Boas, weiß, ledig, Farmer. Wohnort: São Francisco de Sales im Staate Minas Gerais.

*Krankengeschichte:*
Wie aus seiner Aussage hervorgeht, verließ er die Maschine am 16. Oktober 1957 um 5.30 Uhr morgens. Er war ziemlich geschwächt, da er seit dem vorangegangenen Abend um 21 Uhr nichts mehr gegessen hatte und sich in der Maschine mehrfach erbrechen mußte. Er kehrte erschöpft nach Hause zurück und verschlief fast den ganzen Tag. Als er am Nachmittag um 16.30 Uhr aufwachte, fühlte er sich wohl und ver-

zehrte eine normale Mahlzeit. Aber schon in dieser Nacht, und ebenso in den folgenden Nächten, fand er keinen Schlaf. Er war nervös und sehr erregt; es gelang ihm zwar mehrmals einzuschlafen, aber sofort träumte er von den Begebenheiten der vorhergehenden Nacht, als erlebe er das Ganze wieder von vorne. Dann schreckte er jedesmal aus dem Schlaf auf, schrie und hatte wieder das Gefühl, von den Fremden ergriffen und gefangengenommen zu werden.

Nachdem er das mehrmals durchgemacht hatte, gab er seine vergeblichen Versuche auf und nahm sich vor, statt dessen die Nacht mit Lernen zu verbringen. Aber auch das gelang ihm nicht, denn er war außerstande, sich auf das zu konzentrieren, was er las; seine Gedanken kehrten ständig zu den Geschehnissen der letzten Nacht zurück. Bei Tagesanbruch war er völlig durcheinander, lief auf und ab und rauchte eine Zigarette nach der anderen. Er war müde und fühlte sich wie gerädert. Er hatte das Bedürfnis, etwas zu essen, aber er trank nur eine Tasse Kaffee. Unmittelbar danach wurde ihm übel, und Brechreiz sowie unerträgliche Kopfschmerzen hielten den ganzen Tag an. Da er unter völliger Appetitlosigkeit litt, widerstand ihm jede Nahrungsaufnahme.

Auch die zweite Nacht verbrachte er schlaflos und in unverändertem Zustand. Er fühlte zwar ein unangenehmes Brennen in den Augen, aber die Kopfschmerzen hatten aufgehört.

Auch am zweiten Tag hatte er noch mit Brechreiz und Appetitlosigkeit zu kämpfen, erbrach sich jedoch nicht mehr, möglicherweise, weil er nicht gegessen hatte. Sein Augenbrennen hatte sich dagegen verstärkt, und die Augen fingen an, ständig zu tränen. Es wurde jedoch weder eine Anschwellung der Bindehäute noch Anzeichen einer sonstigen Reizung der Augen oder eine Beeinträchtigung des Sehvermögens festgestellt. In der dritten Nacht schlief der Patient dann wieder und verbrachte eine normale Nacht. Aber von diesem Zeitpunkt an überfiel ihn für etwa einen Monat ein übermäßiges Schlafbedürfnis. Er nickte sogar während des Tages ständig ein, ganz gleich, wo er auch war, selbst im Verlauf eines Gespräches mit anderen Personen. Sobald er sich kurze Zeit still verhielt, schlief er ein. Während dieser Somnoleszenz hielt auch das Brennen und übermäßige Tränen der Augen an. Als der Brechreiz am dritten Tage aufhörte, kehrte auch der Appetit zurück, und er konnte wieder normal essen. Er stellte fest, daß sich der Zustand der Augen in der Sonne verschlimmerte, und sah sich daher veranlaßt, helles Licht zu meiden. Am achten Tag zog er sich bei der Arbeit am Unterarm einen kleinen Bluterguß zu. Am nächsten Tag bemerkte er, daß die unbedeutende Verletzung entzündet war, einen kleinen Eiterherd hatte und stark juckte. Als diese Wunde verheilt war, blieb ein rötlicher Kranz zurück. Etwa vier bis zehn Tage danach zeigten sich plötzlich und ohne vorherige Verletzungen an Unterarmen und Beinen ähnliche Hautveränderungen. Sie begannen mit einer in der Mitte geöffneten Pustel, die stark juckte und erst nach 10 bis 20 Tagen abheilte. Er erwähnte, daß diese Pusteln nach dem Abtrocknen rundherum dunkelrot blieben und Narben zurückließen.

Er verneinte, sonst unter Hautflechten oder Hautbrennen zu leiden. Auch hatte er keine Blutergüsse, Quetschungen oder kleinere Wunden (blutende Stellen) bemerkt; sollten sie doch aufgetreten sein, waren sie ihm nicht aufgefallen. Er erwähnte jedoch, daß sich am fünfzehnten Tag nach seinem Erlebnis zwei gelbliche, mehr oder weniger symmetrisch geformte Verfärbungen rechts und links der Nase zeigten. »Die Stellen wirkten ausgebleicht, als ob sie nicht richtig durchblutet waren«, sagte er. Nach etwa zehn Tagen verschwanden sie aber ebenso plötzlich, wie sie gekommen waren. Neben den Narben, die von den verschiedenen, im Verlauf der letzten Monate immer wieder sporadisch aufgetretenen Pusteln zurückgeblieben waren, zeigen sich gegenwärtig noch zwei kleine, offene Stellen an seinen Armen. Die übrigen beschriebenen Symptome sind bis heute nicht wieder aufgetreten. Zur Zeit fühlt er sich wohl und beurteilt seinen Gesundheitszustand selbst als gut.

Er verneint, während der akuten Phase seiner Erkrankung oder im Anschluß daran unter den nachfolgend aufgeführten Symptomen gelitten zu haben: Fieber, Diarrhöe, Blutungen,

Gelbsucht. Genausowenig stellte er eine Schälung der Haut an Körper oder Gesicht fest, noch beobachtete er von Oktober bis heute jemals übermäßigen Haarausfall. Während der Schlafsuchtperiode zeigte sich keine auffallende Verminderung seiner Arbeitskraft. Ebenso beobachtete er keine Verminderung der Libido, der Potenz oder eine Verminderung der Sehkraft. Keine Anämie, keine Mundgeschwüre.

*Anamnese*
An akuten Kinderkrankheiten erwähnte er nur Masern und Windpocken. Keine Komplikationen. Geschlechtskrankheiten negativ. In den vergangenen Jahren machte ihm eine Kolitis zu schaffen, die ihm zur Zeit keine Beschwerden verursacht.

*Ärztliche Untersuchung*
Es handelt sich um eine Person männlichen Geschlechts; weiß; weiches, schwarzes Haar; dunkle Augen. Keine sichtbaren akuten oder chronischen Beschwerden erkennbar.
Biotypus: langbeinig, leptosom.
Facies: Atypisch, mittelgroß (in Schuhen 1,64 m), schlank, aber kräftig, gut entwickelte Muskulatur.
Ernährungszustand gut; keine Anzeichen von Vitaminmangel; keine Mißbildungen oder physischen Anomalien.
Körperbehaarung und Geschlechtsmerkmale: o. B.
Zähne: gut erhalten
Ganglien: äußerlich nicht tastbar
Schleimhäute: insgesamt etwas blaß.

*Dermatologische Untersuchung*
Folgende Veränderungen wurden festgestellt:

1. Rechts und links vom Kinn zwei kleine, hyperchrome, in der Form fast runde Flecken; einer davon in der Größe eines brasilianischen 10-Centavo-Stückes, der andere etwas größer und von mehr unregelmäßiger Kontur. An diesen Stellen erscheint die Haut dünner und zarter, als hätte sie sich erst kürzlich neu gebildet oder sei etwas atrophiert. Anhaltspunkte, nach denen Art und Alter die-

ser beiden Male bestimmt werden könnten, sind nicht gegeben. Nur soviel kann gesagt werden: Es sind Narben von oberflächlichen Hautverletzungen, verbunden mit Blutergüssen, die frühestens vor zwölf und spätestens vor einem Monat verursacht worden sind. Es ist anzunehmen, daß es sich bei diesem Befund um Hautflecken handelt, die wahrscheinlich in wenigen Monaten wieder verschwunden sein werden. Sonst wurden keine weiteren vergleichbaren Hautflecken oder Male festgestellt.

2. Mehrere, kürzlich (längstens vor einigen Monaten) entstandene Narben von Hautverletzungen auf dem Handrücken, den Unterarmen und an den Beinen. Der Befund läßt erkennen, daß es sich um kleine, vernarbte Pusteln oder Wunden mit einer sich abschuppenden Randzone handelt. Daraus kann geschlossen werden, daß diese erst vor kurzem aufgetreten sind. Zwei dieser Pusteln auf dem rechten und linken Arm sind noch nicht abgeheilt. Sie treten als kleine, gerötete, erhabene Knoten oder Beulen auf, fühlen sich härter an als sie umgebende Haut, sind druckschmerzempfindlich und sondern im Zentrum eine gelbliche, seröse Flüssigkeit ab. Die Haut in der Umgebung ist entzündlich verändert. Kratzspuren von den Fingernägeln des Patienten lassen darauf schließen, daß es sich um einen juckenden Ausschlag handelt.
   Hinsichtlich dieser Hautveränderungen sollte folgendes nicht unerwähnt bleiben: Sämtliche aufgetretenen Narben und Hautveränderungen sind von einer lilaroten, hyperchromen Zone umgeben – ein Merkmal, das völlig außerhalb unseres Erfahrungsbereiches liegt. Es kann kein Urteil darüber abgegeben werden, ob diese Zonen von besonderem Belang sind. Da wir keine Fachärzte für Dermatologie sind, sind wir nicht in der Lage, sie mit ausreichender Sicherheit zu interpretieren. Daher beschränken wir uns nur auf eine Beschreibung der Veränderungen, die außerdem photographisch festgehalten worden sind.

*Erhebung des neurologischen Status*

Raum- und Zeitorientierung: gut

Gefühlsreaktionen, Affektionen: im Bereich der Norm

Prüfung der spontanen und gezielt stimulierten Aufmerksamkeit: im Bereich der Norm.

Prüfung des Wahrnehmungsvermögens und die gedanklichen Assoziations- sowie Intelligenztest: normale Reaktionen.

Langzeit- und Kurzzeitgedächtnis: gut

Visuelles Gedächtnis: außergewöhnlich; mündlich vom Patienten beschriebene Einzelheiten werden ohne Schwierigkeit skizziert oder gezeichnet.

Jegliche direkten oder indirekten Anzeichen, die für eine Geisteskrankheit sprechen könnten, fehlen.

gez. Olavo Fontes, Dr. med.
Rio de Janeiro, 22. Februar 1958

Zusammenfassend sagte Dr. Fontes noch einmal, daß Boas keine psychopatische Veranlagung habe, sei von Anfang an klar gewesen. Er habe sich während seines Berichtes nicht ein einziges Mal verhaspelt, das heißt in Widersprüche verwickelt oder die Kontrolle über sich verloren. Sein Zögern hin und wieder decke sich völlig mit dem Verhalten eines Menschen, der auf Fragen, die sich aus ungewöhnlichen Umständen ergeben, einfach keine Antwort weiß. In solchen Augenblicken habe er geantwortet: »Das weiß ich nicht«, oder: »Das kann ich nicht erklären.« Selbst wenn er sich darüber im klaren war, daß solche Zweifel auf bestimmte Fragen seine Glaubwürdigkeit in Frage stellen würden.

Gegenüber dem Journalisten João Martins ließ Boas außerdem verlauten, daß es ihm peinlich gewesen sei, über bestimmte Einzelheiten zu sprechen. Gemeint war damit das Erlebnis mit der Frau. Hier war er nicht gewillt, freiwillig und spontan intime Details zu erzählen. Und es gelang nur durch Beharrlichkeit, Näheres aus ihm herauszuholen.

Derartige emotionelle Äußerungen gehen absolut mit den Erwartungen konform, die an einem psychologisch normalen

Menschen seiner Herkunft und Erziehung gestellt werden können.

Boas hatte auch keine Tendenz zum Aberglauben, zur Mystik und er hielt die Besatzungsmitglieder des Flugobjekts weder für Engel, Übermenschen noch Dämonen. Er glaubte im Gegenteil, daß es sich bei ihnen auch um Männer handele, wenn auch aus anderen Regionen von irgendeinem anderen Planeten. Er erklärte, daß er dies vermute, weil das Besatzungsmitglied, von dem er aus dem Flugobjekt geleitet worden sei, zuerst auf ihn, dann zu Boden und schließlich irgendwohin am Himmel gedeutet habe. Aus der Tatsache, daß die Bordbesatzung die ganze Zeit mit geschlossenen Uniformen und Helmen herumgelaufen sei, schloß er, daß die Luft, die sie gewohnt seien, anders sein mußte als die irdische.

Als ihm der Journalist João Martins sagte, daß er im Falle einer Veröffentlichung dieses Berichtes von vielen Menschen nur als Verrückter oder Schwindler angesehen werde, beeindruckte Boas nicht im geringsten. Er antwortete darauf:

»Ich würde diejenigen, die mir derartiges unterstellen, in meine Heimat einladen und sie bitten, eine Untersuchung über mich durchzuführen. Sie würden bald genug wissen, ob ich dort für ehrbar gehalten werde oder nicht.«

Natürlich war Martins mit seiner Meinung, daß viele Menschen Boas für einen armen Irren halten würden, völlig im Recht. Aber angenommen, Boas hätte absichtlich ein derartiges Lügenmärchen aufgetischt, dann ergäbe sich doch die Frage nach den Gründen. Finanzielle Vorteile waren aus einer solchen Geschichte nicht herauszuschlagen. Übrigens war er auch gar nicht erpicht darauf, wie sich erwies. Auch mit einem öffentlichen Interesse, daß einer eventuellen Geltungssucht entgegengekommen wäre, konnte er nicht rechnen, denn Martins hatte ihn von vornherein nicht darüber im Zweifel gelassen, daß er sein Erlebnis nicht veröffentlichen könne. (Der brasilianische Geheimdienst untersagte die Berichterstattung über diesen Fall für lange Zeit.)

Waren also für seine Geschichte Minderwertigkeitskomplexe verantwortlich oder etwa eine sexuelle Verklemmung? Doch diese Möglichkeit hatte Dr. Fontes in seinem psychologischen Gutachten bereits ausgeklammert. Boas war zwar scheu und zurückhaltend, aber weder verklemmt noch mit Komplexen behaftet. Heute lebt Boas übrigens glücklich verheiratet mit Frau und Kindern auf seiner Farm und sagt, daß sich der Vorfall so abgespielt habe, wie er von ihm geschildert wurde. Ansonsten wolle er nichts mehr davon hören.

Boas war auch nicht von Drogen abhängig.

In Südamerika waren Ufos schon immer ein großes Thema, dort wird über sehr viele Sichtungen berichtet. Es ist daher anzunehmen, daß sich auch Boas schon mit diesem Thema beschäftigt hatte. Könnte es also nicht möglich sein, daß dieses Ereignis in seiner Phantasie, seiner Vorstellungswelt seinen Ursprung hat und dann für ihn zur subjektiven Wirklichkeit wurde?

Wäre dies der Fall, könnte man die Einbildungskraft dieses einfachen, brasilianischen Farmers allerdings nur bewundern. Die Möglichkeit eines Hirngespinstes kann selbstverständlich nicht ausgeschlossen werden.

Wie dem auch sei – so gibt es doch einen wichtigen, bisher nicht erwähnten Faktor, der mit einem vorsätzlichen Betrug nicht in Einklang gebracht werden kann: Nicht nur Dr. Fontes, sondern mit anderen Ärzten stellte auch der Spezialist Dr. Walter Bühler aus Rio de Janeiro fest, daß die bei Boas aufgetretenen Symptome ohne jeden Zweifel nur auf radioaktive Verseuchung zurückgeführt werden konnten. Es gab nur eine Möglichkeit: Boas war in den Bereich einer Strahlungsquelle geraten. Und da hört selbst die lebhafteste Phantasie auf.

Am 24. Mai 1978 führte der Autor mit einem der Ärzte, die damals Boas untersuchten – mit dem in Rio lebenden Chirurgen Dr. med. Walter K. Bühler –, folgendes Gespräch:

Buttlar: Hier Buttlar, Deutschland. Entschuldigen Sie, daß ich Sie telefonisch überfalle, Dr. Bühler, aber darf ich Ihnen im Zusammenhang mit dem Fall Boas, den Sie ja damals auch untersucht haben, noch einige Fragen stellen?

Bühler: Selbstverständlich, gerne.

Buttlar: Meine erste Frage an Sie: Glauben Sie, daß Antônio Villas Boas tatsächlich die Wahrheit gesagt hat?

Bühler: Ja, absolut.

Buttlar: Zweite Frage: Glauben Sie weiterhin, Dr. Bühler, daß es für Boas ein reales Erlebnis war oder daß es sich etwa um ein Phantasiegebilde handelte, das dann für ihn zur Realität wurde?

Bühler: Für mich besteht nicht der geringste Zweifel darüber, daß es ein reales Geschehen war.

Buttlar: Nun meine dritte und letzte Frage: Es wird doch behauptet, daß Boas strahlenverseucht gewesen sei. Stimmt das?

Bühler: Es ist bisher nicht veröffentlicht worden, daß Boas von Dr. Fontes mit einem Geigerzähler (radiation-counter) untersucht wurde und an ihm eindeutig Hintergrundstrahlungen festgestellt wurden.

Buttlar: An der Landestelle der Ufos?

Bühler: Aber nein! An dem Mann selbst. Im übrigen wurde mir die Sichtung auch durch den Bruder von Boas bestätigt, als ich ihn auf der Farm aufsuchte.

Buttlar: Herzlichen Dank, Dr. Bühler.

# Absolut authentisch

Wenn auch der Fall Boas damals allein wohl kaum gereicht haben dürfte, den brasilianischen Geheimdienst auf den Plan zu rufen, schien dies durch zwei weitere, ernst zu nehmende Vorfälle geraten.

In den frühen Morgenstunden des 3. November 1957 liefen zwei Wachtposten des schwerbefestigten brasilianischen Forts Itaipu in der Nähe von Santos ihre Runden, als einer von ihnen plötzlich ein orangefarbenes Licht über dem Meer erblickte. Zu seiner Verwunderung wurde es größer und größer und näherte sich offenbar der befestigten Garnison. Die anfängliche Überraschung des Postens verwandelte sich in Furcht, als das Objekt in der Dunkelheit ständig massiver wurde. Bald ging ihm ein Licht auf, daß etwas Außergewöhnliches im Spiel sein mußte. Das Objekt hielt seinen Kurs bei, bis es genau über den Wachtposten war und ein riesiger, runder Rumpf den Boden und die Geschütze mit seinem unheimlich rötlichen Leuchten überflutete. Die Posten starrten mit offenem Mund aufwärts, wo sie das Monstrum, dessen Durchmesser wenigstens so groß war wie die Flügelweite einer DC-3 und kaum 100 Meter entfernt, bedrohte. Plötzlich wurde ein seltsames Summen laut, während dic Männer gleichzeitig von glühender Hitze getroffen wurden. Der eine brach auf der Stelle zusammen, aber dem anderen gelang es, sich im Schatten einer Geschützlafette in Sicherheit zu bringen. Sein Geschrei alarmierte seine Kameraden in der Festung. Dort verlöschten unversehens die Lichter. Männer rannten sich gegenseitig um und stürzten Hals über Kopf ins Freie, um dem Schreienden zu Hilfe zu kommen. Inzwischen wurde das Notstromaggregat der Festung eingeschaltet, fiel aber sofort wieder aus.

Nur wenige Minuten nach dem ersten Notschrei des Wachtpostens waren ein paar Soldaten draußen und fanden die zwei. Gleichzeitig sahen sie auch das Ufo, das bereits wieder draußen über dem Meer flog. Obwohl es nicht mehr direkt über ihnen war und daher auch nicht mehr die Größe hatte, in der es die Wachen erlebt hatten, schoß es als strahlender Beweis seiner Existenz über den Atlantik davon.

Die Wachtposten mußten anschließend unter Bewachung nach Rio ins Krankenhaus überführt werden. Sie hatten an großen Flächen ihres Körpers Verbrennungen zweiten und dritten Grades erlitten. Allerdings seltsamerweise an solchen Stellen, wo ihr Körper von der Kleidung bedeckt war.

Am 16. Januar 1958 nahm das brasilianische Marineforschungsschiff »Almirante Saldanha« am International Geophysical Year Project teil und war deswegen vor der nur wenige Quadratkilometer großen Insel Trinidade im Südatlantik stationiert. Die brasilianische Regierung hatte diesen ehemaligen Marinestützpunkt des Zweiten Weltkrieges im Rahmen des Geophysikalischen Jahres zur meteorologischen und ozeanographischen Forschungsstation erklärt.

Das Marineforschungsschiff war seit Anfang Januar 1958 in diesem Gebiet und am 16. Januar zum Auslaufen bereit vor Trinidade. Mit der Besatzung waren etwa 300 Personen an Bord. Darunter befand sich der brasilianische Luftwaffenoffizier i. R. Hauptmann J. Th. Viegos, der Professor für Geologie Fernando, hochqualifizierte Marineforscher, Wissenschaftler und auch der Spezialist für Unterwasserphotographie Almiro Barauna.

Kurz bevor die »Almirante Saldanha« mittags gegen 12 Uhr die Anker lichten wollte, schoß Barauna mit seiner Rolleiflex noch einige Aufnahmen, als er plötzlich durch die erregten Rufe: »Ohla, o disco« von Bug und Heck auf eine grünlich leuchtende Scheibe am Himmel aufmerksam wurde, die etwa acht Meter hoch und einen Durchmesser von ca. 40 Meter haben mußte. Alle sahen, wie das Objekt die Insel von Osten her kreuzte, direkt Kurs auf Desjado Peak nahm, abrupt drehte und in Richtung Ostnordost davonraste.

Blitzschnell hatte Barauna seine Kamera hochgerissen und zwei Aufnahmen geschossen, bevor das Objekt verschwand. Nach ein paar Sekunden kam es in einer Schleife zurückgeflogen. Nun gelangen Barauna genau im richtigen Augenblick einige Schnappschüsse des wesentlich näheren und daher viel größeren, saturnförmigen Flugkörpers. Insgesamt machte er sechs Aufnahmen, von denen die ersten beiden überbelichtet waren, die dritte ausgezeichnet gelang, vier und fünf in der allgemeinen Aufregung nichts wurden, aber auf der sechsten die unheimliche Scheibe noch einmal deutlich festgehalten wurde, bevor sie endgültig über dem Meer verschwand.

Nach erschöpfender Analyse dieser Bilder und Negative durch die Laboratorien der Kriegsmarine zur Auswertung von Photomaterial wurden die Aufnahmen mit Zustimmung des brasilianischen Präsidenten Juscelino Kubitschek schließlich als absolut echt zur Veröffentlichung freigegeben.

Im offiziellen Bericht (Geheimdokument Nummer 0098/M-20) des Flottenadmirals und Chefs des Marine-Oberkommandos, Antônio Maria de Carvalho, heißt es dazu

im Absatz I–V: »... Schließlich wurde am 16. Januar 1958 ein weiterer Ufo-Alarm um 12.15 Uhr registriert. Diesmal an Bord der »Almirante Saldanha«, die vor der Insel Trinidade ankerte. Das Schiff war im Begriff auszulaufen, und Besatzungsmitglieder hievten gerade die für Landfahrten benutzte Pinasse an Bord, als gleichzeitig von Bug und Heck Ufo-Alarm gegeben wurde.«

im Absatz I–VI: »Ein an Bord befindlicher, ziviler Berufsphotograph, der am Schiffsheck das Einholen des Bootes photographierte, wurde aufmerksam und konnte die vier angefügten Aufnahmen machen ...«

im Absatz I–VII: »Nach der Sichtung nahm Barauna den Film in Gegenwart von Korvettenkapitän Carlos Alberto Bacellar und anderen Offizieren aus der Kamera. Später ging er in Begleitung von Bacellar zum Photolabor des Forschungsschiffes. Das Entwickeln des Filmes dauerte nur zehn Minuten, und unmittelbar danach wurden die Negative von Bacellar untersucht. Er gab zu Protokoll, daß der Negativstreifen noch naß von ihm überprüft worden war, und er das betreffende Ufo darauf wiedererkannte.«

im Absatz I–VIII: »Anschließend wurden die betreffenden Negative Mitgliedern der Schiffsbesatzung vorgelegt, die Augenzeugen des Phänomens gewesen waren. Sie bestätigten, daß das auf den Photos festgehaltene Objekt mit dem identisch sei, das sie in der Luft beobachtet hatten.«

In Übereinstimmung mit dem brasilianischen Marineministerium wurde die folgende Aussage von Korvettenkapitän Bacellar für die Presse freigegeben:

1. Es wurde tatsächlich ein unidentifiziertes Flugobjekt von einer Anzahl von Personen auf Deck der »Almirante Saldanha« beobachtet. Ich selbst war nicht Zeuge der Sichtung, da ich mich in diesem Augenblick in meiner Kabine befand. Ich wurde jedoch unmittelbar danach auf die Brücke gerufen.
2. Dieser Vorfall verursachte natürlich helle Aufregung, und viele, die durch die Ausrufe der Augenzeugen aufmerksam geworden waren, rannten auf Deck.
3. Der Berufsphotograph Almiro Barauna war mit seiner Kamera an Deck und befand sich nach dem Vorfall in einem Zustand nervöser Erschöpfung. Ich blieb die ganze Zeit an seiner Seite, weil ich beim Entwickeln des Filmes anwesend sein wollte.
4. Sobald Barauna wieder in der Lage war – etwa eine Stunde nach dem Vorfall –, wurde der Film im Photolabor des Schiffs entwickelt . . .
5. Luftwaffenhauptmann i. R. José Theobaldo Viegos beobachtete gespannt mit einer Taschenlampe in der Hand das Entwickeln des Filmes, während ich draußen stand.

Ich sah den gerade entwickelten, noch nassen Film und kam nach sorgfältiger Untersuchung zu dem Schluß: daß die Flugreihenfolge dieses Objekts auf den Photos mit *der* Szenerie übereinstimmte, die kurz vor dem Ereignis durch Barauna von Bord des Schiffes aufgenommen worden war . . .

6. Wie vorher verabredet, suchte ich Barauna später in Rio auf und begleitete ihn zweimal zum Marineminister.
7. Ich machte ihn darauf aufmerksam, daß ihm jede Veröffentlichung der Photos ohne offizielle Erlaubnis untersagt sei und er Nachricht erhalten würde, sobald sich die zuständigen Behörden für eine Veröffentlichung der Aufnahmen entschieden hätten.
8. Barauna überließ die Negative dem Marineministerium und erhielt diese später durch mich wieder zurück. Ich sagte ihm bei dieser Gelegenheit, daß er nach eigenem Ermessen – mit Einschränkungen – über seine Aufnahmen verfügen könne.
9. Auf meine Veranlassung und unter Benutzung des von mir zur Verfügung gestellten Photopapiers zog Barauna sechs vollständige Serien der vier Aufnahmen ab und machte 16 Vergrößerungen von Einzelheiten des Flugkörpers.
10. Innerhalb von 40 Tagen war mit diesem Ereignis zum viertenmal der Nachweis von unidentifizierten Flugobjekten über der Insel Trinidade erbracht worden.

Am 24. Februar 1958 äußerte sich der Marineminister, Admiral Alves Camera, in Petropolis gegenüber United Press wie folgt:

»Die brasilianische Marine ist in ein wichtiges Geheimnis verwickelt, das nicht veröffentlicht werden kann, da es dafür keine Erklärung gibt. Bisher habe ich nicht an Fliegende Untertassen geglaubt, aber der photographische Beweis von Barauna hat mich nun überzeugt.«

Und der Fregattenkapitän Moreira da Silva sagte am gleichen Tag:

Ich wünsche keine Debatte über die Persönlichkeit des Photographen, der das unbekannte Flugobjekt geknipst hat. Es wurde von einer Reihe anerkannter Persönlichkeiten beobachtet. Ich kann jedenfalls versichern, daß die Photos authentisch sind und der Film umgehend an Bord der »Almirante Saldanha« entwickelt wurde – daß die Negative außerdem sofort durch verschiedene Offiziere untersucht wurden – und nicht, wie behauptet, erst nach acht Tagen. Jede Möglichkeit eines photographischen Tricks wurde hier völlig ausgeschlossen.

Aus der Analyse der Negative und den Einzelheiten, die durch die vielen Augenzeugen an Bord berichtet wurden, konnten Experten eine Mindestgeschwindigkeit des unbekannten Flugobjekts von 1.200 Kilometern in der Stunde, und als es dann beschleunigte, eine erheblich höhere Geschwindigkeit errechnen.

Übrigens wurde erst später bekannt, daß die gesamte elektrische Anlage des Forschungsschiffs ausfiel, als das Ufo auftauchte.

Welchen Standpunkt wir gegenüber Ufos einnehmen: es bleibt trotz alledem die Tatsache bestehen, daß hier ein Ereignis stattfand, das nicht nur mit der Kamera festgehalten, sondern auch durch 48 Augenzeugen an Deck schriftlich bestätigt wurde.

# Wendepunkt

Mitte April 1959 setzte sich Jessup mit seinem langjährigen Freund, dem Ozeanographen und Archäologen Dr. Manson Valentine, in Verbindung. Er ließ ihn wissen, daß er gerne mit ihm über neue Erkenntnisse sprechen würde, die das Philadelphia Experiment betrafen, und die er in einem ersten schriftlichen Rohentwurf festgehalten habe. Daraufhin lud Dr. Valentine Jessup zu einem Abendessen am 20. April ein. Aber Jessup erschien nicht.

Denn am 20. April, abends gegen 18.30 Uhr, wurde Morris K. Jessup tot in seinem Wagen aufgefunden.

Viele 1000 Meilen davon entfernt, am Rand der kleinen australischen Garnisonsstadt Seymore, sah der Vertreter Jonathan Rainsfort von seinem Wagen aus, wie vom Himmel eine riesige silberne Scheibe langsam auf ihn herabsank. Etwa 400 Meter über ihm verhielt sie plötzlich, schwebte ein paar Minuten dort und flog dann rasend schnell wieder davon.

»Ich war stets davon überzeugt, daß Ufos ausgemachter Blödsinn sind, aber jetzt hat sich das geändert. Die Frage ist, woher kam das Ding, und was könnte es sein?«

Jessup war davon überzeugt, die Antwort zu kennen – aber nun war er tot. Er hatte einen großen Teil seines Lebens damit verbracht, einem großen Rätsel nachzujagen, von dem nicht einmal sein Tod verschont blieb. Denn: Depressionen hätten ihn zum Selbstmord getrieben, war die offizielle Version. »Er wußte zuviel; sie wollten ihn aus dem Weg haben«, behaupteten einige seiner Freunde unbeirrt. Hatte die Luftwaffe durch Freigabe ihres Project Blue Book Special Report

Nr. 14 den zunehmenden Anschuldigungen wegen Geheimniskrämerei seitens der Öffentlichkeit erfolglos entgegenzuwirken versucht, wurde durch den Tod von Jessup erneut Öl ins Feuer geschüttet. Mit diesem Report 14 lieferte die Air Force einen Hauptbeitrag zum Thema Ufos (wo blieb zum Beispiel Report 13?). In Form einer statistischen Umfrage und Computerauswertung, die das Batelle Memorial Institute erarbeitet hatte, war hier zweifellos ein wichtiger Forschungsbeitrag zum Ufo-Phänomen geliefert worden. Die Studie umfaßt 240 Grafiken und Karten, in denen Sichtungsberichte nach ihrer geographischen Lage und anderen wesentlichen Daten in allen Einzelheiten aufgeschlüsselt sind:

Sie war zum einen durchgeführt worden, um durch Computeranalysen festzustellen, ob es sich bei den Fliegenden Untertassen um eine unbekannte technologische Entwicklung handelt. Zum anderen war es notwendig, in Bewegung und anderen Eigenschaften dieser Objekte Übereinstimmungen herauszufinden, um vielleicht ein Ufo-Modell zu erstellen.

Die durch Computeranalysen auf bestimmte Merkmale hin untersuchten Ufo-Berichte wurden danach in Gruppen aufgeteilt und klassifiziert als: ausgezeichnet, gut, mäßig und zweifelhaft. Ein Drittel der Berichte fiel in die Klasse »ausgezeichnet«, es handelt sich in diesen Fällen um echte unbekannte Flugobjekte, für die es einfach keine Erklärung gibt.

Auch der folgende Vorfall muß unter »ausgezeichnet« eingestuft werden und blieb bis heute ungeklärt. Obwohl diese Begegnung bereits in meinem Buch »Zeitsprung« geschildert wurde, darf sie hier in diesem Zusammenhang nicht fehlen.

Ende Juni 1959 fand auf der Insel New Guinea, genauer gesagt im Missionsbereich der anglikanischen Kirche von Boainai in Papua, eine Begegnung statt, die bei den Beteiligten noch Jahre später in unvergessener Erinnerung war.

Der damalige Missionsleiter war der Priester Reverend William Bruce Gill, der an der australischen Universität in Brisbane graduiert hatte. In seinen Notizen beschreibt er die

Ereignisse vom 27. und 28. Juni 1959 in allen Einzelheiten.

Er war gerade im Begriff ins Haus zu gehen, als er in westlicher Richtung ein riesiges Licht am Himmel erblickte. Dazu schreibt er:

»Natürlich dachte ich mit keinem Gedanken an so etwas wie Fliegende Untertassen. Ich dachte nur: Kann schon sein, daß sich manche Leute solche Dinger vorstellen können, ich jedenfalls nicht.«

Reverend Gill rief nach dem Missionsangehörigen Eric Kodawara, zeigte auf das Licht am Himmel und fragte ihn:

»Was siehst du da oben?«

Und erhielt lakonisch zur Antwort:

»Sieht wie ein Licht aus.«

Gill schickte Kodawara nun zu dem Lehrer Steven Moi und ließ im ausrichten, er solle rasch kommen. Als der Lehrer das Licht sah, rief er sofort alle erreichbaren Missionsangehörigen zusammen. Verwundert starrten sie alle miteinander zum Himmel und gingen schließlich zum höher gelegenen Spielplatz, um das Ding von dort noch besser zu sehen.

Gill hatte sich inzwischen sein Notizbuch und einen Stift besorgen lassen. Er habe gedacht:

»Wenn etwas geschieht, dann jetzt. Morgen wache ich sicher auf und glaube, daß sich alles nur im Traum abgespielt hat und in Wirklichkeit habe ich gar nichts gesehen. Wenn ich es hier niedergeschrieben habe, weiß ich wenigstens, daß ich nicht geträumt habe.«

Und das schrieb Reverend Gill in sein Notizbuch:

18.45 Uhr Ortszeit: Himmel: niedere, aufgerissene Wolkendecke. Im Nordwesten helles, weißes Licht am Himmel.
18.50 Uhr Steven und Eric gerufen.
18.52 Uhr Steven kommt, bestätigt: kein Stern.
18.55 Uhr Schicke Eric, um Missionsangehörige zu holen. Auf Oberfläche des Objekts bewegt sich etwas. Mensch?

Jetzt drei Figuren. Bewegen sich. Machen irgend etwas. Sind gegangen.

19.00 Uhr Figuren 1 und 2 zurück.

19.04 Uhr Wieder fort.

19.10 Uhr Himmel von etwa 600 Meter hoher Wolkendecke überzogen.

Figuren 1, 3, 4, 2 (in dieser Reihenfolge) wieder erschienen.

Kleiner blauer Scheinwerfer an.

Figuren weg. Licht brennt noch.

Figur 1 und 2 zurück. Blaues Licht brennt immer noch.

19.20 Uhr Scheinwerfer aus. Figuren gehen.

19.20 Uhr Scheibe kommt durch Wolkendecke.

20.28 Uhr Himmel ist hier wieder klar. Über Doguro steht große Wolke. Scheibe direkt über mir. Missionsangehörige zusammengerufen. Objekt wird größer, scheint herunterzukommen.

20.29 Uhr Überm Meer noch ein Flugobjekt – schwebt zeitweilig auf der Stelle.

20.35 Uhr Ein drittes überm Dorf Wadobuna.

20.50 Uhr Erneutes Wolkenaufkommen. Großes Flugobjekt stationär. Riesig. Die anderen kommen und gehen durch die Wolken. Sobald sie durch die Wolkendecke schießen, reflektiert darauf ein großer Lichthof. Wolken höchstens 600 Meter hoch, wahrscheinlich weniger. Alle Flugkörper sind deutlich erkennbar. »Mutter«-Schiff groß und deutlich.

21.05 Uhr Wolkenfetzen. Objekte 2, 3, 4 verschwunden.

21.10 Uhr Nummer 1 in Wolken eingetaucht.

21.20 Uhr »Mutter«-Ufo wieder da.

21.30 Uhr »Mutter« überm Meer in Richtung Giwa davongeflogen.

21.46 Uhr Direkt über uns neue Scheibe, schwebt auf der Stelle.

22.00 Uhr Noch immer stationär dort.

22.10 Uhr Schwebt, von Wolken verdeckt.

22.30 Uhr Segelt immer noch sehr hoch zwischen Wolken.
22.50 Uhr Stark bezogen. Keine Flugobjekte mehr sichtbar.
23.04 Uhr Wolkenbruch.

Notizblatt der Beobachtung unbekannter Flugobjekte von 18.45 Uhr bis 23.04 Uhr.

gezeichnet: William B. Gill.

Ergänzend hat Reverend Gill dazu noch berichtet, daß um 19.12 Uhr die Figuren 1 und 2 erschienen seien und ein blaues Licht schien. Die Höhe der Wolkendecke verglich der Priester mit einem nahe gelegenen Berg. Er weist darauf hin, daß sich alles unter der Wolkendecke zutrug und der Himmel sich zu dieser Zeit innerhalb von 20 Minuten bezogen hatte. Das unbekannte Flugobjekt sei um 19.20 Uhr durch die Wolkendecke gekommen. Und um 20.28 Uhr klarte der Himmel trotz der starken Bewölkung langsam wieder auf. Nur über dem Dorf Giwa sei der Himmel noch bedeckt gewesen. Als Gill dort ein Ufo sah, rief er die Missionsangehörigen zum zweitenmal an diesem Abend zusammen, denn es wurde größer und schien seiner Ansicht nach landen zu wollen. Auch andere Flugobjekte kamen und gingen durch die inzwischen aufgerissene Wolkendecke. Sie schossen durch die Wolken, warfen ihr reflektierendes Licht darauf und stiegen dann wieder aufwärts.

»Ein Spiel, das ihnen offensichtlich Freude zu machen schien,« sagte Reverend Gill.

Am folgenden Abend suchten sie Boainai wieder auf und hinterließen bei den Missionsangehörigen einen unvergeßlichen Eindruck.

Gill ging mit einigen von ihnen spazieren, als eine der Hospitalschwestern das Objekt als erste entdeckte. Es war etwa 18 Uhr, früher als am vorhergehenden Abend. Der Flugkörper war näher, als sie alle ihn je vorher gesehen hatten und »wahrscheinlich nicht mehr sehen würden«. Es dämmerte, und das schimmernde glänzende Objekt war ganz deutlich zu sehen. Ganz oben, »auf Deck«, wie Gill es nannte, stand abermals eine Figur, der sich drei andere zugesellten. Gleichzeitig tauchten zwei weitere kleinere Objekte auf. Eines senkrecht über ihnen und das andere über den Hügeln. Der Lehrer Ananias sagte:

»Ich bin neugierig, ob es auf dem Spielplatz landet.«

Die Missionsangehörigen winkten hinauf, »wie man jemandem einen Gruß zuwinkt«, und erhielten einen Gegengruß durch Zurückwinken. Zwei junge Männer der Mission hoben nun die Arme über den Kopf und winkten erneut. Und wieder wurde ihr Gruß erwidert. Reverend Gill berichtet weiter, daß Ananias Rarata und er selbst nun auch winkten, und die Figuren auf Deck des Flugobjektes zur hellen Freude der Missionsangehörigen auf die gleiche Weise antworteten.

Mit einbrechender Dunkelheit schickte Gill jemanden nach einer Taschenlampe in die Mission und sandte damit dann immer wieder Blinkzeichen zum Deck des Flugobjekts hinauf. Es antwortete auf Gills Signale nach einer Weile mit schaukelnden Rückwärts- und Vorwärtsbewegungen.

38 Zeugen beobachteten diese Vorfälle, und 25 von ihnen, darunter fünf Lehrer und drei medizinische Assistenten, unterzeichneten den Bericht von Reverend Gill.

Aber das waren zu diesem Zeitpunkt nicht die einzigen Ufo-Sichtungen über Papua, wie aus Aufzeichnungen von Reverend Norman E. G. Cruttwell hervorgeht, der zur anglikanischen Mission in Menapi gehörte. Der erste Sichtungsbericht aus jener Zeit stammt vom damaligen Direktor der zivilen Luftfahrt für Papua, T. P. Drury.

Reverend Gill schreibt in Verbindung mit den Ereignissen in Papua:

»Der Höhepunkt einer relativ kurzen, aber außerordentlich lebhaften Ufo-Aktivität im östlichen New Guinea waren die Boainai-Sichtungen. Eingeborene und Europäer beobachteten sie gleichermaßen, und gebildete Papua berichteten darüber genauso wie einfache Eingeborene, die unberührt von der westlichen Zivilisation noch nie etwas von Fliegenden Untertassen gehört hatten.«

Professor Allen Hynek, gegenwärtig Direktor des Lindheimer Astronomical Research Center an der amerikanischen Northwestern Universität, nimmt zu den Boainai-Sichtungen wie folgt Stellung:

»Als ich das Britische Luftfahrtsministerium 1961 offiziell im Zusammenhang mit Project Blue Book aufsuchte, erfuhr ich zum ersten Mal Einzelheiten über diesen Fall. Ich nahm hier zur Kenntnis, daß sich die Ansichten der britischen Militärs mit denen von Blue Book im wesentlichen in bezug auf das Ufo-Phänomen deckten: In Wahrheit hoffte die britische Regierung (und auch andere), daß die US-Luftwaffe das Problem aus der Welt schaffen würde. Es wurde mir ganz unverblümt zu verstehen gegeben, daß es mit den Mitteln und Möglichkeiten, die der RAF zur Verfügung stehen, kaum sinnvoll sei, das Problem überhaupt anzugehen . . . Man hoffe inständig, daß die US-Luftwaffe etwas unternehmen würde – mit negativen Ergebnissen. Inzwischen hatte ich Zugang zu einem vollständigen Bericht über diesen Fall und erhielt ein von Reverend Gill besprochenes langes Tonband. Außerdem erhielt ich noch ein einstündiges Tonband mit einem Gespräch zwischen Reverend Gill und meinem Kollegen Fred Beckmann. Vor einer Beurteilung dieses Falles sollte Reverend Gill gehört werden.

Einige Auszüge seines Tonbandes zeigen ganz deutlich, daß Gill ohne jeden Zweifel aufrichtig ist. Er spricht gelöst und wissenschaftlich und schildert Einzelheiten überlegt und mit Vorsicht. Art und Inhalt der Tonbänder überzeugen.

Die Annahme, daß ein anglikanischer Priester im Beisein von zwei Dutzend Zeugen eine Geschichte mit dem Vorsatz der Täuschung erfinden könnte, ist entschieden zu abwegig. Die Kritiker dieses Falles wissen im großen und ganzen nicht, daß es sich hier nur um einen von mehr als 60 handelt, die sich in New Guinea zur gleichen Zeit abgespielt haben. Der Reverend Norman Cruttwell untersuchte sie alle und berichtete über diese Fälle. Aber von menschlichen Wesen war nur in einem – eben diesem Fall – die Rede.«

14 Tage später trug sich im pazifischen Raum, diesmal bei Honolulu/Hawaii, folgendes zu:

Am Samstag, dem 11. Juli 1959, berichteten fünf verschiedene Besatzungen von Verkehrsflugzeugen über die Sichtung einer Ufo-Formation östlich von Honolulu. Der PANAM-Flugkapitän Wilson war in dieser Nacht von San Francisco nach Honolulu unterwegs, als ihm um 3.02 Uhr hawaiischer Ortszeit ein großes helles Licht am Nachthimmel auffiel, das von kleineren begleitet wurde. Die Maschine hatte eine Flughöhe von knapp 7.000 Metern und flog über einer niederen Wolkendecke, als die Objekte gut 300 Meter über und links von der Verkehrsmaschine auftauchten.

»Mein Copilot Richard Lorenz und der Bordingenieur Robert Scott trauten ihren Augen nicht, als das Licht auf uns zuraste. Etwa zehn Sekunden lang hielt es seinen Gegenkurs parallel zu uns bei und wäre bequem links an uns vorbeigezogen, wenn es ein anderes Flugzeug gewesen wäre. Aber dieses Objekt drehte mit einem solchen Tempo plötzlich in einer scharfen Wendung ab, die kein bekannter Flugzeugtyp durchführen könnte, und war einfach weg. Die kleineren, gleichmäßig verteilten Lichter schienen dabei entweder Teil des großen Objekts zu sein oder aber einen verdammt guten Formationsflug zu demonstrieren.«

Wilson schloß die Möglichkeit irgendeiner Lichtreflexion absolut aus. »Es war stockfinstere Nacht«, sagte er.

Die Besatzungen von insgesamt fünf Verkehrsmaschinen beobachteten das Objekt von vier verschiedenen Flugpositionen aus. Eine Lichtreflexion schlossen auch die fünf anderen aus.

Nach seiner Landung in Honolulu äußerte Wilson zu diesem Vorfall, daß er in seiner neunzehnjährigen Flugpraxis nie etwas ähnliches gesehen habe und auch die Existenz fremder Flugobjekte bisher immer bezweifelt hatte.

»Aber jetzt bin ich davon überzeugt.«

Außer Wilson reichten auch noch die anderen Flugkapitäne Berichte ein: Captain Lloyd Moffat von den Canadian Pacific Airways, der Erste Offizier Erwin Zedwick von den

Slick Airways, Captain Noble Sprunger und Captain E. G. Kelley, beide von Pan American Airways.

Wilsons Bericht wurde von Moffat in allen Einzelheiten bestätigt. Er sagte:

»So was ist mir im ganzen Leben noch nicht begegnet. Fünf von uns haben das gleiche Ding zu gleicher Zeit gesehen.«

Ein Luftwaffensprecher gab bekannt, daß alle fünf Piloten Fragebogen ausfüllen mußten und über die Sichtung verhört wurden. Danach seien die Berichte sowohl an das Luftwaffenoberkommando für den Pazifik in Honolulu als auch an das Verteidigungsministerium nach Washington weitergegeben worden.

Ein weiterer Vorfall, der das US-Oberkommando der Luftwaffe besonders in Aufregung versetzte, spielte sich am 24. September 1959 ab und brachte bei der Air Force eine der bis dahin größten Verfolgungsjagden nach einem Ufo in Gang. Dieser Vorfall gelangte in die NICAP-Akten und wurde durch Major Keyhoe veröffentlicht.

Kurz vor Sonnenaufgang, frühmorgens um 5 Uhr, wurde in der Nähe des Flughafens von Redmond in Oregon ein riesiges Ufo beobachtet, das langsam vom Himmel sank. Als erster sah es der Polizei-Offizier Robert Dickerson, der sich auf einer Patrouillenfahrt am Stadtrand befand. Ein großes leuchtendes Objekt, das vom Himmel fiel und von dem er im ersten Moment annahm, es sei ein brennendes, abstürzendes Flugzeug.

Dickerson war völlig perplex, als es etwa 65 Meter über ihm plötzlich in der Luft »stehenblieb«, und er eine Scheibenform erkannte. Das seltsame Flugobjekt verhielt sich für ein paar Minuten reglos, dann stieg es senkrecht aufwärts, flog über den Flugplatz hinweg, verhielt aufs neue über dem nordöstlichen Ende des Flugfeldes. Nun fuhr der Polizei-Offizier umgehend zum Flugplatz und meldete den Vorfall dem Flugsicherungsspezialisten Laverne Wertz.

Wertz und andere Angehörige der Federal Aviation Administration (FAA-Bundesluftfahrtbehörde) verfolgten die Scheibe minutenlang durch Ferngläser. Das helle Leuchten war matter geworden, und alle sahen deutlich sonderbare gelbe, rote und grüne Strahlenbündel am Scheibenrand. Um 5.10 Uhr schickte Wertz ein Fernschreiben an die Flugsicherungszentrale in Seattle, das umgehend an den Luftwaffenstützpunkt Hamilton in Kalifornien weitergeleitet wurde. Innerhalb von Minuten wurde Seattle von der Luftwaffe darüber unterrichtet, daß vom Luftwaffenstützpunkt Portland bereits Abfangjäger auf dem Weg waren und die Luftwaffenradarstation in Klamath/Oregon das Objekt auf den Schirmen verfolge.

In Redmond beobachteten FAA-Beamte das Objekt immer noch durch ihre Ferngläser, als sie auf das Pfeifen näher kommender Düsenjäger aufmerksam wurden. Sobald die Kampfflugzeuge aber von oben auf das Objekt heruntertauchten, verschwanden die Strahlenbündel rings um die Scheibe. Dafür schoß ein leuchtender Strahl aus ihrer Unterseite, sie beschleunigte unbeschreiblich, schoß wie katapultiert senkrecht in die Luft und um ein Haar in die Bahn der Düsenjäger. Der nächste drehte überstürzt ab, um einer Kollision zu entgehen. Ein anderer wurde im Sog des aufwärtsschießenden Objekts mitgerissen, so daß der Pilot fast die Kontrolle über seine Maschine verlor. Drei andere Piloten stiegen den flüchtenden Ufos nach, wurden aber trotz der zusätzlich eingesetzten Schubkraft ihrer Nachbrenner schnell abgehängt. Als das Ufo in knapp 5.000 Meter Höhe in den Wolken außer Sicht geriet, folgte ihm ein Jäger mit Hilfe seines Bordradars. An Bord des Ufos mußte die Annäherung des Düsenjägers registriert worden sein, da es sofort seinen Kurs änderte. Dieser Kurswechsel wurde durch Höhenradar der Luftwaffenradarstation Klamath Falls genau verfolgt.

Nachdem die Piloten ihre hoffnungslose Verfolgungsjagd aufgegeben hatten, fingen Radarbeobachter die Signale des Ufos auf den Schirmen noch auf, als es zwischen 2.000 und 18.000 Metern Flughöhe in rasanten Flugmanövern herumkurvte.

Nach ihrer Landung wurden die noch ganz unter dem Eindruck dieses erschreckenden Erlebnisses stehenden Piloten sofort zu einem Geheimdienstverhör zitiert. Als sie die Begegnung mit dem Ufo geschildert hatten, erhielten sie den strikten Befehl, über diesen Vorfall nicht zu sprechen – nicht einmal mehr miteinander.

Aber das Aufheulen der vom Himmel herabtauchenden Düsenmaschinen hatte Hunderte von Bürgern der Stadt Redmond auf den Plan gerufen. Eine ganze Anzahl hatte neben den Jagdflugzeugen auch ein sonderbares Leuchten am Himmel gesehen. Da die Luftwaffe befürchtete, daß dieser Kaperversuch ans Licht kommen könnte, gab sie schnellstens die Erklärung ab, es habe sich um einen Routinekontrollflug gehandelt, der durch unechte Radarsignale ausgelöst worden sei. Das Leuchten am Himmel wurde mit der »Einbildung aufgeregter Zeugen« abgetan.

Innerhalb von Stunden wurde die Luftwaffe jedoch durch eine neue Entwicklung abermals in Aufregung versetzt. Denn als das Oberkommando vom »Auspuff«-Strahl des Ufos unterrichtet wurde, kam die Befürchtung auf, daß nukleare Antriebskraft im Spiel sein könnte. Wertz wurde nun durch die FAA in Seattle zu einem Rundflug in der Gegend von Redmond befohlen, um die Luftschichten auf anomale Radioaktivität hin zu untersuchen. In einem Hubschrauber und mit einem Geigerzähler kreiste Wertz kreuz und quer durch die verschiedenen Höhenlagen, in denen sich das Ufo schwebend aufgehalten hatte. Die Untersuchungsergebnisse gingen per Fernschreiber an die Air Force, wurden aber lange Zeit nicht veröffentlicht.

Etwas anderes veröffentlichte ATIC dagegen, nämlich die Feststellung: Nach sorgfältiger Untersuchung und Analyse habe sich kein Beweismaterial dafür erbringen lassen, daß Ufos entweder Raumschiffe und damit eine Bedrohung der nationalen Sicherheit oder aber von wissenschaftlicher Bedeutung sein könnten.

Weiterhin wurde konstatiert, daß Ufo-Projekte kostspielig sind, eine unproduktive Belastung für die Luftwaffe darstellen und außer ungünstiger Publizität nichts einbringen.

»Obwohl die Luftwaffe es sich zum Ziel gesetzt hatte, das Ufo-Programm als Spezialprojekt zu eliminieren, glaubte sie, nicht die offensichtlich logische Konsequenz ziehen zu können – ihre Akten aufzudecken und die Auflösung des Projekts bekannt zu geben, da weitere Verwicklungen sich nicht lohnten.

Statt dessen war das Problem der Public Relations zu eigenem Leben erweckt. Da die Luftwaffe gegenüber schlechter Presse äußerst empfindsam war, betrachtete sie den Konflikt mit zivilen Ufo-Forschern als Krieg. Jeder Angriff war eine Schlacht; die Geheimhaltung der eigenen Akten aufzuheben, die Ufo-Kampagne zu entschärfen oder eine Abschlußoperation im Angesicht von Attacken käme einer Kapitulation gleich.« Zu dieser Überzeugung gelangte Professor Jacobs in seinem Buch »The UFO Controversy in Amerika« (Die Ufo-Kontroverse in Amerika).

Das schizophrene Verhalten und die der Öffentlichkeit gegebenen, reichlich widersprüchlichen Erklärungen könnten einen ganz einfachen Grund haben. Nach Jahren fruchtloser Anstrengungen, zu konkreten Schlußfolgerungen über das Ufo-Phänomen zu gelangen, und nach den fehlgeschlagenen Ufo-Kaperversuchen hatten die militärischen und anderen Geheimdienste einen Wendepunkt erreicht. Sie wußten einfach nicht mehr weiter. Sie konnten nicht zurück, sie konnten auch nicht noch einmal von vorne anfangen, ohne ihr Gesicht zu verlieren. Denn das hätte eine Aufgabe ihrer Verschleierungstaktik und ihrer geheimen Beschlüsse zur Folge gehabt. Da sie nicht wußten, wie es weitergehen sollte, befanden sie sich in einer reichlich verzwickten Situation und veröffentlichten verwirrende, widersprüchliche Aussagen.

In diesem Stadium wäre es ihnen wohl am liebsten gewesen, niemals etwas von Ufos, Fliegenden Untertassen o. ä. gehört zu haben. Aber das Ufo-Phänomen lebte weiter – ob es ihnen nun paßte oder nicht –, und der öffentliche Druck wuchs.

Ein recht amüsanter Zwischenfall trug auch nicht dazu bei, die Gemüter zu beruhigen. So wurde der Marinegeheimdienst der Vereinigten Staaten darauf aufmerksam gemacht, daß eine Frau in Maine behauptet hatte, Kontakt mit Außerirdischen aufgenommen zu haben. Die Marine schaltete daraufhin sofort die CIA ein.

Normalerweise hätte diese Behörde eine Kontaktlergeschichte, in der die Kontaktaufnahme mittels »automatischer Schreibweise« zustande gekommen sein soll, einfach ignoriert. Aber die Mär war bereits bis zur kanadischen Regierung vorgedrungen, die daraufhin dieser Frau blitzschnell ihren Ufo-Experten, Wilbert Smith, ins Haus geschickt hatte, um sie zu befragen.

In Trance beantwortete die Kontaktlerin nun technische Aspekte der Raumfahrt ganz korrekt und weit über ihren Wissensstand hinaus. Sobald die US-Marine davon Kenntnis erhalten hatte, schickte sie ihrerseits zwei Offiziere zur Untersuchung dieser Angelegenheit. Die Frau brachte es nun fertig, einen der Marine-Offiziere zu überreden, sich selbst in Trance versetzen zu lassen und in diesem Zustand den Versuch zu machen, Kontakt mit außerirdischen Wesen aufzunehmen. Leider mißlang dieser Versuch. Zurück in Washington sprachen die beiden Marinegeheimdienstler zu CIA-Beamten über ihr Erlebnis. Daraufhin wurde von der CIA mit dem betreffenden Marineoffizier noch einmal eine Trancesitzung arrangiert, um mit Außerirdischen Kontakt aufzunehmen. Im CIA-Büro versammelten sich 16 Zeugen, die an der Sitzung als Beobachter teilnahmen. Als der Marine-Offizier diesmal in Trance versetzt worden war, soll ihm tatsächlich eine Kontaktaufnahme gelungen sein.

Die 16 Zeugen verlangten dafür natürlich Beweise. Der in Trance befindliche Offizier veranlaßte sie, zum Fenster hinauszuschauen, denn dort sei ein Ufo zu sehen. Drei der Männer liefen zum Fenster und sahen mit Erstaunen, daß tatsächlich ein Ufo am Himmel war. Zwei der Zeugen waren CIA-Beamte, der dritte gehörte zum Marinegeheimdienst.

Genau zur gleichen Zeit berichtete das Radarzentrum des »National Air Port« Washington von einem Ausfall der Radarsignale in Richtung des Sichtungsgebiets.

Major J. Friend, der neue Chef von Project Blue Book, wurde von der CIA über diese Angelegenheit informiert und nahm an späteren Trancesitzungen teil. Er bat, über neue

Entwicklungen unterrichtet zu werden – aber in dieser Hinsicht tat sich dann nichts mehr.

Friend war der Ansicht, daß beide, der Marine-Offizier und auch die Frau, in den parapsychologischen Laboratorien der Duke Universität gründlich untersucht werden sollten.

Die Sichtung selbst wurde durch Blue Book niemals untersucht, und was die Zeugen tatsächlich gesehen hatten, blieb immer ein Rätsel. Den Zwischenfall selbst nahm die CIA nicht ernst, anscheinend aber die darin verwickelten Personen. Denn auf Betreiben der CIA wurden alle Beteiligten strafversetzt.

Das Pentagon gab in einer Dokumentarsendung im Fernsehen am 22. Februar 1960 nachts einen Überblick über die Ufo-Forschung seit 1947. Darin wurde auch die Ufo-Invasion des Jahres 1952 in die militärischen Sperrzonen von Washington und um das Pentagon behandelt. Die Sendung schloß mit der erstaunlichen Aussage: Nach einer offiziellen Information des Verteidigungsministeriums gäbe es keine Zweifel an der Realität von Ufos, ihren intelligenten Besatzungen und der Tatsache, daß sie nichtirdischer Herkunft seien.

# Intelligentes Leben auf der Erde?

Während sich die Geheimdienste mit den »Außerirdischen« hart auseinandersetzten: ablehnen, madig machen oder fangen – begann der Radio-Astronom Dr. Frank Drake in der frühen Morgenstille des 8. April 1960, genau um 4 Uhr, mit seiner Suche nach Signalen aus dem All.

Dazu benutzten er und seine Kollegen das in einem weitläufigen, flachen Teil des Appalachen-Gebirges installierte Radioteleskop des Green Bank Observatoriums. Sie wollten die Sterne Tau Ceti und Epsilon Eridani anpeilen, in der Hoffnung, über die 21-cm-Welle Signale außerirdischer Intelligenzen aufzufangen. In die Bergwälder Westvirginias eingebettet liegt das 28-m-Radioteleskop, dort gegen alle irdischen Geräusche abgeschirmt. Acht Antennengiganten, die zu den größten der Welt gehören, recken ihre Schalen lauschend gen Himmel, Hörrohre ins All.

Da die 21-cm-Welle die natürliche Strahlungsfrequenz von Wasserstoffatomen ist, würde sie wohl am ehesten von fortgeschrittenen Zivilisationen als Sendefrequenz benutzt – so vermuteten die Wissenschaftler. Und damit war Project Ozma angelaufen, dessen romantischen Namen Drake von der sagenumwobenen Königin des unerreichbar weit entfernten Landes Oz entlehnt hatte.

Der Gedanke interstellarer Verbindungsaufnahme war nicht neu. Denn schon im Altertum vermutete der zwischen 636–546 v. Chr. lebende Thales von Milet, daß Sterne andere Welten sein könnten. Sein Schüler Anaximander vertrat sogar die Meinung, daß es unzählige Welten gebe, die im ewigen Kreislauf kommen und gehen, und Plutarch (46–125 n. Chr.) war davon überzeugt, daß der Mond eine Miniaturausgabe der Erde sei und Dämone seine Berge und Täler besiedelten.

Die Möglichkeit einer Kontaktaufnahme wurde allerdings erst in jüngerer Zeit erwogen. Einer der phantasiereichsten Vorschläge hierzu stammt von dem berühmten Mathematiker und Astronomen C. F. Gauß (1777–1855), der in Sibirien ein riesiges rechtwinkliges Dreieck durch Waldstraßen anlegen wollte, um Aufmerksamkeit zu erregen. Ein anderer Astronom, der Österreicher J. J. v. Littrow (1781–1840), bevorzugte wärmere Gegenden, da er sich für geometrisch gegrabene Kanäle in der Wüste Sahara aussprach, die nachts mit Kerosin erleuchtet werden sollten. Auch ein Spiegel wurde in Erwägung gezogen, ein überdimensionaler natürlich, um mit Hilfe des Sonnenlichts »Marsmännchen« Signale zu senden – so wollte es der Franzose Ch. Gros.

Als die Radiowellen entdeckt wurden, nahmen die Ideen realistischere Formen an. Einer der ersten von denen, die behaupteten, Signale interstellaren Ursprungs aufgefangen zu haben, war das unübertroffene Genie Nikola Tesla (1856–1943), einer der Pioniere auf diesem Gebiet. Dem berühmten Thomas Edison passierte ähnliches. Doch als sie beide, durch skeptische Mitmenschen angegriffen, zum Gespött gemacht und herabgesetzt wurden, schwiegen sie.

1500 lange Jahre betrachteten die Christen die Erde als den Mittelpunkt des Universums. Schließlich blieb ihnen nichts anderes übrig, als die Tatsache anzuerkennen, daß die Erde um die Sonne kreist. Aber damit war wenigstens ein neuer Mittelpunkt des Universums festgelegt. Doch dieser Zustand konnte nur bis zu dem Zeitpunkt aufrechterhalten werden, an dem sich herausstellte, daß unsere Sonne auch nichts weiter als ein Stern unter vielen Milliarden in unserer Milchstraße ist. Doch nicht genug damit, ist unser Sternensystem Milchstraße auch nichts weiter als eines unter vielen Milliarden im Universum.

Die letzte Illusion unserer Einmaligkeit nahm uns vor mehr als 50 Jahren der Harvard-Astronom Harlow Shapley mit seinem Nachweis, daß unsere Sonne keineswegs der Mittelpunkt unserer Milchstraße ist, wie bis dahin behauptet.

wurde. Shapeley verwies unser Sonnensystem bedenkenlos dorthin, wo es hingehört, zu einem unbedeutenden Vorort der Milchstraße, von dem es ganz schön weit ist bis zum Zentrum – nämlich ungefähr 30.000 Lichtjahre. Stellen wir uns z. B. vor, daß die Sonne die Größe einer Murmel hat, dann wäre die Erde ein Sandkörnchen, das einen Meter entfernt ist. Der nächste Stern wäre danach eine 240 Kilometer entfernte Murmel. Nach diesem Modell könnte die nächste fortgeschrittene, technologische Zivilisation vielleicht 30.000 Kilometer entfernt sein.

Der Durchmesser unserer Milchstraße beträgt 80.000 Lichtjahre – Licht legt im Vakuum rund 300.000 Kilometer in der Sekunde zurück. In einem Jahr bringt es also die unfaßbare Entfernung von rund 9461 Billionen Kilometern hinter sich.

Unser Spiralnebel, genannt Milchstraße, hat etwa die Form einer Fliegenden Untertasse, aber seine längst vermuteten Spiralarme konnten erst durch die Radio-Astronomie nachgewiesen werden. Am Rande eines solchen Spiralarmes ist unser Sonnensystem beheimatet. Es braucht 225.000.000 Jahre, um das galaktische Zentrum einmal zu umkreisen.

Allein in unserer Milchstraße gibt es etwa 150 Milliarden Sterne mit ungezählten Planeten und deren natürlichen Satelliten. Mit Sicherheit gibt es darunter eine große Anzahl Planeten, die in eine lebenfördernde Oekosphäre eingehüllt sind. Seit längerem wurden einige unserer Nachbarsterne auf Unregelmäßigkeiten hin untersucht, die auf dunkle Begleiterplaneten schließen lassen. Erwartungsgemäß wurde auch eine Reihe dunkler Begleiter entdeckt.

Um die Sonne herum gibt es in einem Radius bis zu 16 Lichtjahren unter den 47 bekannten Sternen drei weiße Zwerge – sogenannte bankrotte Sterne, die ihre Kernenergie verbraucht haben –, acht Doppelsterne und zwei Drillingsgestirne. Es bleiben also 22 Sterne in unserer nächsten Nachbarschaft, die lebentragende Planeten führen könnten.

Die der Erde nächst gelegenen und für mögliches Leben günstigsten sind die zwischen zehn und elf Lichtjahren entfernten Sterne Epsilon Eridani, Epsilon Indi und Tau Ceti.

Umgerechnet ist Eridani mit seinen rund elf Lichtjahren »nur« 104 Billionen Kilometer von uns entfernt! Eine für unsere derzeitige Technologie nicht nur astronomische, sondern vor allem unüberwindliche Entfernung. Stellen wir uns nur einmal vor, unser irdisches Apollo-Raumschiff würde sich mit einer Besatzung dahin auf den Weg begeben, dann wäre das genauso ehrgeizig wie das Vorhaben einer Schnecke, einige hundert Male um die Erde herumkriechen zu wollen.

Drake hatte schon vor Beginn des Unternehmens Ozma errechnet, daß es im Grunde nur möglich sein würde, *solche* Signale aufzufangen, die von einem Planeten dieser beiden Sterne über einen 200-m-Spiegel ausgestrahlt würden, der mit einem 1-Million-Watt-Sender ausgestattet ist.

Verwunderlicherweise scheinen wir immer anzunehmen, daß uns außerirdische Zivilisationen (unter der Voraussetzung, sie existieren) weit überlegen sein müssen. Aber drehen wir den Spieß doch einfach einmal um: Wären sie uns unterlegen, hätten sie doch wahrscheinlich keine Sende- und Empfangsanlage. Sind sie uns aber tatsächlich so weit voraus, wären wir für sie viel zu uninteressant zur Kontaktaufnahme. Denn über unser Niveau wären sie ohnehin durch den Empfang unserer Fernseh- und Radiosendungen hinreichend aufgeklärt. Eine Kontaktaufnahme käme demnach eigentlich nur auf gleicher Entwicklungsstufe zustande und wäre hier wieder fraglich, weil die technischen Voraussetzungen beider Seiten noch zu primitiv sind. Also: – patt!

Die Chancen für das Gelingen von Project Ozma waren also von Anfang an gleich Null, denn das Green Bank-Radioteleskop ist für ein derartiges Unternehmen einfach nicht fortschrittlich genug. Das Unternehmen wurde dann auch nach 150 Stunden ununterbrochener, angestrengter, nutzloser Horcherei erst einmal abgebrochen.

Drake gab dabei zu bedenken, daß sich die Technologie auf der Erde in einem verhältnismäßig kurzen Zeitraum entwickelt habe. Eine Zivilisation brauche nur etwa hundert Jahre, um es von völliger Unkenntnis auf dem Gebiet elektromagnetischer Kommunikation bis zur Perfektion zu bringen. Verglichen mit einem Menschenleben sei das sehr lange, aber in der kosmischen Zeitskala sei es nur $10^{-8}$ der Lebensdauer eines Sternensystems.

Da allein der kosmische Zeitablauf zähle, würde – damit verglichen – ein Planet von der Entwicklungsstufe völliger Unwissenheit auf technologischem Gebiet mit einem Sprung absolute Kenntnis erreichen.

Sobald eine Zivilisation solch eine Wissensstufe erreicht habe, sei sie in der Lage, über interstellare Entfernungen hinweg erste Kontakte mit ähnlichen Zivilisationen aufzunehmen. In dieses Stadium sei die Erde bereits eingetreten. Und im Hinblick auf die sich ständig neu bildenden Sterne müßten im gleichen Verhältnis auch technologisch erfahrene Zivilisationen auftauchen.

Offensichtlich ist die Anzahl der Zivilisationen, die Radiowellen benützen, von der Zahl jährlich neu auftauchender Zivilisationen abhängig. Eine zusätzliche Rolle spielt dabei auch die durchschnittliche Lebensdauer intelligenter Zivilisationen, die sich der elektromagnetischen Kommunikation bedienen. Haben sie eine kurze Lebensdauer, kommt es auch höchst selten zu einer Verbindungsaufnahme. Wir selbst scheinen unseren Fortbestand durch Selbstzerstörung in Frage zu stellen.

Drake meint, die Anzahl der im Kosmos erreichbaren Zivilisationen hänge also nicht nur von der Anzahl der existierenden Planeten ab, sondern von einer weit wichtigeren Frage:

»Gibt es auf der Erde intelligentes Leben?«

(Diese Frage stand auch auf einer Wand im Londoner Planeatrium: »Gibt es intelligentes Leben auf der Erde?« »Ja, aber ich bin nur zu Besuch hier«, hatte ein witziger Astronom, der sich dort aufhielt, daruntergeschrieben.)

»Laßt uns optimistisch sein und annehmen, daß es der Fall ist«, sagt Drake. »Denn dann gibt es auch intelligente Gemeinschaften im Universum«.

Unsere Technologie hat sich inzwischen so weit fortentwikkelt, daß es möglich ist, Signale bis zu 100 Lichtjahren Entfernung auszustrahlen oder auch zu empfangen. Unter Einbeziehung zusätzlicher Möglichkeiten durch Raumsonden oder Mondinstallationen erweitert sich der Umkreis wahrscheinlich sogar bis auf mehrere 1000 Lichtjahre Entfernung.

Das wäre allerdings nur sinnvoll, soweit es um die Suche – das heißt um den Empfang – von Signalen geht. Eine gegenseitige Radiowellenkommunikation wäre schon allein wegen des Zeitproblems nicht durchführbar, da sich ein derartiger Prozeß unter Umständen über viele 1000 Jahre hinziehen könnte.

Obwohl von uns bisher noch keine erwiesene außerirdische Botschaft aufgefangen wurde, besteht trotzdem die Möglichkeit, daß es in unserer Milchstraße von interstellaren Gesprächen nur so schwirrt. Der bekannte Exobiologe (außerirdische Biologie = Exobiologie) Professor Carl Sagan von der Cornell Universität/Ithaca sagt dazu:

»Wir können mit den Einwohnern eines abgeschnittenen Dorfes in New Guinea verglichen werden, die sich mit ihren Nachbardörfern durch Trommeln und Boten verständigen, ohne zu wissen, daß es ringsherum ausgedehnten internationalen Radioverkehr gibt – der sich über ihnen und durch sie hindurch abspielt.«

Mit dem rund 330-m-Radioteleskop der Cornell Universität, das in einem tiefen Bergtal bei Arecibo auf Puerto Rico errichtet wurde, hat sich die kosmische Reichweite noch ausgedehnt.

Auch die Russen haben ein Radioteleskop allein dafür eingesetzt, um 50 relativ nahe gelegene Sterne auf Signale außerirdischer Zivilisationen abzuhören. Dafür ist Dr. V. Troitsky, Leiter vom Radiophysikalischen Institut in Gorki, verantwortlich.

Aber ohne bestimmtes Ziel, genaue Frequenz, Bandbreiten und Sendeenergie zu kennen, ist jede Suche dieser Art im Grunde illusorisch. Sollten trotzdem Signale aufgefangen werden, wäre es reiner Zufall.

Die Erfindung des optischen Laser (Lichtverstärkung durch induzierte Emission von Strahlung) und Maser (Mikrowellenverstärkung durch induzierte Emission von Strahlung) verhalf außerdem zu neuen Kommunikationsmethoden.

Wenn einige Millionen Joule (elektrische Arbeitseinheit nach Joule) durch einen 200-m-Reflektor auf der 21-cm-Welle in Sekundenimpulsen ausgestrahlt würden, müßten solche Signale bis zu 1000 Lichtjahre Entfernung zurücklegen können.

Eines macht alle uns heute zur Verfügung stehenden technologischen Methoden zur Kontaktaufnahme mit Außerirdischen zunichte: die Zeitbarriere!

Darum sollte Telepathie als interstellares Kommunikationsmittel in Erwägung gezogen werden.

Schon 1963 schlug auf dem Internationalen Astronautischen Kongreß in Paris jemand Telepathie als schnellstes, billigstes und vorteilhaftestes Verständigungsmittel vor, um dafür helles Gelächter der Teilnehmer zu ernten.«

Der renommierte Atomphysiker Professor John B. Hasted vom Birkbeck College der Universität London begann 1974 unter Laborbedingungen mit Experimenten auf dem Gebiet der Psychokinese und Teleportation, deren sensationelle Forschungsergebnisse im April 1978 veröffentlicht wurden. Hasted benützt u. a. einen Widerstandsdehnungsmesser, der an Metallobjekte angeschlossen oder in das Versuchsobjekt eingeführt wird. Denn für Hasted ist eine der wichtigsten Regeln bei all diesen Versuchen, daß keines der Versuchsobjekte berührt werden darf.

Jedes Metall verfügt aufgrund seiner Gitterstruktur über ein elektrisches Eigenpotential. Wird nun durch psychokinetische Einwirkung eine Biegung, Dehnung oder ein Bruch verursacht, also die Gitterstruktur des Metalls verändert, ändert sich auch dieses Eigenpotential. Und eben diese Veränderung wird durch den Widerstandsmesser festgestellt.

Hasted ließ durch Psychokinese Metallstücke in hermetisch verschlossenen Glasbehältern beeinflussen – biegen, dehnen, verdrehen oder brechen. Die dazu verwendeten Versuchspersonen waren zu einem großen Teil Kinder, damit professionelle Gauner von vornherein nicht zum Zuge kommen konnten.

Die der Psychokinese ausgesetzten Metallstücke untersuchte Hasted anschließend unter dem Elektronenmikroskop und durch Spektralanalyse. Er stellte fest, daß Atome durch den Prozeß der Psychokinese bewegt bzw. verschoben werden. Das heißt: Die Atomstruktur der »behandelten« Metallteile wurde auf diese Weise verändert.

Genauso gelang es in anderen Experimenten, durch psychische Einwirkung – Teleportation –, Gegenstände räumlich zu versetzen. Es darf wohl mit Recht als sensationell bezeichnet werden, daß es im Verlauf dieser Experimente nachweislich zehnmal gelang, Metallgegenstände aus den hermetisch verschlossenen Glasbehältern durch Teleportation entweder vollständig oder zeitweise zum Verschwinden zu bringen, ohne die verschlossenen Glasbehälter auch nur im geringsten zu verändern – zu beschädigen oder gewaltsam zu öffnen. Professor Hasted spricht in diesem Zusammenhang von »parallelen Räumen«, die als Subuniversen zu betrachten seien. Er sagt:

»Wir haben bewiesen, daß es Psychokinese, und mehr noch, daß es Teleportation sowohl auf der atomaren als auch auf der Ebene größerer Gegenstände, als es Atome sind, gibt.«

Übrigens sind auch bereits in England, Kanada, an der amerikanischen Berkeley- und an der Stanford-Universität wie auch in Frankreich bei der Fa. Pecheyne durch Dr. Crussard ähnliche Experimente angelaufen.

Hier zeichnen sich neuartige Kommunikationsmethoden ab, die die Begrenzung unseres bekannten Raum-Zeit-Kontinuums aufheben. Könnte es vielleicht auch ein Schlüssel für interstellare Reisen von Ufos sein?

Schon Professor J. A. Wheeler von der amerikanischen Princeton-Universität, einer der wirklichen Kenner der Einsteinschen Relativitätstheorie, spricht von einem Parallelraum, einem Superraum, wie er ihn nennt. Er schlägt in seinem Modell eine geradezu verblüffende Methode vor, um die Entfernungen im Universum zu überbrücken. Wheeler vergleicht den Kosmos mit einem Kranz, dessen Oberfläche alle Himmelskörper trägt, während das Kranzloch ein anderes Universum verkörpert – eben diesen Superraum.

Diese beiden Welten liegen Seite an Seite. Aber ganz im Gegensatz zu unserem Universum ist der Superraum zeitlos. Heute, morgen, gestern, vorher, nachher – diese Worte haben hier ihre Gültigkeit verloren. Es gibt weder Zeit noch Geschwindigkeit.

Sollte dieses Modell zutreffen, könnte der Superraum durchaus als Abkürzung zu anderen Sonnensystemen dienen. Man würde viel schneller als das Licht von einem Teil des Universums zum anderen gelangen.

Raumschiffe würden in diesen Superraum eintauchen, um an ihrem Zielort in einem anderen Sonnensystem wieder in die normale Raum/Zeit-Dimension zurückzukehren.

Damit würde sich dann die Frage nach den Eingängen zu diesem Superraum stellen. Es besteht ein Hinweis. Höchstwahrscheinlich sind die sogenannten »Schwarzen Löcher« – black holes – die Eingänge zu dieser anderen Dimension. Schwarze Löcher sind übriggebliebene Gravitationsschlünde, die durch eine totale, katastrophale Verdichtung von übergroßen Sternen entstehen. In einem solchen Schwarzen Loch verschwindet alle in der Nähe befindliche Materie und Energie. Aber wohin? Vielleicht in diesen Superraum?

Nutzen etwa die unbekannten Flugobjekte den Superraum bereits, um die sonst unerreichbaren, astronomischen Entfernungen zu überwinden? Und damit würde dieses Hindernis – die Entfernung –, das von den Kritikern als Argument gegen die Möglichkeit außerirdischer Besucher ins Feld geführt wird, ausgeräumt.

# Ceta Reticuli 1

Am 19. September 1961 fuhren der 38jährige Postbeamte Barney Hill und seine 40jährige Frau Betty, die Sozialarbeiterin war, nachdem sie sich spontan entschlossen hatten, einen Tag Urlaub zu machen, von der kanadischen Grenze über den US-Highway 3 durch die White Mountains in Richtung Portsmouth. Da nach der Wettervorhersage mit einem Hurrican gerechnet werden mußte, fuhren sie nachts, um vorher daheim zu sein. In Colebrook im nördlichen New Hampshire, legten sie eine Rast ein und setzten ihre Fahrt um 22 Uhr fort. Aufgrund ihrer Geschwindigkeit hätten sie unter normalen Bedingungen gegen 2.30 Uhr morgens zu Hause sein müssen.

Südlich von Lancaster, New Hampshire, wurden sie auf ein helleuchtendes Gestirn am Himmel aufmerksam. Jedenfalls nahmen sie an, es sei ein Stern. Auf der Straße war praktisch kein Verkehr, und der Mond schien so hell, daß die Hills auch ohne Scheinwerferlicht hätten fahren können. Als der vermeintliche Stern plötzlich den Kurs wechselte und am Mond vorüberzog, dachten sie, es müsse ein Satellit sein. Neugierig verfolgte ihn Betty Hill aus dem Fenster des Wagens mit einem Fernglas. Er wurde größer und größer und schien ihnen zu folgen.

Die Hills hielten an, um das Ding besser beobachten zu können. Später sagte Betty, sie habe derartiges noch nie gesehen. Es war rund und hatte alle möglichen blinkenden Lichter. Barney Hill, dem es plötzlich ungemütlich wurde, lief zum Wagen zurück. Gleichzeitig rief er seiner Frau zu:

»Die sind hinter uns her.«

Sie sprangen ins Auto, und Barney brauste davon, was das

Zeug hielt. Dabei forderte er seine Frau ununterbrochen aufgeregt auf, das Ding weiter im Auge zu behalten.

»Es muß direkt über uns sein«, schrie er.

Plötzlich erblickten beide das Objekt etwa »zehn Stockwerke hoch« über dem Highway in der Luft auf der Stelle schwebend. Betty erkannte zwei übereinanderliegende Fensterreihen und auf beiden Seiten ein rotes Licht. Jetzt stoppte Barney Hill und sprang aus dem Auto. Betty blieb sitzen. Aber Barney lief auf das Objekt zu und beobachtete durch das Fernglas, wie es zur Landung ansetzte. Unterdessen schrie Betty ängstlich, daß er zurückkommen solle. Aber Barney blieb wie versteinert auf der Stelle stehen und sah, wie sich langsam eine Art Treppe aus der Maschine herausschob. Schließlich riß er sich zusammen, rannte zum Wagen zurück und drückte auf den Anlasser. In dem Moment hörten die Hills ein sonderbares elektrisches Summen, bei dem der Wagen in Vibration geriet. Sie fühlten am ganzen Körper ein Prickeln, und es wurde ihnen schwindelig. Von dem Augenblick an konnten sich Barney und Betty Hill an nichts mehr erinnern. Mit einem neuerlichen Summton, anders als beim ersten Mal, setzte ihr Erinnerungsvermögen wieder ein. Sie fuhren die Straße entlang, und alles kam ihnen auffallend still vor. Auf einem Wegweiser stand: 25 Kilometer bis Concord. Sie hatten sich nie weiter den Kopf darüber zerbrochen, wie sie von Ashland, wo ihre Fahrt eine Unterbrechung erfahren hatte, bis dorthin gekommen waren. Aber als sie ernsthaft darüber nachdachten, merkten sie, daß etwas ganz und gar nicht stimmen konnte. Ihnen fehlten einfach zweieinhalb Stunden, die aus ihrem Bewußtsein verschwunden waren.

Was war in diesen zweieinhalb Stunden vorgefallen?

Betty Hill erinnerte sich noch deutlich daran, daß plötzlich ein unbekanntes Flugobjekt aufgetaucht war. Außerdem träumte sie davon, daß eine Gruppe einheitlich gekleideter Männer die Straße absperrte. Dieser Traum wiederholte sich ständig, aber bewußt konnte sich Betty an dieses Erlebnis nicht erinnern. Sie wandte sich deswegen schließlich an NICAP.

Als Barney im Januar 1964 ein Magengeschwür bekam,

entschlossen sich beide, den Rat des NICAP-Untersuchungsbeamten Walter Webb zu befolgen und den berühmte Bostoner Psychiater Dr. Benjamin Simon zur Behandlung aufzusuchen.

Dr. Simon entschloß sich zur Hypnosebehandlung, um durch Zutritt zum Unterbewußtsein Aufschluß über die fehlenden zweieinhalb Stunden zu erhalten. Er hypnotisierte Barney und Betty Hill einzeln und verursachte bei beiden durch hypnotische Suggestion eine Gedächtnissperre. Dadurch waren sie nicht in der Lage, irgendwelche Informationen über ihr Erlebnis auszutauschen – oder sich über ihre Aussagen miteinander abzusprechen. In der Hypnose erlebten nun beide einen bizarren Vorfall, der sich in den ihnen abhanden gekommenen zweieinhalb Stunden zugetragen hatte.

Aus den Tonbandaufzeichnungen während der Sitzungen ergab sich folgender Ablauf:

Sie hatten den Highway verlassen und waren eine schmale Straße entlang gefahren, wo sie von diesen, etwa 1,50 Meter großen Männern aufgehalten wurden. Sie waren grotesk und anders. Aber wieso, konnte Betty nicht erklären. Sie hatte sich bis dahin nicht gefürchtet. Aber als dann der Wagen nicht mehr ansprang und drei der Fremden die Wagentür an ihrer Seite öffneten, geriet sie in Panik.

»Einer von ihnen legte mir die Hand auf die Augen, mir schwanden die Sinne, und ich hatte das Gefühl, in Schlaf zu versinken, obwohl ich mich dagegen auflehnte. Mit letzter Willenskraft bekämpfte ich diesen Zustand und sah, daß die Männer im Kreis um uns herum standen«, berichtete Betty Hill.

Während sie Barney die Stufen hinaufzerrten und Betty führten, schrie diese:

»Wach auf, Barney!«

Darauf wurde Betty von einem der Fremden an ihrer Seite in mühsamem Englisch gefragt:

»Heißt er Barney?«

Betty fuhr ihn daraufhin an:

»Das geht Sie gar nichts an.«

Unabhängig voneinander stimmten die Hills darin überein, daß die Männer Uniformen trugen.

Nach Barneys Beschreibung trug der Anführer einen schimmernden, schwarzen Mantel mit einer über die linke Schulter herabhängenden schwarzen Schärpe und einer Kappe, die ihn an die eines Marinekapitäns erinnerte. Betty war besonders von den fast schwarzen Augen beeindruckt, vor deren Ausdruck sie sich fürchtete. Es schien, daß sie keine Ohren und eine grauwirkende Haut hatten. Betty meinte, daß es menschliche oder menschenähnliche Wesen waren.

An Bord des unbekannten Flugobjekts wurden die Hills getrennt. Betty blieb im ersten Raum, während Barney zum nächsten gebracht wurde. Der erste Raum sah aus »wie ein Stück Torte mit abgeschnittener Spitze, und alle Wände glänzten in weißblauem Licht«, beschrieb Betty Hill.

Der Anführer und ein anderer Mann, ein Arzt, wie sich zeigte, führten Betty zu einem weißen Stuhl, auf den sie sich setzen mußte. Eine gründliche Untersuchung ihrer Augen, Hals, Nase, Ohren und Zähne folgte.

Danach mußte sie sich auf einen Untersuchungstisch legen. Bisher waren alle Untersuchungen schmerzlos verlaufen. Schließlich kam der Arzt mit einem langen, nadelartigen Instrument, das er wegen eines Schwangerschaftstests in ihren Nabel einführen wollte, wie er Betty erklärte. Diese versuchte vergeblich, ihn davon abzuhalten und weinte vor Schmerzen, als er die Nadel einführte. Erstaunt sahen sich die Männer daraufhin an, und der Anführer legte ihr rasch eine Hand über die Augen, und augenblicklich ließ der Schmerz nach. Betty Hill sagte, daraus habe sie geschlossen, daß man ihr nicht absichtlich weh getan hatte. Mit diesem Test war Bettys Untersuchung beendet, und ihr wurde gesagt, sie müsse nur noch auf Barney warten.

Als der Arzt zu ihm in den Nebenraum ging, unterhielt sich Betty mit dem Anführer und sagte zu ihm:

»Wenn ich nach Hause komme und erzähle, was mir zugestoßen ist, wird mir niemand glauben, wenn ich nicht irgend einen Beweis mitbringe.«

Der Anführer erkundigte sich nun bei Betty, was sie denn

gerne haben wolle. Sie schaute sich um, entdeckte ein Buch mit lauter Symbolen und fragte, ob sie es haben dürfe. Lachend stimmte er zu.

In diesem Moment kam der Arzt mit Barneys Zahnprothese in der Hand aus dem Nebenraum. Er ging zu Betty, öffnete ihr den Mund und versuchte ohne Erfolg, ihre Zähne herauszunehmen. Aber das gelang nicht, denn Betty hatte noch ihre eigenen Zähne. Verblüffung bei den Fremden! Betty erklärte daraufhin, daß der Mensch seine Zähne aus verschiedenen Gründen früher oder später verliere, vor allem meistens im Alter. Mit dem Begriff Alter wußten die Fremden aber ganz und gar nichts anzufangen und verstanden auch die Erklärungen von Betty nicht.

Nun wollte Betty aber ihrerseits wissen, woher die Fremden mit ihrem Raumschiff gekommen waren.

Auf ihre Fragen zeigte ihr der Anführer eine dreidimensionale Sternkarte, die irgendwie Teil der sich öffnenden Wand war. Er erklärte ihr, daß die starken, von einem zum anderen Punkt führenden Linien ständige Handelsrouten darstellten, die dünnen Linien gelegentliche Reiseziele verkörperten und die gestrichelten Linien Expeditionsrouten anzeigen. Leider waren die Sterne auf der Karte nicht mit Namen versehen und waren für Betty Hill daher nicht mehr als »ein Blick zum Fenster hinaus«.

Der Anführer sagte Betty, daß sie auch unsere Sonne auf dieser Karte finden könnte, aber sie wußte nicht, wo sie suchen sollte. Insgesamt waren zwölf leuchtende Sterne auf dieser Himmelsdarstellung, schwebende Kugeln, die strahlten. Die Antwort auf die Frage nach ihrer Herkunft blieb der Anführer jedoch schuldig. Inzwischen kam Barney zurück.

»Ich war überglücklich, weil wir nun gehen konnten, aber dann hörte ich die Besatzungsmitglieder miteinander argumentieren.«

Der Anführer kam zurück, ging zu Betty und nahm ihr das Buch wieder ab, während er zu ihr sagte:

»Es ist beschlossen worden, daß ihr alles vergessen müßt.«

Betty kamen vor Ärger die Tränen und sie antwortete:

»Das kann ich gar nicht vergessen. Aber Sie haben mir so

viele Fragen gestellt, die ich nicht beantworten konnte, warum kommen Sie nicht wieder. Ich könnte doch eine Zusammenkunft mit kompetenteren Leuten arrangieren, die in der Lage sind, offene Fragen zu beantworten.«

Der Fremde erklärte ihr aber, daß die Entscheidung darüber nicht bei ihm liege und sie außerdem die Leute, die sie brauchten, immer zu finden wüßten.

Danach wurden die Hills von den Fremden wortlos zu ihrem Wagen begleitet, und das Raumschiff verschwand ebenso schnell, wie es gekommen war.

Dr. Simon kam nach sorgfältiger Analyse dieses Falls zu dem Ergebnis, daß die Hills diese Begegnung so schilderten, wie sie glaubten, sie erlebt zu haben.

Maßgebend für seine positive Schlußfolgerung war nicht zuletzt das Hypnoseprotokoll, aus dem hier ein kurzer Auszug zum besseren Verständnis der Situation wiedergegeben wird.

Dr. Simon: Jetzt wird Dr. Hynek mit Ihnen sprechen, und Sie werden auf seine Fragen antworten.

Barney: Ich bin aus dem Wagen ausgestiegen und laufe die Straße hinunter ins Gehölz. Dort ist ein orangefarbenes Licht. Irgend etwas ist da. Wenn ich doch bloß mein Schießeisen dabei hätte.

Prof. Hynek: Barney, Sie erinnern sich an alles ganz deutlich. Sie erzählen mir jetzt alles, was geschieht. Sie hören deutlich das Piepgeräusch. Beschreiben Sie mir dieses Geräusch genauer.

Barney: Betty, sieh mal da drüben! Es ist da drüben, Betty! Gott, ist das verrückt. Ich laufe über die Brücke. Ach Gott, ach Gott! (Barney atmet sehr schwer) Ich kann's nicht glauben. Da sind Männer auf der Straße. Nein, ich glaub's nicht. Nein! Ich will nicht weitermachen. Nein! Das ist doch unmöglich.

Dr. Simon: Machen Sie weiter, Barney. Sie erinnern sich an alles ganz deutlich.

Barney (wieder aufgeregt und verzweifelt): Wir gehen die Rampe hinauf. Ich möchte zuschlagen, aber ich kann nicht. Ich kann mich nicht mehr zurückhalten. Ich muß zuschlagen.

Meine Füße schlagen auf. Ich bin in einem Gang. Ich will da nicht rein. Ich weiß nicht wo Betty ist. Mir ist nichts passiert. Ich schlag' jetzt nicht um mich. Aber wenn sie mir was tun, haue ich auf jeden Fall zu. Ich fühle nichts. Meine Finger sind taub, meine Beine sind taub. Ich liege auf dem Tisch.

Dr. Simon: Es ist gut. Sie können hier aufhören. Sie liegen auf dem Tisch. Sie sind ruhig, entspannt, und Sie ruhen sich jetzt aus, bis ich sage: Hören Sie zu, Barney! Sie hören nichts von dem, was ich von jetzt an sage. Betty, was ist los?

Betty: Wir fahren – plötzlich biegt Barney mit kreischenden Bremsen scharf nach links ab. Warum, weiß ich nicht. Wir verirren uns bestimmt. Wir fahren um die Kurve. – Pause – Barney versucht immer wieder zu starten, aber es klappt nicht. Jetzt kommen sie zwischen den Bäumen auf uns zu. Da ist irgendwas los mit dem ersten Mann, der uns entgegenkommt. Ich kriege Angst. Ich muß aus dem Wagen raus – wegrennen und mich verstecken. Ich will die Wagentür öffnen, davonrennen und mich im Wald verstecken.

Prof. Hynek: Haben Sie vorher jemals irgend etwas gesehen, das dem auch nur entfernt ähnlich wäre?

Betty: Nein.

Prof. Hynek: Scheint der Mond darauf? Sehen Sie den Mond gleichzeitig?

Betty: Es ist alles in helles Mondlicht getaucht, nicht ganz so hell wie am Tag, aber ich kann sehen. Es ist am Boden und hat so eine Art Ring um die Kante.

Prof. Hynek: Steht es auf Beinen oder liegt es auf dem Boden auf?

Betty: Dic Kante ist etwas über dem Boden, und von dort kommt eine Rampe herunter.

Prof. Hynek: Wie groß ist es, Betty. Vergleichen Sie es in der Größe mit etwas, das Sie kennen, Betty.

Betty: Ich versuche darüber nachzudenken.

Prof. Hynek: Wie wäre es mit einem Eisenbahnwaggon. Ist es größer oder kleiner als ein Eisenbahnwaggon?

Betty: Ich kann mir die Größe eines Eisenbahnwaggons nicht vorstellen. Es ist ungefähr so lang wie von der Hausecke bis über die Garage hinaus.

Prof. Hynek: Was denken Sie beim Näherkommen?

Betty: Verdammt noch mal, nichts wie weg hier.

Prof. Hynek: Und warum können Sie nicht weg?

Betty: Ich kann nicht. Dieser Mann neben mir! Ich kann nur sagen: Barney, wach auf! Er fragt mich, ob mein Mann Barney heißt. Ich gebe ihm keine Antwort. Es geht ihn nichts an. Ich will nicht mitgehen! Ich gehe da nicht rein. Ich will nicht! Er sagt mir, ich soll vorausgehen, sie wollen nur ein paar einfache Tests machen, und sobald sie damit fertig sind, kann ich zum Wagen zurückgehen.

Prof. Hynek: Haben sie gesagt, woher sie kommen?

Betty: Nein.

Die verschiedensten Theorien wurden vorgebracht, um den Hill-Fall zu erklären. Zum Beispiel könnte unterstellt werden, daß die Entführung vielleicht eine stark emotionelle Reaktion, ein rein imaginäres Erlebnis war, das durch Angst beim Auftauchen eines Ufos ausgelöst wurde. Es gibt allerdings eine auffällige Tatsache, die beide betraf – Bettys und Barneys Untersuchung –, etwas, das Ähnlichkeit mit einem Fruchtbarkeitstest hat. Barney war ein Apparat auf den Unterleib gelegt worden, während Betty die schmerzhafte Erfahrung mit einer durch den Bauchnabel eingeführten Nadel machte.

Betty und Barney waren an ihrem Wohnort hochangesehen und führten ein sehr geselliges Leben, dem nur eines fehlte – Kinder! Könnte hier vielleicht die Ursache bei beiden, möglicherweise der auslösende Faktor für psychologische Beweggründe liegen und ein eingebildetes Erlebnis, speziell die Untersuchung, als Kompensationsfaktor gedient haben?

Natürlich gibt es viele, die blind daran glauben, daß sich alles genauso abgespielt hat, wie die Hills es unter Hypnose geschildert haben. Man argumentiert, daß man unter Hypnose gar nichts anderes als die Wahrheit sagen könne. Und obwohl praktisch jeder, der sich mit diesem Fall beschäftigte, darin übereinstimmte, daß Betrug so gut wie ausgeschlossen ist, ist Hypnose bedauerlicherweise dennoch kein schlüssiger Beweis. Denn selbst unter Hypnose konnten Betty und Barney Hill nur *das* sagen, was sie für die Wahrheit hielten.

Wie dem auch sei – es bleibt ein Umstand, der überraschend ist. Er betrifft die von Betty Hill erwähnte dreidimensionale Sternkarte. Denn ihre Beschreibung klingt auffallend nach Holographie (Laserphotographie, Verfahren zur Abbildung beleuchteter Objekte durch Rekonstruktion des Lichtwellenfeldes – auf der Erde befindet sich die Anwendung dieses Verfahrens allerdings noch in den Kinderschuhen). Diese Sternkarte wurde von der Astronomin Majorie Fish in einem Modell in mühsamer Arbeit rekonstruiert. (Dazu muß noch erwähnt werden, daß sich der Mensch unter Hypnose an die kleinsten Einzelheiten seiner sonst vergessenen Erlebnisse wieder erinnern kann.) Verglichen mit dem uns bekannten Sternenhimmel konnte man jedoch darauf nichts identifizieren.

Sie übergab ihr Modell daraufhin Dr. Mitchell von der Ohio State-Universität, der es in langwierigen Computerstudien untersuchte und schließlich eine verblüffende Lösung fand:

Betty Hills Karte veranschaulicht einen Ausschnitt unseres Universums, wie er von dem 36 Lichtjahre entfernten Stern Ceta Reticuli 1 aus gesehen wird!

# Verstrickungen

Nach sorgfältiger Überprüfung und Analyse der zahllosen Ufo-Sichtungen konnten bereits in den sechziger Jahren gewisse Schlüsse gezogen werden. Denn in der modernen Ufo-Ära zeichneten sich deutlich erkennbare Muster ab. So tauchten während des Zweiten Weltkrieges die kleinen runden foofighter auf, die im nächsten Stadium, nach dem Krieg, durch kompakte, scheibenförmige Objekte ohne Öffnungen – Fenster oder Türen – und ohne besondere Kennzeichen abgelöst wurden. Der klassische Untertassentyp mit Fenstern oder durchsichtiger Kuppel tauchte erst danach auf. Aber während der ganzen Zeit wurden parallel dazu auch große, zigarrenförmige Flugobjekte beobachtet.

Mit dem Auftauchen der Untertassen, an denen Sichtkuppeln beobachtet wurden, trafen aus aller Welt zahllose Berichte über sogenannte nahe Begegnungen der dritten Art ein.

Rein theoretisch gesehen könnten die kleinen foofighter automatische Beobachtungssonden verkörpern, bei den fenster- oder türlosen, scheibenförmigen Flugobjekten könnte es sich um komplexe, ferngesteuerte Forschungssonden handeln. Wogegen die klassischen Ufos mit Fenstern und Sichtkuppel – vorausgesetzt, sie dienen der Funktion des Beobachtens und Sehens, mit welchen Augen auch immer – bemannte Raumschiffe darstellen müßten.

Auch bei den sogenannten nahen Begegnungen wurden überall in der Welt ähnliche Charakteristiken beschrieben. Im allgemeinen wurde die Größe der Ufo-Insassen zwischen 1,00 Meter und 1,40 Meter angegeben. Ihre haarlosen Köpfe wurden als verhältnismäßig groß im Vergleich zum Körper beschrieben, der Mund als Schlitz oder Öffnung, die Nase unauffällig, die Augen groß und ausdrucksvoll und der Teint zwischen Weiß, Äschern und Lehmfarben. Meistens sprachen die Zeugen auch von betont langen Gliedern.

Natürlich müssen in diesem Zusammenhang Zugeständnisse an die Beobachtungsgabe der Augenzeugen gemacht werden, durch die wahrscheinlich manche der auftretenden Differenzen in der Beschreibung beobachteter Einzelheiten erklärt werden können. Wir wissen selbst, beispielsweise von Verkehrsunfällen, wie unterschiedlich, oft widersprüchlich, Aussagen von, sagen wir, zehn Zeugen sein können, die alle das gleiche gesehen haben wollen (oder sollten).

Im übrigen müßte noch eine weitere Möglichkeit über die Herkunft außerirdischer Flugobjekte in Erwägung gezogen werden, falls wir Ufos als existent akzeptieren: Sie könnten von verschiedenen Welten anderer Planetensysteme stammen und daher auch in der äußeren Form voneinander abweichen.

Falls es sich beim Ufo-Phänomen jedoch um ein soziopsychologisches Problem handeln sollte, wie von einigen Kritikern behauptet wird, müßten sie auch eine Erklärung dafür haben, warum ein nordamerikanischer Indianer, ein hochqualifizierter französischer Astronom, ein russischer Pilot, ein australischer Schafzüchter, ein deutscher Ingenieur und ein Apollo-Astronaut ihre Ufo-Sichtungen so auffallend ähnlich erleben und beschreiben. Denn der soziopsychologische Hintergrund unterscheidet sich von Beobachter zu Beobachter ganz erheblich. Diese Kritiker sollten außerdem auch erklären, wieso ein sogenanntes soziopsychologisches Phänomen Landegestellabdrücke und andere Spuren hinterläßt. Nebenbei gesagt wird durch derartige Merkmale auch die Möglichkeit ausgeschlossen, daß es sich bei den Ufos immer nur um holographische oder psychische Projektionen handelt. Die nachfolgenden Zwischenfälle sollten für sich selbst sprechen.

Eine der faszinierendsten Sichtungen eines unbekannten Flugobjekts trug sich am 24. April 1964 in New Mexico zu. Am Nachmittag dieses Tages fiel dem 31jährigen Polizisten Lonnie Zamora aus Socorro ein schwarzer Chevrolet auf, der um 17.50 Uhr mit stark überhöhter Geschwindigkeit in südlicher Richtung durch die Stadt raste.

Zur gleichen Zeit sah ein Ehepaar mit seinen drei Söhnen ein eiförmiges Flugobjekt, das aus Aluminium oder Magnesium zu sein schien, ganz tief den Highway und ihren grünen Cadillac überfliegen. Der Fahrer des Wagens schimpfte noch über den rücksichtslosen Piloten, als er einen weißen Polizei-Pontiac vorbeirasen sah, und bemerkte zu seiner Familie, daß dieser unter Umständen dem »verkehrswidrigen Flieger« nachjage.

An der nächsten Tankstelle hielt der Cadillac-Fahrer und beschwerte sich, während der Wagen aufgetankt wurde, bitterlich über den unverschämten Piloten bei dem Tankstellenbesitzer Opal Grinder und seinem Sohn Jimmy und beschrieb ihm das sonderbare Flugzeug.

Inzwischen wartete Zamora im südlichen Stadtteil an der Einfahrt einer Sackgasse seelenruhig auf seinen Verkehrssünder im schwarzen Chevrolet, der dort verschwunden war und jeden Moment wieder auftauchen mußte. Plötzlich hörte er ein Röhren und sah gleichzeitig ein grellblaues Leuchten, das aus einer etwa 900 Meter entfernten unbewohnten Gegend westlich einer Schlucht zu kommen schien.

Zamora erinnerte sich später an aufsteigenden Staub und daß er geglaubt hätte, in einem Dynamitschuppen dort drüben sei etwas explodiert. Als gewissenhafter Polizist wollte er wissen, was passiert war, und fuhr deshalb auf der holprigen Straße erst einmal auf die nächste Hügelkuppe, um sich einen Überblick zu verschaffen. Etwa 650 Meter entfernt sah er unten in der Schlucht ein weißes Objekt, das aus der Entfernung wie ein auf den Kühler gestellter Wagen wirkte. Seitlich davon bewegten sich zwei kleine Figuren.

»Alles, was ich erkennen konnte, waren zwei weiße *Schutzanzüge* neben dem Objekt, die vielleicht 1,20 Meter groß waren«, sagte Zamora.

Er rief seine Dienststelle über Funk, erstattete Meldung und teilte gleichzeitig mit, daß er zur Schlucht fahren werde, um nachzusehen. Er schlug die Richtung zur Schlucht ein, verlor jedoch das Objekt in einer Senke aus den Augen.

Schließlich hielt er oberhalb der Schlucht etwa 30 Meter von dem Objekt entfernt und stieg aus. Das Ding stand rund sieben Meter tiefer lautlos in der Schlucht, aber die zwei Figuren waren verschwunden. Zamora näherte sich der Stelle vorsichtig.

»Das Ding war eiförmig, silberweiß und hatte keine Fenster. Es stand auf einem etwa 1,20 Meter hohen, sechsbeinigen Landegestell und war so groß wie ein Auto.«

Plötzlich machte das »Ei« betäubenden Lärm. Zamora glaubte, daß das Ding explodiere, und rannte zurück, um sich hinter Büschen in Sicherheit zu bringen. Ein Blick über die Schulter zeigte ihm, daß es senkrecht aufstieg. Mit einem Satz warf er sich flach hin, bedeckte den Kopf mit den Armen und wartete ab. Als nichts geschah, riskierte der Polizist wieder einen vorsichtigen Blick in Richtung des sonderbaren Flugkörpers, und stellte maßlos überrascht fest, daß dieser nun vollkommen geräuschlos sieben Meter über dem Boden schwebte. An der Seite sah Zamora eine rote Markierung, etwa 30 Zentimeter hoch, einen Halbmond mit einem senkrechten Pfeil darin und einem waagrechten Balken darunter. Für einige Sekunden blieb das Objekt auf der Stelle stehen, dann flog es der Schlucht nach in südlicher Richtung davon.

Zamora sprang auf und rannte zu seinem Streifenwagen, um sein Revier zu benachrichtigen. Aber vergeblich. Denn sein Funkgerät funktionierte plötzlich nicht mehr, und es setzte erst nach einiger Zeit wieder ein. Zamora bat nun darum, daß Sergeant Chavez von der Staatspolizei zu seiner Hilfe geschickt würde. Dieser berichtet dazu:

»Als ich ankam, war Zamora ziemlich aus dem Häuschen. Er erzählte mir, was vorgefallen war, und wir gingen gemeinsam in die Schlucht hinunter. Ein Busch schwelte, und im weichen Untergrund waren sechs Abdrücke zu sehen. Vier davon hatten eine Größe von 25 x 45 Zentimeter und die ungefähre Form eines Rhombus. Außerdem befanden sich noch zwei runde, wenige Zentimeter voneinander entfernte Eindrücke im Boden.«

Chavez informierte umgehend das Militär, das Spezialisten, u. a. Prof. Hynek, zu weiteren Nachforschungen entsandte.

Außer der Familie im Cadillac hatten noch zwei weitere Zeugen den eiförmigen Flugkörper gesehen, Paul Kies und Larry Kratzer aus Dubuque, Iowa, die etwa eineinhalb Kilometer von dem Vorfall entfernt in Richtung Socorro fuhren.

Geheimdienst und FBI, vertreten durch den Agenten J. Arthur Byrnes jr., nahmen sich selbstverständlich auch dieses Vorfalles an. Zamora wurde nahegelegt, nicht darüber zu sprechen, insbesondere nicht über die beiden weißen Figuren und die Markierungen an der Seite des fremden Flugkörpers.

»Die Leute würden Ihnen ohnehin nicht glauben«, schloß Byrnes seine Instruktionen gegenüber Zamora.

Befragt, konnte der nüchterne und als äußerst zuverlässig bekannte Polizeibeamte nur sagen:

»Ich wüßte zu gern, was es war. Aber ich weiß nichts außer, daß ich das Ding gesehen habe. Und das wär's.«

Die Luftwaffe setzte ihre Nachforschungen fort, konnte diesen Vorfall aber auch nach intensivsten Untersuchungen nicht erklären.

Der 45jährige Farmer James Flynn betrieb 1965 in der Nähe von Fort Myers eine Viehranch. Bei seinen Nachbarn und auch in der weiteren Umgebung war er hoch angesehen und galt als durchaus zuverlässig.

Am 12. März fuhr er mit seinem Buggy wieder einmal zur Jagd und nahm seine vier Hunde mit. Er kannte eine einsame Stelle in den »Everglades«, dem Moor und Sumpfgebiet Floridas, die etwa 18 Kilometer südöstlich der Indianer-Reservation »Big Cypress« liegt. Die Fahrt und auch die ersten Tage seines Aufenthaltes dort verliefen ereignislos. Aber am folgenden Sonntag spürten die Hunde ein Reh auf und hetzten das Wild. Nur einer der Hunde gehorchte seinem Herrn und kam auf dessen Pfiff zurück. Als die drei anderen Tiere bis Mitternacht nicht ins Lager zurückgekommen waren, entschloß sich Flynn, auf die Suche zu gehen, da er annahm, daß sich die Hunde verirrt hätten. Er fuhr mit seinem Buggy und dem letzten Hund der Wildspur nach, und entdeckte gegen 1 Uhr morgens anderthalb bis zwei Kilometer entfernt über den Zypressen ein riesiges, gleißendes Licht. Flynn beobachtete, daß es drei- oder viermal über den Bäumen hinstrich, aber immer wieder zu seinem Ausgangspunkt zurückkehrte.

Er fuhr nun in die Richtung des Lichtes, weil er wissen wollte, was es war. Langsam schien es sich dem Boden zu nähern, und während Flynn durch die Baumreihen darauf zusteuerte, schien es kaum mehr vom Boden entfernt zu sein. Flynn, den immer noch rund 400 Meter davon trennten, erkannte nun, daß es sich nicht einfach um ein Licht handelte, er nahm vielmehr die Umrisse eines riesigen, scheibenförmigen Objektes wahr. Durch sein Fernglas erkannte er einen Flugkörper, der wie ein flachgedrückter Zapfen aussah und doppelt so breit wie hoch war. Das definitiv metallene Objekt schien mit vier ringsum laufenden Fensterreihen ausgestattet zu sein, die etwa 60 Zentimeter im Quadrat und jeweils von einem Streifen schwarzen Materials umgeben waren. Die unterste Fensterreihe lag etwa vier Meter über dem Boden des Flugobjekts, und der Abstand der obersten Reihe von der »Kuppel« des Objekts betrug seiner Schätzung nach 2,50 Meter. Der Durchmesser des Flugkörpers lag bei etwa 22 Meter. Auf diese Maße kam Flynn im Vergleich zu den Zypressen im Hintergrund des Objektes, deren Höhe er kannte.

Später berichtete Flynn, daß ihm weder Insignien noch Markierungen an dem Flugkörper aufgefallen seien. Und außer dem trübgelben Schein, der durch die Fenster zu sehen war, und einem orangefarbenen Leuchten an der Unterseite des Objekts, das den Erdboden erhellte, habe er nichts weiter gesehen.

Neugierig geworden, kurbelte Flynn seinen Buggy wieder an und fuhr auf das fremde Objekt zu. Ein schwirrendes Summen, »ähnlich wie das Geräusch eines starken Transformators«, wie Flynn sich ausdrückte, verstärkte sich bei seiner Annäherung. Schließlich stieg er aus und lief etwa zwei Meter in die von der Unterseite des Flugkörpers beleuchtete Zone hinein. Sofort spürte er einen heftigen Luftzug, der dort herauswirbelte. Jetzt winkte Flynn zu den Fenstern hinauf, ohne eine Reaktion zu bewirken. Nach einer Minute winkte er noch einmal. Nun kam eine Reaktion, und zwar in

Form eines kurzen, grellen Lichtstrahls, der aus der untersten Fensterreihe genau zwischen seine Augen gezielt wurde. Flynn verlor das Bewußtsein.

Als er wieder zu sich kam, war er auf dem rechten Auge blind, und die Sicht des linken Auges war stark beeinträchtigt. Er kroch zurück, sein Hund, der sich vorher wie wild aufgeführt hatte, als er auf das Objekt zugegangen war, lag teilnahmslos im Wagen. Soweit es sein geschwächtes Sehvermögen zuließ, suchte Flynn die Gegend ab, fand jedoch nichts außer seinen eigenen Kriechspuren, die er hinterlassen haben mußte, als er das Bewußtsein verloren hatte.

Ein befreundeter Indianer aus dem Reservat brachte ihn schließlich nach Fort Myers zurück. Seine Frau lieferte ihn umgehend ins Krankenhaus zur Behandlung ein, und hier merkte Flynn dann endlich, daß er nicht, wie angenommen, zwei oder drei Stunden ohne Bewußtsein gewesen war, sondern ganze 24 Stunden. Bei der Generaluntersuchung kam der behandelnde Arzt, Dr. Harvey Stipe, zu folgendem Befund, den er im April 1965 an APRO weiterleitete:

»Blutungen im vorderen Augenbereich, offenbar traumatischer Natur. Lähmungen wurden nicht festgestellt, aber die tiefen Reflexe der Sehnen in den Bizeps-, Unterarmmuskeln, Knie- und Spannsehnen sowie die Reflexe in den Fußsohlen und Bauchmuskeln sprachen nicht an. Nur die Reflexe in den Innenseiten der Schenkel funktionierten. Im Verlauf von fünf bis acht Tagen stellten sich die Reflexe, wenn auch unregelmäßig, wieder ein.

Eine Untersuchung der Stirn ergab mitten über dem rechten Auge eine Schwellung, in deren Zentrum sich eine abgeschürfte Delle von etwa einem Quadratzentimeter befand. Außerdem war ein kleiner Bluterguß über dem rechten Augenlid.«

Nach einem Aufenthalt von vier Tagen im Krankenhaus stellten sich bei Flynn Schwerhörigkeit und Taubheit in Armen und Beinen ein. Aber innerhalb von 24 Stunden legten sich die Beschwerden wieder.

Als Flynn vier Wochen nach dem Ereignis am 16. April noch einmal nachuntersucht wurde, hatten sich all seine Reflexe wieder normalisiert, bis auf die immer noch nicht ganz wiederhergestellten Bauchreflexe. Die Delle über dem Auge war auch noch vorhanden und die Sehschärfe des rechten Auges noch stark beeinträchtigt. Dr. Stipe, der Flynn zu diesem Zeitpunkt bereits 25 Jahre kannte, schrieb an APRO, daß er ihn immer als äußerst zuverlässigen und psychisch stabilen Menschen erlebt habe. Außerdem sei er gemeinsam mit Flynn noch einmal an den Ort des Vorfalls gefahren und habe an der von Flynn bezeichneten Stelle frisch angesengte und verbrannte Baumkronen in einem exakten Kreis vorgefunden, den er photographiert habe. Zusätzlich sei die Rinde am Stamm von zwei etwa fünf Meter voneinander entfernten Bäumen unterhalb der Krone jeweils etwa einen halben Meter abgeschabt gewesen, so, als sei ein schwerer Gegenstand daran heruntergerutscht.

Einige Monate nach Flynns Abenteuer hatte der französische Lavendelbauer Maurice Masse aus Valensole im Departement Alpes de Haute Provence, dem Zentrum des Lavendelanbaugebietes, ein verblüffend ähnliches Erlebnis wie Lonnie Zamora.

Mit ständig wachsendem Ärger hatte der damals 40 Jahre alte Masse, Vater zweier Kinder und Besitzer einer Lavendeldestillerie in Valensole, festgestellt, daß sich im Laufe des Monats Juni ständig jemand an seinen Lavendelsetzlingen vergriff. Am frühen Morgen des 1. Juli 1965 war er auf seinem Feld l'Olivol, um die Pflanzen zu hacken. Es war sechs Uhr, und er wollte gerade seine Zigarettenpause beendigen, als er auf ein kurzes Pfeifen aufmerksam wurde. Er stand von dem Steinhaufen am Ende des kleinen Weingartens, der sich am Feld entlangzog, auf und hielt nach dem vermeintlichen Hubschrauber Ausschau. Aber zu seiner Verblüffung sah er statt dessen in einiger Entfernung auf dem Feld eine sonderbare Maschine. Sie sah aus wie ein »Rugbyball« und war etwa so groß wie eine Dauphine von Renault. Sie stand etwa einen halben Meter über dem Erdboden auf einem sechsbeinigen Landegestell und hatte so etwas wie eine Zentralachse.

Daneben machten sich zwei Gestalten an Maurice Masses

Lavendelpflanzen zu schaffen. Aufgebracht beobachtete dieser die Missetäter durch das Weinlaub und rannte schließlich auf die vermeintlichen Diebe zu. Einer der beiden hatte ihm den Rücken zugewandt, während der andere in seine Richtung schaute. Als Masse noch etwa zehn Meter von den Fremden entfernt war, drehte sich der eine plötzlich um und richtete einen kleinen Gegenstand, den er in der rechten Hand hatte, auf Masse. Danach steckte er ihn in einen Behälter an seiner linken Seite. Augenblicklich fühlte sich Masse wie gelähmt, er konnte Kopf und Glieder nicht mehr rühren und spürte nichts mehr.

Als Masse später vernommen wurde, beschrieb er die fremdartigen Geschöpfe als klein – vielleicht 1,20 Meter – aber mit auffallend großem Kopf, der beinah ohne Übergang in den Körper mündete. Masse behauptete, die Fremden hätten keine Haare gehabt, und anstelle des Mundes ein Loch. Die Augen seien wie beim Menschen gewesen, nur die Lider ohne Wimpern. Die glatte Haut habe eine Farbe gehabt, wie sie gewöhnlich bei Mitteleuropäern zu finden sei. Die Schultern seien kaum breiter als der Kopf gewesen. Arme und Beine sah Masse an den Fremden, konnte aber nicht beschreiben, wie Hände und Füße aussahen. Die Fremden trugen dunkle, hautenge, einteilige Anzüge, die auf der linken Seite mit einem kleinen und auf der rechten mit einem großen Behälter versehen waren.

Masse sagte, daß sie nach einer Weile wieder in ihre etwa 2,50 Meter hohe Maschine geklettert seien und ihn dann weiterhin durch deren glasartige Kuppel beobachtet hätten. Eine Art Rolltür schloß sich von unten nach oben, danach verschwand auch das Landegestell im Boden der Maschine, die sich dann mit einem dumpfen Knall vom Boden löste und lautlos davonschwebte. Nach etwa 30 Metern sei sie plötzlich weggewesen, so, als würde das Licht ausgeknipst. Nur Spuren auf dem Feld wiesen auf die eingeschlagene Richtung hin.

Masse konnte sich erst 15 Minuten später wieder normal bewegen. Er ging sofort zur Polizei, um den Vorfall zu melden. Die ersten Untersuchungen wurden von den Ortspolizisten Azias und Santoni durchgeführt. Aber am nächsten Tag erschien bereits der mit der Untersuchung dieses Vorfalls betraute Polizeioberstleutnant Valnet.

Eine Ortsbesichtigung durch ihn ergab, daß an der Stelle, wo die fremde Maschine nach den Angaben von Masse gestanden hatte, der Boden aufgeweicht war, obwohl es überhaupt nicht geregnet hatte. Zusätzlich hatte sich dort eine Mulde gebildet, die einen Durchmesser von 1,20 Meter hatte. In ihrer Mitte wurde ein Loch von 40 Zentimetern Tiefe und 18 Zentimetern im Durchmesser entdeckt.

Valnets Frage, ob sich Masse gefürchtet habe, verneinte dieser mit der Antwort:

»Die Fremden hatten eine so beruhigende und friedliche Ausstrahlung auf mich, daß ich mich vor gar nichts fürchtete.«

Auch Masse wird von seinen Mitmenschen, Freunden und Nachbarn absolute Vertrauenswürdigkeit und gesunder Menschenverstand bescheinigt.

Übrigens wuchs an der Stelle, wo nach den Aussagen von Masse das fremde Flugobjekt landete, der Lavendel für viele Jahre nur sehr schlecht.

Während Maurice Masse sozusagen »hautnahe« Bekanntschaft mit einem Ufo auf seinem Lavendelfeld in Frankreich gemacht hatte, wurden in der Antarktis Forscher mit einem riesigen Licht am Himmel konfrontiert, das alle elektrischen und elektronischen Einrichtungen ihrer Forschungsstation außer Betrieb setzte.

Davon betroffen war die argentinische Forschungsstation Deception Island in der Antarktis. Denn dort wurde am 3. Juli 1965 um 10.40 Uhr (Ortszeit) eine gigantische Fliegende Untertasse beobachtet, die auf Farbfilm festgehalten wurde. Das Objekt leuchtete vorwiegend rot oder grün, wechselte aber hin und wieder seine Farbskala auch zu Gelb, Weiß, Blau und Orange. Das riesige Objekt manövrierte 20 Minuten lang im Zickzack unerhört schnell über dem Stützpunkt und schwebte dann in einer Höhe von 5000 Metern bewegungslos auf der Stelle. Während der ganzen Zeit wurde es von Wissenschaftlern und Angehörigen der Forschungsstation am wolkenlosen Himmel mit dem Mond im letzten Viertel durch Ferngläser beobachtet.

Das Objekt verursachte starke elektromagnetische Störungen der elektrischen Anlagen von Deception Island, von Instrumenten, die zur Messung des Magnetfeldes der Erde und für Funkverkehr und Radioempfang dienten.

Am gleichen Tag wurde das Flugobjekt auch von chilenischen Wissenschaftlern auf einem nahe gelegenen, weiteren antarktischen Stützpunkt beobachtet und auch von einer argentinischen Forschungsstation auf den South Orkney Islands.

Ausführliche Berichte über dieses Ereignis wurden durch den Staatssekretär der argentinischen Marine und den Verkehrsminister von Chile bestätigt.

In den Jahren 1965 und 1966 ereigneten sich eine Reihe von Vorfällen, durch die sich die CIA gezwungen sah, aktiv einzugreifen, Vorfälle, die sogar den damaligen Präsidenten Johnson so beunruhigten, daß er eine umgehende Untersuchung anordnete.

So unterrichteten die Astronauten James McDivitt und Ed White, 1965 während ihrer zwanzigsten Erdumkreisung in ihrer Gemini IV zwischen Hawaii und der Karibik, daß sich ihnen ein silbernes Objekt mit antennenähnlichem Gestänge nähere. McDivitt konnte einige Aufnahmen schießen, die später genauestens analysiert wurden. Da der fremde Flugkörper näher und näher kam, fürchteten die beiden Astronauten einen Zusammenstoß und überlegten Gegenmaßnahmen. Doch bevor weitere Entscheidungen notwendig wurden, war das Objekt urplötzlich spurlos verschwunden. Während dieser Begegnung waren keine Satelliten in der Nähe.

Auch die Astronauten Frank Borman und James E. Lovell begegneten bei ihrem zweiten Erdumlauf in der Gemini VII einem unbekannten Flugkörper, als sie sich über Antigua befanden. Er verringerte seine Geschwindigkeit und blieb langsam hinter der Raumkapsel der Astronauten zurück, bevor er gänzlich aus deren Sichtweite verschwand.

Die Astronauten Young und Collins hatten ein ähnliches Erlebnis mit zwei unbekannten Flugobjekten, die sich vor ihre Gemini-X-Raumkapsel setzten und eine Weile »Schrittmacher« spielten.

Es ist eigentlich überflüssig zu erwähnen, daß Astronauten hochqualifizierte Fachleute und Beobachter sind, die aus der Natur der Sache heraus mit Raketen und Satelliten vertraut sein müssen, so daß eine Verwechslung kaum denkbar sein dürfte.

Besonders viel Wirbel gab es, als der ehemalige Gouverneur von Florida in eine Ufo-Sichtung verwickelt wurde. Haydon Burns, der einen Feldzug für seine Wiederwahl im Bundesstaat Florida durchführte, flog am 25. April 1966 mit seinem Stab, insgesamt elf Personen, darunter auch einige Journalisten des »Miami Herald«, quer über Florida.

Auf den Ausruf des Gouverneurs: »Draußen ist tatsächlich ein Ufo«, stürzten natürlich alle an die Fenster. Bill Mansfield, ein »Miami Herald«-Berichterstatter, der am nächsten Tag mit seinem Artikel Schlagzeilen in ganz Amerika verursachte, glaubte zunächst wegen des gelbrötlichen Widerscheins, es sei ein Buschfeuer ausgebrochen, bis er merkte, daß dieser von zwei Lichtern stammte, die ungefähr in der Höhe der Gouverneursmaschine flogen und ihr mit etwa 400 Stundenkilometern folgten. Gouverneur Burns kam gerade aus der Kanzel, wo er seinen Piloten beauftragt hatte, Kurs auf die fremden Lichter zu nehmen, als diese plötzlich senkrecht aufstiegen und von einer Sekunde zur anderen verschwunden waren.

Selbstverständlich war diese spektakuläre Sichtung Grund für Schlagzeilen in der amerikanischen Presse, zumal sich Gouverneur Burns – trotz der Wahlkampagne – nicht scheute, die Ufo-Sichtung nachdrücklich zu bestätigen.

Weiteren Kummer bereitete ein unbekanntes Flugobjekt, das am 27. August 1966 über dem strategischen Raketenstützpunkt Nord-Dakota durch Radar aufgespürt wurde. Denn als dem Stützpunktkommandanten mit dieser Meldung gleichzeitig berichtet wurde, daß jede Verbindung zur

Außenwelt unterbrochen sei, geriet er in Panik. Zumal der Raketenstützpunkt zur Verhütung aller Pannen mit einem dreifachen Sicherungssystem ausgestattet war. Auf einmal schoß das Objekt in atemberaubendem Tempo senkrecht in den Himmel. In einer Höhe von 27 Kilometern verloren es die Radarbeobachter von den Schirmen. Im gleichen Moment funktionierte auch die Verbindung zur Außenwelt wieder.

Da sich die Luftwaffe den Forderungen der Öffentlichkeit und denen des Präsidenten einfach nicht mehr entziehen konnte, mußte sie sich etwas einfallen lassen.

Denn sogar die Schützenhilfe des »Atmosphären-Menzel« zog nicht mehr, sondern wuchs sich im Gegenteil langsam zum Gespött aus.

Dieser antiquierte, 1924 zum Doktor promovierte Astrophysiker fühlte sich in seinen reifen Tagen zum »Ufo-Entlarvungspapst« berufen. Für ihn war alles sonnenklar – wie sein Standardwerk »Our Sun« (Unsere Sonne): – ob Spuren im Sand, auf Radarschirmen oder sonstwo, für Menzel gab es immer nur eine »Heilige-Drei-Verantwortlichkeit«:

1. Atmosphärische Störungen,
2. Mars,
3. Venus.

(Übrigens wurde das Erbe des inzwischen verstorbenen Dr. Menzel von seinem Freund und Schüler Philip Klass, dem Herausgeber von »Aviation Week«, übernommen.)

Da man Menzels Erklärungen aber auf die Dauer nicht mehr abnahm, vor allem auch eine Reihe von Wissenschaftlern die ständig wiederholten Ausdeutungen dieser Art nicht mehr akzeptieren wollten, ließ sich die CIA einen brillanten Trick einfallen: Sie veranlaßte die Luftwaffe, die Universität Colorado zu beauftragen, ein »unabhängiges« Ufo-Forschungsprojekt durchzuführen. Die Luftwaffe stellte dafür die lächerlich geringe Summe von 300.000 Dollar zur Verfügung, die am Ende des Projekts auf 500.000 Dollar angewachsen war. Zum Leiter dieses Projekts wurde Professor Edward U. Condon ernannt. Bis auf wenige Ausnahmen waren seine Mitarbeiter »Fachleute« der verschiedensten Disziplinen, fünf darunter ohne Diplom und einige Studenten mit noch nicht abgeschlossener Ausbildung.

Das Endergebnis des Unternehmens stand bereits vor seinem Anlauf fest. Der »unabhängige« Wissenschaftler Condon hatte seine Meinung schon vor der Untersuchung abgemacht und ließ darüber auch weder in Presse-Interviews noch bei anderen Gelegenheiten einen Zweifel offen. Sein Projektkoordinator und Administrator Robert J. Low ging sogar soweit, die Mitarbeiter des Projekts in einem Memorandum zu eichen. Die Hintergründe dieses skandalösen Machwerks sind nur durch einem glücklichen Zufall bekannt geworden. Unter dem Titel »Gedanken zum Ufo-Projekt« schrieb Low u. a. folgendes:

». . . Unsere Studie würde fast ausschließlich von Ungläubigen durchgeführt, die, obwohl sie wahrscheinlich ein negatives Resultat nicht nachweisen, statt dessen aber beeindrukkende Beweise erarbeiten könnten und auch wollen, daß derartige Beobachtungen unreal sind. Ich denke, daß dabei der Trick angewendet werden müßte, das Projekt so hinzustellen, daß es in den Augen der Öffentlichkeit als absolut objektive Studie erscheint. Gegenüber den Wissenschaftlern müßte jedoch der Anschein erweckt werden, als bemühe sich eine Gruppe von Skeptikern redlich um Objektivität, obwohl ihre Erwartung, eine Fliegende Untertasse aufzutreiben, gleich Null ist. Ein Weg, dies zu erreichen, wären besonders sorgfältige Untersuchungen; aber nicht etwa der Sichtungen, sondern der Beobachter – der psychologischen und soziologischen Hintergründe *der* Gruppen, die über Ufo-Sichtungen berichten. Falls die Betonung hierauf gelegt würde, anstatt auf die Untersuchung der alten Frage, ob Ufos physikalisch real sind, glaube ich, würden die Wissenschaftler schnell merken, wo der Hase im Pfeffer liegt . . . Im jetzigen Stadium bin ich davon überzeugt, daß bei einer solchen Handhabung der Angelegenheit, zudem mit den richtigen Leuten, und falls uns Erfolg darin beschieden sein sollte, bei den Wissenschaftlern den gewünschten Eindruck zu erwecken, die Angelegenheit in unserem Sinne erledigt werden kann.«

Vor Beginn hatte Prof. Condon zwei Experten ganz besonders empfohlen, die Doktoren Saunders und Levine. (Später waren sie mitverantwortlich für die Veröffentlichung des Low-Memorandums.) Als sich die Wissenschaftler jedoch der Auffassung Condons und seinen Wünschen nicht beugten, sondern vielmehr die Ansicht vertraten, daß es sich bei den Ufos um außerirdische Raumschiffe handeln könnte, kündigte ihnen Condon wegen angeblicher »Inkompetenz«.

Condons Assistentin in der Projektadministration, Mary Louise Armstrong, reichte ihrerseits die Kündigung ein mit der Begründung mangelnden Respekts gegenüber Condon. Von den anfänglich zwölf fest angestellten Mitarbeitern verblieben Condon schließlich noch zwei. Alle anderen waren wegen der ständigen Meinungsverschiedenheiten und Intrigen gegangen.

Obwohl Dr. David Saunders, heute Professor für Psychologie an der Universität Colorado in Boulder, Tausende konkreter Ufo-Fälle für eine sorgfältige Untersuchung vorbereitet hatte, beschäftigte sich der Condon-Report nur alles in allem mit 91. Saunders, der heute über einen der umfangreichsten Informationsspeicher in bezug auf Ufos verfügt, stellte übrigens auch fest, daß Condons Auftrag damals in erster Linie politische Hintergründe hatte.

Der Schlußbericht des Condon-Projekts wurde im Januar 1969 als »Condon-Report« der Öffentlichkeit bekanntgegeben. In der Taschenbuchausgabe umfaßt er 965 Seiten, gebunden sogar 1485 Seiten mit dem Fazit:

»Es gibt keine Beweise, die die Annahme rechtfertigen, daß außerirdische Besucher in die Erdatmosphäre eingedrungen sind, und nicht genügend Beweise, um weitere Forschungsarbeiten auf diesem Gebiet zu rechtfertigen.«

Wenn auch durch das Condon-Projekt bewußt anfechtbare Sichtungen untersucht wurden, mußte in einigen Fällen paradoxerweise zugegeben werden, daß diese nicht erklärt werden konnten. Allein von den 91 untersuchten Fällen mußten dreißig als echte unbekannte Objekte eingestuft werden.

Als Beispiel hierfür die sogenannte McMinnville-Sichtung in Oregon und das offizielle Untersuchungsergebnis dazu:

Abends um 19.30 Uhr fütterte die Frau des Farmers Paul

Trent gerade ihre Kaninchen im Garten, als sie ein Ufo am Himmel entdeckte. Sie lief rasch ins Haus, rief ihren Mann und holte den Photoapparat. Paul Trent machte zwei Aufnahmen, einmal, während sich das Objekt in nordwestlicher Richtung bewegte, und eine andere, als es auf die Seite abkippte und in westlicher Richtung verschwand.

Im Condon-Report heißt es dazu:

»Es handelt sich hier um eine der Ufo-Beobachtungen, in der alle Fakten geometrisch, psychologisch und physikalisch die Behauptung unterstützen, daß ein außergewöhnliches fliegendes Objekt – silbrig, metallisch, scheibenförmig, über zehn Meter im Durchmesser und offensichtlich nicht natürlicher Herkunft – in Sichtweite zweier Zeugen flog.«

Wenn Luftwaffe und CIA nun glaubten, durch den Condon-Report aus dem Schneider zu sein, hatten sie sich gewaltig geirrt. Denn die Kritik nahm immer härtere Formen an, und es wurde von Verstrickungen und nachweislich manipulierten Untersuchungsmethoden gemunkelt. Der ganze Condon-Report hatte sich in der wissenschaftlichen Welt zum Skandal ausgewachsen.

Eine Studiengruppe des amerikanischen Instituts für Aeronautik und Astronautik (American Institute for Aeronautics and Astronautics = AIAA), die größte wissenschaftliche Organisation der Welt für Weltraumforschung, untersuchte den Condon-Report und kam zu aufsehenerregenden Ergebnissen:

Von den in allen Einzelheiten untersuchten Ufo-Fällen konnten 30 Prozent (!) nicht identifiziert werden.

Condons Behauptungen, daß weitere Ufo-Untersuchungen völlig nutzlos seien, entsprachen nicht den Tatsachen. Und seine persönliche Auffassung, daß die Erde in den nächsten 10.000 Jahren kaum von intelligenten Lebensformen außerhalb unseres Sonnensystems aufgesucht würde, dürfte wohl kein stichhaltiges Argument dafür sein, weitere Untersuchungen als von keinem weiteren Nutzen zu bezeichnen.

Der Untersuchungsausschuß kam zu der Überzeugung, daß auch die restlichen, gut dokumentierten Fälle schlecht zu ignorieren seien, da sie den harten Kern der Ufo-Kontroverse darstellen; und allein das wäre schon Grund genug für weitere Untersuchungen. Entgegen der Behauptung von Condon könnten sich daraus viele wissenschaftliche Vorteile ergeben.

Während sich in den USA das Condon-Projekt mit seinen Skandalen unbeliebt machte, mehrten sich in der UdSSR die Ufo-Sichtungen derartig, daß der KGB damit allein nicht mehr zu Rande kam und Wissenschaftler mit der Untersuchung betraute. Am 18. Oktober 1967 wurde die ständige kosmonautische Kommission der UdSSR gegründet, eine Ufo-Forschungsgruppe, deren Leitung dem Generalmajor der Luftwaffe Porfiri Stoljarow übertragen war.

Im Gegensatz zum fingierten, manipulierten Condon-Projekt wurde eine unverfälschte Untersuchung durchgeführt. Photographische, elektronische und Radarmeßmethoden wurden neben anderen bevorzugt angewendet, und man arbeitete mit dem Pulkovo-Observatorium und anderen in der gesamten Sowjetunion zusammen. Wichtige Sichtungen wurden sorgfältig untersucht und analysiert.

Dazu gehörte auch die Sichtung der Passagiere und Besatzung einer TU-104, die am 23. September 1964 ein scheibenförmiges, metallenes Objekt mit einer Kuppel beobachtete. Das Objekt flog unterhalb der Verkehrsmaschine parallel zu dieser auf der Strecke Moskau–Leningrad und wurde gesichtet, als die TU-104 über Bologay war.

Am 26. Juli 1965 beobachtete dagegen der Genosse Direktor einer Ionosphärischen Beobachtungsstation in Ogra, Lettland, R. Vitolniek, durch ein Teleskop eine fliegende Scheibe mit einem Durchmesser von etwa 100 Metern. Drei kleinere Schciben begleiteten sie.

Und der Astronom Anatoli Sazanow vom kaukasischen Astrophysikalischen Observatorium Kislowodsk sah in Gegenwart von zehn Kollegen ein scheibenförmiges Objekt, das am 8. August 1967 mit großer Geschwindigkeit am nördlichen Himmel in östlicher Richtung flog.

Von besonderer Bedeutung war für Stoljarow ein Vorfall, der sich bereits am 18. Juni 1963 im Weltraum zugetragen hatte, als der Kosmonaut Valerij Bykowskij in seiner Wostok VI von einem eiförmigen Flugobjekt verfolgt wurde. Aber plötzlich drehte es ab und schoß mit unvorstellbarer Geschwindigkeit davon, wie Bykowskij berichtete. Seine Beschreibung glich aufs Haar derjenigen, die Lonnie Zamora knapp ein Jahr später in Socorro abgab.

Wie nicht anders zu erwarten, erfuhr die CIA sehr schnell von diesem russischen Ufo-Forschungsprojekt und unterrichtete die NASA darüber. Das wiederum löste bei den Sowjets einen offiziellen »Erklärungszwang« aus, demzufolge die Sowjetische Akademie der Wissenschaften verlauten ließ:

»Fliegende Untertassen existieren nicht.«

Hinter verschlossenen Türen kam das Stoljarow-Komitee jedoch zu ganz anderen Schlußfolgerungen. In einem geheimen Zwischenbericht vom Jahre 1970 heißt es unter anderem, es gebe so viele gut belegte Sichtungen und Radaraufzeichnungen, daß optische Illusionen ausgeschlossen werden könnten. Es handele sich hier vielmehr um konkrete, reale Objekte, deren Ursprung nur durch weitere, systematische Forschung geklärt werden könnte. Es sei daher zu empfehlen, daß meteorologische, astronomische, geophysikalische, hydrometeorologische Beobachtungsstationen und auch Satelliten zur Beobachtung eingesetzt werden. Im übrigen sei die Hypothese, daß unbekannte Flugobjekte außerirdischer Herkunft sind, am besten mit den gespeicherten Daten zu vereinbaren.

# Kreuzverhör

Die US-Luftwaffe stellte offiziell ihr Ufo-Projekt Blue Book – bestärkt durch den Condon-Report – am 17. Dezember 1969 ein. Nicht zuletzt trug dazu auch die Kritik Professor Hyneks bei, der heute u. a. mit der Leitung des Dearborn-Observatoriums der Northwestern Universität in Illinois betraut ist. In einem Brief an Colonel Raymond S. Sleeper, dem Kommandanten der Foreign Technology Division (Abteilung für unbekannte Technologie), stellte er die Unfähigkeit und Unwissenschaftlichkeit von Project Blue Book fest, in dem versäumt worden sei, wichtige Vorfälle ausreichend zu untersuchen. Vor allem aber kritisierte Hynek die Luftwaffenverlautbarung, nach der Ufos angeblich keine Gefahr darstellen, und sagte: Die Tatsache, daß bisher keine offensichtlichen Feindseligkeiten gezeigt worden seien, bedeute keine Garantie dafür, daß dies auch in Zukunft der Fall sein werde.

Wenn die Luftwaffe mit der Abschaffung von Project Blue Book nun gehofft haben sollte, sich wie die berühmten drei Affen verhalten zu können – nichts hören, nichts sehen, nichts sprechen –, verdarben ihr immer konkretere Sichtungsberichte das Konzept.

Denn ausgerechnet am 14. September 1969 machte wieder eine eklatante Ufo-Sichtung von sich reden. Diesmal sogar aus dem Weltraum, denn die Apollo-XII-Astronauten P. Conrad, D. Gordon und E. Bean, das zweite Astronautenteam auf der Reise zum Mond, meldete nach Houston, daß die Raumkapsel von zwei Ufos begleitet würde. Gordon ließ sich in seiner Nachricht zum Kontrollzentrum sogar zu der Bemerkung hinreißen:

»Sie leuchten sehr stark und scheinen uns zuzublinken. Hoffen wir, daß sie friedlich gesinnt sind, wer sie auch sein mögen.«

Aus diesem und ähnlichen Gründen ist es sicher nicht weiter verwunderlich, daß sich das US-Militär inoffiziell nach wie vor mit dem Ufo-Phänomen befaßt. Es existiert zum Beispiel ein Geheimbefehl der amerikanischen Flotte im Zusammenhang mit dem Frühwarnsystem für die Verteidigung des nordamerikanischen Kontinents, Merint Report Procedure Nr. OPNAV 94-P-3B genannt. Er instruiert über das Verhalten bei Angriffen durch U-Boote und andere Kriegsschiffe; bei Luftangriffen durch Raketen, Flugzeuge; oder Alarm durch *unbekannte Flugobjekte (Ufos).* In diesem Geheimbefehl ist sogar die typische Scheibenform mit Kuppel in einer Zeichnung wiedergegeben, und im übrigen ist diese Vorschrift nach wie vor in Kraft.

Im April 1971 gab das hochangesehene »Industrial Research Magazine« das Ergebnis einer Meinungsumfrage über Ufos bekannt. Diese Fachzeitschrift hat einen Leserkreis von über 300.000 Spezialisten aus Wissenschaft und Technik. Unter der Überschrift: »Ufos sind wahrscheinlich existent« wurden folgende Einzelheiten über die Umfrage veröffentlicht:

»Technisch Qualifizierte nehmen unbekannte Flugobjekte weniger auf die leichte Schulter als Regierungsorgane und Studiengruppen. 54 Prozent aller Befragten sind der Überzeugung, daß Ufos existieren. Dagegen verneinen ihre Existenz 31 Prozent. Der weitaus größte Teil der Befragten ist der Ansicht, daß Informationen über Ufos bewußt zurückgehalten werden, und 80 Prozent glauben, daß mit dem Condon-Report noch nicht das letzte Wort gesprochen ist. Ein erstaunlich hoher Anteil, 32 Prozent, nimmt an, daß Ufos außerirdische Raumschiffe sind; 27 Prozent sind dagegen überzeugt, daß es sich dabei um natürliche Phänomene handelt. Sechs von 1000 haben den Verdacht, daß technische Erfindungen der Ostblockstaaten im Spiel sind.«

Bereits ein Jahr früher schlugen Ingenieure und Wissenschaftler des amerikanischen Instituts für Äronautik und

Astronautik vor, zu bedenken, daß die einzige erfolgversprechende Untersuchungsmethode in einem dauerhaften, nachdrücklichen Bemühen um verbesserte, objektive Datenbeschaffung liege und durch hochqualifizierte Untersuchungsmethoden zu erreichen sei. Eine derartige Auseinandersetzung mit dem Problem bedürfe jedoch nicht nur der Aufmerksamkeit von Wissenschaftlern und Ingenieuren, sondern auch der Bereitschaft der Regierungsorgane, vernünftige Vorschläge für diesen Forschungsbereich zu akzeptieren, ohne Angst, der Lächerlichkeit oder Verleumdungen anheimzufallen.

Am 13. Juni 1971 wurde der hochqualifizierte Physiker Prof. James E. McDonald vom Institut für Atmosphärische Physik an der Universität Arizona mit einer Kugel im Kopf in der Nähe der Brücke des »Canyon del Oro«, in der Wüste von Arizona, tot aufgefunden.

Selbstmord. Das war die offizielle Version – wie bei Jessup. Immerhin war McDonald ein Wissenschaftler, der auch bei den UN ernstgenommen wurde.

Wie Jessup hatte sich auch McDonald couragiert mit dem Ufo-Phänomen auseinandergesetzt. Er hatte Ufo-Sichtungen in aller Welt untersucht und sich nicht gescheut, damit seinen Ruf im wissenschaftlichen Establishment aufs Spiel zu setzen. Er war – wie auch Jessup – davon überzeugt, daß es sich bei den echten Ufo-Sichtungen um außerirdische Raumschiffe handelt, die den Planeten Erde und seine Lebewesen beobachten und untersuchen. Eine der von McDonald als besonders aufschlußreich bezeichneten Sichtungen passierte im Spätherbst 1967 in Australien.

Am 31. Oktober dieses Jahres fuhr der australische Schafzüchter Spargo abends um 9 Uhr von Konjonup ab. Er hatte dort seinem Schafschererteam den Wochenlohn gebracht und wollte nach Boyup Brook weiter, um auch dort seine Leute auszuzahlen.

Er fuhr die kaum befahrene Strecke bei einem sternklaren Himmel, als sein Wagen ganz plötzlich und ohne irgendeinen

Grund stehen blieb. Die Scheinwerfer brannten nicht mehr, das Radio war stumm, kurz, das ganze elektrische System hatte von einer Sekunde zur anderen »den Geist aufgegeben«. Für Spargo war das unbegreiflich. Ratlos dachte er darüber nach, wie es möglich sein konnte, daß er bei dem plötzlichen Halt, als der Wagen stehenblieb, nicht durch die Frontscheibe geschleudert worden war. Schließlich war er mit 100 Stundenkilometern durch die Landschaft gebraust.

Und jetzt stand er mitten in der Einsamkeit, ohne zu wissen, warum. Bewußt war ihm eigentlich nur ein gleißender Lichtstrahl inmitten einer Hügellandschaft, wo es nur hin und wieder einen Baum gab, der hochauf in den Himmel ragte. Ein Lichtstrahl, in dessen Brennpunkt er gefangen schien.

Endlich merkte Spargo, daß das Licht von oben kam, von einem scheibenförmigen Flugobjekt stammte, das etwa 35 Meter über dem Grund oberhalb einer Baumkrone schwebte. Der Flugkörper konnte zehn Meter im Durchmesser betragen, und der gleißende, auf Spargo ausgerichtete Lichtstrahl schien aus einer Röhre zu stammen, die aus dem Boden des Flugkörpers herausragte.

Ebenso plötzlich, wie Spargo stehengeblieben war, fuhr er nun auf einmal wieder. Aber so, wie er sich nicht daran erinnern konnte, den Wagen gestoppt zu haben, wußte er nicht, wie er ihn gestartet hatte.

Nun hielt Spargo bewußt an, stieg aus und suchte den Himmel ab. Aber außer Sternen sah er nichts. Kopfschüttelnd stieg er wieder ein und setzte seinen Weg nach Boyup Brook fort. Dort führte ihn sein erster Weg zur Polizei, wo er seine sonderbare Begegnung meldete.

Später wurde Spargo von dem Psychiater Dr. Paul Zeck eingehend untersucht und befragt. Er erzählte dem Arzt, daß er sich von dieser Röhre eingeschlossen fühlte. Sie hatte etwa einen Durchmesser von einem Meter und leuchtete von außen. Innen war dagegen nichts zu sehen. Er, Spargo, habe das Gefühl gehabt, daß sein Wagen ausgeleuchtet war, aber er konnte oder wollte sich nicht umdrehen und wisse es daher nicht genau. Dagegen sei er das Gefühl nicht losgeworden, aus dieser Röhre heraus oder durch diese Röhre beobachtet worden zu sein. Außer den Umrissen des fremden Flugobjekts konnte Spargo nichts feststellen.

Er habe den Zwang gespürt, in diese Röhre hineinzuschauen. Aber warum? Keine Ahnung.

»Soweit ich mich erinnern kann, habe ich überhaupt nichts gedacht«, berichtete Spargo. »Ich saß einfach da und starrte in diese sonderbare Röhre. Plötzlich war sie dunkel, wie wenn jemand das Licht ausdreht. Der Flugkörper änderte die Farbe, er wurde dunkler und flog plötzlich mit sagenhafter Geschwindigkeit in westlicher Richtung davon. Er war in Sekundenschnelle außer Sicht.«

Von Dr. Zeck nach Geräuschen befragt, erinnerte sich Spargo nachträglich, nicht einen Laut gehört zu haben.

»Sonderbar«, sagte er, »wenn man sonst nachts im Busch anhält, quaken die Frösche, die Grillen zirpen und alles mögliche ist zu hören. Aber da, nichts, eigenartig!«

Der ganze Vorfall mußte fünf Minuten gedauert haben, denn bei der Ankunft in Boyup Brook merkte Spargo, daß seine sonst auf die Sekunde genaue Uhr fünf Minuten zu spät ging. Sie konnte nur im Busch stehengeblieben sein.

Außer Spargo hatte auch noch eine Reihe von Farmern und Schafscherern das Ufo beobachtet, wie aus einem Artikel im »West Australian« vom 1. November 1967 hervorging.

Wieder im Oktober, wenn auch sechs Jahre später, 1973, saßen am elften Tag dieses Monats der 45jährige Werftarbeiter Charles Hickson und sein 19jähriger Kollege Calvin Parker nach Feierabend am Pier einer verlassenen Schiffswerft von Pascagoula, Missouri, am Flußufer und angelten. Es war gegen 17.30 Uhr, und die Dämmerung brach herein, als ihre Idylle unversehens durch ein Pfeifen in der Luft – »als würde aus einem Kessel Dampf abgelassen«, wie sich Hickson ausdrückte – unterbrochen wurde.

Sprachlos sahen die zwei Angler zu, wie zwei brillante, pulsierende Lichter langsam zu Boden sanken und mitten auf einem etwa 13 Meter entfernten Abstellplatz zwischen Autowracks und allerlei Gerümpel zu landen schienen.

Ungläubig starrten Hickson und Parker zu dem etwa zweieinhalb Meter hohen, fremdartigen Flugobjekt, das vielleicht 13 Meter im Durchmesser haben konnte. Dort, wo die grellen Lichter mit dem Verklingen des Pfeiftons verlöscht waren, befanden sich zwei Öffnungen oder Luken. Nun öffnete sich das Objekt, »nicht etwa wie eine Tür«, sagte Hickson später, und gelblichweißes Licht schien nach draußen. Jetzt wurde auch sichtbar, daß der Flugkörper nicht auf dem Boden aufsaß, sondern etwa einen halben Meter darüber schwebte oder stand. Als in der Öffnung nun auch noch drei sonderbare Gestalten auftauchten, wurde es den Werftarbeitern mulmig. Die Wesen standen aufrecht dort, schwebten aber im nächsten Moment auf die zwei Männer am Flußufer zu und waren über ihnen, bevor diese wußten, was mit ihnen geschah. Zwei hielten Hickson an jedem Arm, und er spürte im selben Moment »so etwas wie einen Stich«. Parker wurde von dem dritten Wesen festgehalten. Später berichtete Hickson, daß er sich wie gelähmt fühlte und nur noch die Augen bewegen konnte. Wenigstens war es ihm jetzt möglich, die sonderbaren Figuren genau zu betrachten. Sie hatten offensichtlich Beine, bewegten sie aber nicht, und ihre Füße waren, wie Hickson sagte, ähnlich wie »Elefantenfüße«. Die Arme hingen an den Seiten herunter mit Händen wie Klauen oder Greifer.

»Ich fürchtete mich jetzt ganz schön«, sagte Hickson, »aber Parker war überhaupt außer sich vor Schrecken.«

Sie waren etwa 1,50 Meter groß, doch der Kopf hatte nicht die geringste Ähnlichkeit mit dem eines Menschen. Er saß direkt auf den Schultern, ganz ohne Hals. Die »Haut« war über und über runzlig, tiefe eingekerbte Falten zogen sich quer über die Arme und das Gesicht.

»Ich glaube nicht, daß es Haut war, wenn sie auch an die eines Elefanten erinnerte, so grau und faltig, wie sie aussah. Dort, wo sonst Mund und Augen sind, waren nur Schlitze, und anstelle der Nase gab es nur eine Andeutung«, beschrieb Hickson sie beim späteren Verhör. »Es könnten Roboter gewesen sein.«

Parker war im Moment der Berührung ohnmächtig geworden. Hickson überstand die Dreiviertelstunde des Vorfalls bei klarem Verstand. Er berichtete, daß er, sobald er berührt wurde, ein Gefühl der Schwerelosigkeit hatte. Er und Parker wurden gleitend oder schwebend von den Figuren zum Raumschiff transportiert. Hickson sagte, daß er außer einem kurzen Summton bei einer der Gestalten keinen Laut gehört habe. Im Inneren des Schiffes wurden Hickson und Parker getrennt.

In einem etwa drei Quadratmeter großen Raum wurde Hickson mitten in der Luft im schwerelosen Zustand in Ruhestellung versetzt. Ein »optisches Auge« kam von irgendwo aus der Wand und schwebte ohne Kabel oder Befestigung frei im Raum an seinem Körper entlang. Zwei der Figuren drehten ihn währenddessen unentwegt in die verschiedensten Stellungen und Lagen, bis sie ihn schließlich, in einem Winkel von etwa 45° mit den Füßen zum Boden ausgerichtet, »in der Luft absetzten«.

Danach verschwanden sie und ließen Hickson eine Zeitlang allein. Als sie wiederkamen, nahmen sie ihn und beförderten ihn, so, wie sie ihn vom Pier geholt hatten, auch wieder dahin zurück.

»Dort sah ich Calvin Parker zum ersten Mal wieder. Er stand da mit dem Gesicht zum Fluß und hatte die Arme ausgetreckt. Er sah aus wie eine Statue.

Sie schienen mich auf den Boden zu stellen, und als meine Füße den Grund berührten, spürte ich endlich wieder etwas. Aber nun gaben meine Beine nach. Ich weiß nicht so recht, warum, vielleicht war es Angst«, berichtete Hickson.

Er versuchte, auf Parker zuzukriechen, aber noch bevor er ihn erreichte, war wieder dieses Pfeifen zu hören. Und als er sich umsah, war die Öffnung in dem Flugobjekt nicht mehr zu sehen, dafür pulsierten die blauen Lichter wieder so grell wie am Anfang, und von einem Augenblick zum anderen war das Ding verschwunden. Parker hatte einen Schock. Hickson mußte ihn ein paarmal ins Gesicht schlagen, bevor dieser seine Umgebung wieder wahrnahm.

»Er schrie und tobte vor Angst immer noch. Er war einfach total daneben, aber schließlich hatte ich ihn so weit, daß ich wieder mit ihm sprechen konnte, und versicherte ihm, daß das Raumschiff wirklich wieder weg war«, sagte Hickson.

Zuerst hatten die beiden Werftarbeiter abgesprochen, dieses Erlebnis für sich zu behalten, »da ihnen ja doch niemand glauben würde«. Aber am Ende riefen sie dann doch den Sheriff von Pascagoula an. Aber sie erreichten nur seinen Stellvertreter, Hauptmann Ryder. Dieser glaubte zuerst, die beiden wollten ihn auf den Arm nehmen. Aber etwas in Parkers Stimme ließ ihn aufhorchen, und er bat die zwei Werftarbeiter zum Revier zu kommen.

Kaum waren Hickson und Parker auf der Polizeiwache zur Tür herein, als sie schon um einen Test mit dem Lügendetektor baten. Parker stand immer noch unter Schockeinwirkung.

Die beiden Männer wurden durch Sheriff Diamond und Hauptmann Ryder viele Stunden lang getrennt vernommen und schließlich in einem Raum untergebracht, der gespickt mit Abhöranlagen war, die an ein Tonbandgerät angeschlossen waren. Nachdem die Polizeibeamten die Tonbänder abgehört hatten, bestand für sie nicht mehr der geringste Zweifel darüber, daß die Werftarbeiter die Wahrheit gesagt hatten. Auch in zahllosen Kreuzverhören ergaben sich keine Widersprüche. Beide Männer wurden von Professoren der verschiedensten Disziplinen untersucht, u. a. auch von Prof. James A. Harder, einem auf Hypnose spezialisierten Physiker der Universität Kalifornien. Harder hypnotisierte beide und kam schließlich zum Ergebnis , daß die zwei Männer von einem realen Erlebnis berichteten. Auch durch die Teste mit dem Lügendetektor konnten die Aussagen nicht erschüttert werden. Charakterbeurteilungen von Hickson und Parker durch Psychologen lauten: Ausgeglichen, einfach, ehrlich, intelligent, wenn auch ohne höheres Bildungsniveau.

Am 5. November 1975 beendete eine Gruppe von Holzfällern 18 Kilometer südlich von Heber in Arizona ihr Tagewerk und machte sich zur Heimfahrt fertig. Es wurde bereits dämmrig, sie fuhren einen Waldweg hinunter, als sie etwas durch das Dickicht leuchten sahen. Zuerst glaubten sie, es seien die letzten Sonnenstrahlen über der Hügelkuppe. Aber als sie um das Dickicht herum kamen, sahen sie ein Ufo über einer Waldlichtung schweben. Die Männer schrien alle durcheinander, und der 28jährige Fahrer Mike Rogers hielt den Lastwagen an.

Das fremde Flugobjekt war etwa sieben Meter im Durchmesser und sah scheibenförmig aus. Es schwebte etwa fünf Meter über dem Waldboden, war vielleicht zehn Meter von dem Lastwagen entfernt und verbreitete ein warmes Leuchten, das die ganze Umgebung in einen goldenen Schein hüllte.

Einer der Holzfäller, Travis Walton, sprang vom Wagen ab und lief auf das Ufo zu. Entsetzt schrien seine Kameraden:

»Komm zurück, du bist verrückt!«

Aber Walton hörte nicht, sondern kroch durch das Dickicht näher, bis er ein schrilles Geräusch hörte und sich aufrichtete. Im gleichen Augenblick verlor er das Bewußtsein. Ein greller Lichtstrahl aus dem Objekt hatte ihn auf der Brust getroffen.

Der Fahrer schrie: »Los, die Tür zu!« und raste davon. In sicherer Entfernung hielt er wieder an. Die Männer beobachteten hell aufleuchtenden Lichtschein zwischen den Bäumen, der sofort wieder erlosch. Nun fuhren die Holzfäller an die Stelle zurück, wo das Ufo gestanden hatte, und suchten nach Walton, aber er war spurlos verschwunden.

Nach fünf Tagen erschien er wieder. Völlig erschöpft, durcheinander und mit Injektionsstellen am Arm. Er behauptete, etwa zehn Kilometer von der Stelle entfernt, wo das Ufo aufgetaucht war, auf der Straße wieder abgesetzt worden zu sein.

Da Walton nicht in der Lage war, sich an Einzelheiten zu erinnern, wurde er im Beisein einer Reihe von Ärzten, u. a. die Doktoren Howard Kandell, Joseph Saltz, Jean Rosenbaum und Robert Gamelin, unter Hypnose nach dem Vorfall befragt. Nach achtstündiger Sitzung stellte sich heraus, daß er, nachdem er aus seiner Ohnmacht durch den Lichtstrahl wieder erwachte, auf einem Metalltisch lag, große Schmerzen in Kopf und Brust hatte und glaubte, in einem Krankenhaus zu sein. Drei Gestalten, etwa 1,50 Meter groß, standen über ihn gebeugt. Sie hatten schmale Gesichter, kahle Köpfe und große, braune, ovale Augen. Ihre Haut war kalkweiß, und die fünf Finger an ihren Händen waren ohne Nägel.

Wie lange die Untersuchung dauerte, konnte Walton nicht sagen, da er sich, »wenngleich bei Bewußtsein, so doch in tiefem Schlaf befand. Als er erwachte, war er auf der Straße in der Nähe der Stelle, wo er das Ufo zuerst gesehen hatte.« Nach der Untersuchung kam das Ärzteteam unter Berücksichtigung aller Umstände zu der Überzeugung, daß Walton mit seiner Erzählung, in einem Ufo gewesen zu sein, die Wahrheit gesagt haben müsse.

Die fünf Arbeitskollegen von Walton – Dwayne Smith, Alan Dalis, Kenneth Peterson, Mike Rogers und John Goulette – sagten übereinstimmend aus, daß Walton auf das Ufo zulief. Dann sei aus dem Objekt ein grellblauer Lichtstrahl auf ihn zugekommen und habe ihn mitten auf der Brust getroffen. Er muß einen Schlag erhalten haben – wie von Starkstrom –, weil er ein paar Meter durch die Luft flog.

»Das Letzte, was wir von ihm sahen, war seine Silhouette, dann war er weg, einfach verschwunden.«

Der Exobiologe Prof. Carl Sagan behauptet, es sei für Ufos mathematisch genauso unmöglich, Besucher aus dem All zu sein, wie es für den Weihnachtsmann mathematisch nicht zu machen sei, jedes Heim am Weihnachtsabend in einem Zeitraum von acht Stunden aufzusuchen. Es sei denn, der Weihnachtsmann wäre schneller als das Licht, was in den Augen der Wissenschaft wieder nicht möglich sei.

Im einzelnen führt Sagan gegen die Auffassung, Ufos seien außerirdische Raumschiffe, folgende Argumente an:

»Setzen wir einmal eine Million Sterne mit zugehörigen Planeten und hochentwickelten Zivilisationen voraus. Setzen wir weiterhin voraus, daß die Lebensdauer einer solchen Zivilisation unter günstigsten Bedingungen zehn Millionen Jahre betragen würde. Wäre nun jede dieser Zivilisationen bereit, pro Jahr nur ein einziges Raumschiff zur Erkundung in den Weltraum zu schicken, und würde sich daraus auch nur ein einziger Kontakt ergeben – wäre das gleichbedeutend mit der Ankunft von einer Million Raumschiffen irgendwo. In unserer Milchstraße existieren wenigstens zehn Milliarden Planeten, die einen Besuch lohnen würden. Würde also auch nur ein einziges Ufo im Jahr die Erde besuchen, kann das benötigte Startaufgebot für jede dieser Welten leicht kalkuliert werden:

Danach müßte nämlich jede Zivilisation jedes Jahr 10.000 Raumschiffe aussenden. Das heißt, in unserer Milchstraße müßten jährlich zehn Millionen Raumschiffe ihre jeweilige Heimat verlassen.«

Sagan hält das für ganz und gar ausgeschlossen. Denn selbst unter der Voraussetzung, daß es eine Zivilisation gäbe, die der unseren weit überlegen ist, wäre ein Startaufgebot von 10.000 Raumschiffen, von denen nur eines auf der Erde eintreffen würde, illusorisch.

Hier irrt der sonst so kluge Sagan. Erstens kann man argumentieren, daß eine Raumfahrerzivilisation zuerst einmal ihre nähere Umgebung, also Nachbarsterne im Umkreis bis zu vielleicht 20 Lichtjahren, untersuchen würde. Der Aufwand an Raumschiffen wäre dafür nur gering. Zweitens würde eine Zivilisation mit solcher Technologie, falls sie über diese nächste Nachbarschaft hinaus Expeditionen unternehmen wollte, sicherlich ganz gezielt suchen, beispielsweise durch Abhören von Radiosignalen, des Funkverkehrs oder auch durch Spektralanalysen von Sternen und dergleichen mehr. Hätte eine Zivilisation erst einmal Erfolg bei ihrer Suche, würde sie höchstwahrscheinlich immer wieder zu der von ihr entdeckten, bewohnten Welt zu Studienzwecken zurückkehren.

Paradoxerweise ist Sagan davon überzeugt, daß die Erde in der Vergangenheit, vor Tausenden von Jahren, von außerirdischen Astronauten aufgesucht wurde. Warum also heute nicht?

Im Spätsommer 1976, am 18. September gegen 22.30 Uhr, riefen verängstigte Bewohner aus den Randbezirken von Teheran, der Hauptstadt des Iran, den Kontrollturm des Flughafens an und berichteten von einer ungewöhnlichen Erscheinung am Nachthimmel.

Die Fluglotsen konnten selbst zwar im Augenblick noch nichts feststellen, aber sie unterrichteten trotzdem den Luftwaffenstützpunkt in Shahrokhi. Dort erfuhr man mit dieser Meldung allerdings nichts Neues. Denn auf den Radarschirmen war längst ein unbekanntes Flugobjekt ausgemacht worden, das sich etwa 130 Kilometer nördlich von Teheran befand. Es leuchtete so hell, daß es sogar mit dem bloßen Auge zu sehen war.

Zwei F-4-Phantomjäger wurden zum Abfangen hinaufgeschickt. Als sie sich jedoch dem unbekannten Flugobjekt näherten, waren plötzlich alle Verbindungsysteme blockiert, und auch die Elektronik – Navigation und Feuerkontrolle – war ausgefallen. Die Phantomjäger drehten verwirrt in Richtung Stützpunkt ab – im selben Moment funktionierte alles wieder.

Inzwischen kam vom Kontrollturm die Information, daß sich das Objekt langsam in nordwestlicher Richtung fortbewege, und die Abfangjäger erhielten den Auftrag, sich auf seine Spur zu setzen. Nach Radarmessungen schien das Ufo die Größe einer Boing 707 zu haben. Durch Ferngläser konnten sogar strahlende grüne, rote, orangefarbene und blaue Lichter ausgemacht werden.

Aus diesem Flugobjekt schoß plötzlich ein kleineres hervor und den Phantomjägern entgegen. Einer der Piloten geriet in Panik, da er eine Kollision befürchtet, und feuerte eine AIM-9-Rakete auf den Flugkörper ab. Sofort fielen alle elektronischen Systeme wieder aus. Daraufhin suchte der Pilot schnellstens in Richtung Wüste außerhalb von Teheran das Weite, während sein Kamerad in der anderen Maschine steil in den Himmel stieg und beobachtete, wie sich das kleine scheibenförmige Objekt wieder zum großen, strahlenden zurückzog.

Den Phantomjägern blieb nicht die geringste Chance, sich dem Ufo zu nähern, denn sobald sie eine gewisse Distanz überschritten, fielen ihre Instrumente aus. Schließlich mußten sie wegen Treibstoffmangels zum Stützpunkt zurück.

Da kaum der Weihnachtsmann sein Unwesen über Teheran getrieben haben kann und nach Sagans Hypothese auch kein Ufo, was kann es dann gewesen sein?

Ufos – vorausgesetzt, es handelt sich um außerirdische Raumschiffe – müßten nicht einmal die Lichtgeschwindigkeit überschreiten, um von einem zum anderen Stern zu reisen. Denn nach Einsteins Spezieller Relativitätstheorie ergeben sich ganz verblüffende Konsequenzen:

Die Besatzung eines Raumschiffes, das sich mit annähernder Lichtgeschwindigkeit fortbewegt, profitiert von der sogenannten Zeitdilatation – der Zeitdehnung. Ihretwegen läuft für die Raumfahrer alles langsamer ab – nicht nur ihre Uhren, sondern ihr Herzschlag, ihr Stoffwechsel, die Zerfallzeit der Atome ihres Körpers und natürlich auch des Raumschiffes. Damit ist ihr Alterungsprozeß gegenüber den in der jeweiligen Heimat Zurückgebliebenen gewaltig gebremst.

Zeitdilatation ist gleichbedeutend mit einer Zeitreise in die Zukunft. Das heißt, die Besatzung eines Raumschiffes, das sich mit annähernder Lichtgeschwindigkeit fortbewegt, könnte *in weniger als einem Menschenleben unser Sternensystem,* die Milchstraße, *durchqueren.*

Allerdings wäre das Resultat, daß sie bei der Rückkehr auf ihrem Heimatplaneten ungefähr *200.000 Jahre in der Zukunft* landen würden.

Es sei denn, eine hochentwickelte Zivilisation könnte einen Prozeß anwenden, um diesen Zeitsprung bei der Rückkehr wieder zu neutralisieren. In radikaler Konsequenz der Speziellen Relativitätstheorie wäre es sogar möglich, in einem Menschenleben durch das ganze Universum zu reisen. Bei der Rückkehr *wäre der Zeitsprung* allerdings *so gewaltig,* daß dann unter Umständen sogar *das Sonnensystem der Zeitreisenden nicht mehr existieren würde.*

Für uns sind die technologischen Voraussetzungen zur Konstruktion eines Raumschiffes, das bis auf annähernd Lichtgeschwindigkeit beschleunigen kann, unvorstellbar. Deswegen ist es auch müßig, zu spekulieren, wie Ufos angetrieben werden – ob durch Antischwerkraft (Manipulation von Gravitationsfeldern), elektromagnetische Energie, Antimaterie-Photonenantrieb und dergleichen mehr. Es bleibt immer nur bei Spekulationen.

»Zivilisationen, die uns Hunderte, Tausende oder Millionen von Jahren überlegen sind, dürften über Wissenschaften und Technologien verfügen, die unseren derzeitigen Fähigkeiten so weit überlegen sind, daß wir sie als Magie betrachten. Es geht nicht darum, daß sie mit dem, was sie tun, die Gesetze der Physik auf den Kopf stellen; es geht vielmehr darum, daß wir nicht begreifen können, wie sie die Gesetze der Physik anwenden können, um das zu tun, was sie tun«, stellt Sagan hierzu ganz richtig fest.

Am 20. September 1977 erschien nachmittags gegen 16 Uhr über der sowjetischen Stadt Petrozawodsk an der Westküste des Onega-Sees eine riesige Scheibe, »so groß wie ein Fußballfeld«, beschrieben es die Einwohner, von denen ein großer Teil dem furchterregenden Ereignis beigewohnt hatte.

Der Korrespondent der amtlichen sowjetischen Nachrichtenagentur TASS, Nicolai Milow, befragte Hunderte der Einwohner von Petrozawodsk. Sie berichteten, daß von dem Ufo fünf intensive Lichtstrahlen auf die Stadt gerichtet waren. Und sie sei während der ganzen Zeit, die das Objekt darüber schwebte, zwölf Minuten lang, in dieses Licht eingehüllt gewesen.

In Fensterscheiben und auf Pflastersteinen wurden eingebrannte Löcher gefunden, die von den Lichtstrahlen stammten. Scheiben mit Löchern der verschiedensten Größen wurden durch Regierungsbeamte beschlagnahmt und zur Untersuchung in Forschungslabors gebracht.

Viele der Einwohner wurden vor Angst hysterisch, da sie glaubten, eine amerikanische Nuklearwaffe über sich zu sehen, die jeden Moment explodieren würde, und schrieen:

»Das ist das Ende!«

Wie so viele andere war auch der Direktor der Wetterwarte von Petrozawodsk, Yuri Gromov, Augenzeuge und berichtete, daß sich ein kleiner Flugkörper von dem großen gelöst habe, daraufhin hätten sich beide Objekte durch die

Wolken entfernt. Der international renommierte sowjetrussische Geophysiker Alexei Zolotov sagte dazu:
»Meiner Meinung nach war es ein typisches Ufo.«

Wir müssen uns vorläufig damit abfinden, daß das Ufo-Phänomen kein Problem des Wissens, sondern der Erfahrung ist. Während Erfahrung kaum übermittelt werden kann, läßt sich Wissen weitergeben.

Für diejenigen, die eine Ufo-Begegnung erlebt haben, ist diese Erfahrung Realität. Skeptikern, denen diese Erfahrung übermittelt werden soll, bleiben verständlicherweise skeptisch. Vorläufig gibt es jedoch nichts als die Erfahrung, vor der das Wissen kapitulieren muß. Dennoch ist zu erwarten, daß auch hier früher oder später Wissen und Erfahrung zusammenfinden.

[illegible]

[illegible]

[illegible]

# Anhang

*Stellungnahmen auf höchster Ebene*

Wie urteilen Politiker und Wissenschaftler aus aller Welt und wie denkt die Bevölkerung der verschiedenen Länder über die Frage, ob es Besucher aus dem außerirdischen Raum gibt? Während dieses Thema in Deutschland kurzerhand als »hinterwäldlerischer Aberglauben« oder »törichtes Geschwätz« abgetan wird, glauben mehr als die Hälfte aller Amerikaner an das Ufo-Phänomen. Über 15 Prozent der amerikanischen Bevölkerung haben Meinungsumfragen zufolge Ufos gesehen. Auch Präsident Jimmy Carter glaubt an Ufos.

»Ich bin davon überzeugt, daß Ufos existieren,« sagte er, »denn ich habe selbst eines gesehen.«

Der deutsche Bundeskanzler Helmut Schmidt ist offenbar – vielleicht mangels eigener Erfahrung – skeptischer. Er will sich dazu nicht äußern.

Als der mit dem Autor befreundete, langjährige Chef der ARD-Tagesschau an seinen früheren Kollegen, Staatssekretär Bölling, zum Thema Ufo-Sichtungen drei Fragen richtete, ließ Bölling durch den Pressereferenten des Bundeskanzleramtes Bruns ausweichend antworten.

Demgegenüber waren das Bundesministerium der Verteidigung und der neue Bundesminister für Forschung und Technologie, Dr. Volker Hauff, wesentlich aufgeschlossener. Die Antworten dieser beiden letztlich zuständigen Ressorts, nämlich Verteidigung und Forschung, sind die ersten ernst zu nehmenden Stellungnahmen einer deutschen Regierung zum Ufo-Phänomen.

Noch vor rund zehn Jahren, als dieses Thema offiziell im

Deutschen Bundestag behandelt wurde, glaubte der damalige Bundesverkehrsminister Georg Leber, die Anfrage des CDU-Bundestagsabgeordneten Johann Peter Josten, welche Tatsachen der Bundesregierung bisher über Ufos bekannt seien, mit einem kleinen Scherz abtun zu können. In einer schriftlichen Antwort erklärte sein Staatssekretär Karl Wittrock, der Sinn der Frage sei nicht ganz klar:

»Wenn nämlich Tatsachen über Flugkörper bekannt sind, dann sind die Flugkörper nicht unbekannt, sondern bekannt.«

(Das erinnert an die Feststellung von Professor J. Allen Hynek am 28. August 1970 während eines Vortrages in London über die ausgeklügelten amerikanischen Projekt Blue Book-Untersuchungsmethoden zur Identifizierung von Ufos: »Ein nicht zu identifizierendes Objekt wurde als unidentifiziert und somit unter ›identifiziert‹ abgelegt!«)

Lebers Nachfolger als Bundesverteidigungsminister, Dr. Hans Apel, ließ durch den Leiter seines Informations- und Pressestabes, Kapitän zur See Dr. Kurt Fischer, eine ernsthaftere Antwort geben. Er schrieb:

»Mangels besonderer Bedeutung für die Bundesrepublik Deutschland gibt es offenbar weder im Bundesministerium der Verteidigung noch in anderen Ressorts Untersuchungen, die sich mit dem Thema Ufo befassen.«

Auch Minister Dr. Apel habe bisher keinen Grund, sich dazu eine Meinung zu bilden, aber fügte er hinzu, »in die Kategorie Glauben fällt es meines Erachtens auch nicht«. Möglicherweise sei dieses Phänomen eine Besonderheit der Vereinigten Staaten.

Sehr viel ausführlicher ging der neue Bundesminister für Forschung und Technologie, der junge und sympathische Dr. Volker Hauff, auf die drei Fragen ein. Sie lauteten:

1. Was halten Sie vom Ufo-Phänomen?
2. Glauben Sie, daß etwas dran ist?
3. Hat sich die Bundesregierung jemals damit befaßt?

Minister Dr. Hauff antwortete:

Zu 1.: Sicher liegen zahllose objektive oder subjektive Wahrnehmungen von Flugobjekten vor, deren Identität die Beobachter nicht feststellen konnten. Die vielfach aufgestellte Behauptung, es handele sich um außerirdische künstliche Flugkörper, läßt sich jedoch – nach dem heutigen Stand der Erkenntnisse – wissenschaftlich nicht beweisen.
Bereits vor mehr als zehn Jahren wurde eine umfangreiche amerikanische Untersuchung abgeschlossen[1], die Berichte über Beobachtungen aus einem Zeitraum von 21 Jahren umfaßte. In 90 Prozent der Fälle waren natürliche Erklärungen möglich.[2] Der Rest ließ sich auf vielerlei Arten deuten und gab keinen Anlaß, auf außerirdischen Ursprung der Phänomene zu schließen.
In jüngerer Zeit versucht man, die nicht natürlich erklärbaren Ufo-Phänomene in den Bereich der Parapsychologie zu verlegen. Damit wäre aber das Ufo-Phänomen nur eines von vielen ›PSI-Phänomenen‹, mit denen sich die Parapsychologie befaßt. Ob diese in der Lage ist, zumindest einige Ufo-Beobachtungen als einerseits unzweifelhaft objektiv und andererseits als mit Sicherheit nicht natürlichen bzw. extraterrestrischen Ursprungs festzustellen, ist mir nicht bekannt.

Zu 2.: Ehrlich gesagt: *Nein.*

Zu 3.: In den letzten zehn Jahren wurden zwei Anfragen an mein Ministerium gerichtet, ob dort Ufo-Forschung betrieben bzw. im Rahmen internationaler Organisationen befürwortet wurde.
Im Sinne meiner Ausführungen zur ersten Frage wurden die Fragen negativ beantwortet.

[1] Anm. d. Autors: gemeint ist der Condon-Report.

[2] Anm. d. Autors: in Wirklichkeit nur 70%.

In dem Schreiben an Staatssekretär Bölling hatte der ARD-Nachrichtenchef dem Bundeskanzler einen größeren Spielraum für seine mögliche Antwort gegeben. Er hatte seinem früheren Kollegen geschrieben:

»Sehr dankbar wäre ich, wenn Sie den Herrn Bundeskanzler zu einer Äußerung veranlassen könnten – auch wenn sie negativ ist – etwa . . . alles Quatsch. Interessiert mich nicht . . . Gleichwie –. Aber auch Ihre persönliche Meinung dazu würde willkommen sein.«

Der mit der Beantwortung beauftragte Pressereferent des Bundeskanzleramtes Bruns war offenbar nicht unglücklich, den ARD-Nachrichtenchef nicht persönlich ans Telefon bekommen zu haben. Er ließ durch Gieses Vorzimmerdame, Fräulein Runge, ausrichten:

»Wir haben den Brief zum Thema Ufo-Sichtungen bekommen und möchten uns momentan nicht dazu äußern.«

| | |
|---|---|
| Frl. Runge: | Aus zeitlichen Gründen? |
| Bruns: | Ja! Der Bundeskanzler hat einen so vollen Terminkalender, daß er im Moment nichts dazu sagen kann. |
| Frl. Runge: | Habe ich das so zu verstehen, daß wir zu einem späteren Zeitpunkt diesbezüglich noch einmal auf Sie zukommen dürfen? |
| Bruns: | Nein! Es hat keinen Sinn. Auch sachliche Gründe spielen eine Rolle. Wir haben uns damit noch nicht ausreichend beschäftigt, um Ihre Fragen zu beantworten; das würde sehr viele Recherchen und Zeit in Anspruch nehmen. |
| Frl. Runge: | Auch Herr Bölling möchte uns nicht darauf antworten? |
| Bruns: | Nein – bestellen Sie Herrn Giese einen schönen Gruß von Herrn Bölling. |

Ist das Ufo-Phänomen nach offiziöser deutscher Auffassung nun eine Besonderheit der Vereinigten Staaten, weil Präsident Carter von der Existenz außerirdischer Flugobjekte überzeugt ist?

1973 – drei Jahre bevor er Präsident wurde – berichtete er nach einer Rede vor dem Lyons-Club in Thomaston im heimatlichen Georgia freimütig und ohne Zögern von dem folgenden Vorfall:

»Es war eine ganz eigenartige Erscheinung, aber etwa 20 Leute haben sie gesehen,« sagte er. »Es war das Tollste, was ich jemals erlebt habe. Es war sehr hell, wechselte die Farben und hatte etwa die Größe des Mondes. Wir haben es zehn Minuten beobachtet, aber keiner von uns konnte herausbekommen, was es war. Eins ist sicher: Ich werde niemals über Leute lachen, die sagen, sie hätten Ufos am Himmel gesehen!«

Jimmy Carters 25 Jahre alter Sohn Jeff gab während der Präsidentschaftskampagne für seinen Vater weitere Einzelheiten über das bemerkenswerte Erlebnis des früheren Gouverneurs von Georgia bekannt:

»Nach seiner Rede in Thomaston war mein Vater zusammen mit einigen Geschäftsleuten zum Parkplatz des Clubs gegangen, als sie das Ufo entdeckten«, berichtete er. »Es hatte drei Lichter, die zusammen so groß wie der Mond waren. Dad sagte, ihre Farbe änderte sich von Rot nach Grün, und es befand sich in der Nähe des Mondes. Er wußte, daß es nicht irgendeins unserer Flugzeugtypen sein konnte. Vergessen Sie nicht, mein Vater ist Kernphysiker, der in der Kriegsmarine gedient hat. Er ist nun der Ansicht, daß man diesen Dingen nachgehen sollte.«

Auch Jimmy Carters 79 Jahre alte Mutter, Lillian, erinnert sich:

»Das Ufo machte einen gewaltigen Eindruck auf Jimmy – er hat mir mehrfach davon erzählt. Schließlich ist er immer ein ernsthafter Junge gewesen, der mit beiden Beinen auf der Erde steht. Und was er gesehen hat, ist – soweit ich es beurteilen kann – so sicher wie das Geld auf der Bank.«

Daß Jimmy Carter etwas von diesen Dingen versteht, bestätigt ein Bekannter der Familie. Er glaubt ihm, denn:

»Jimmy ist Wissenschaftler,« sagt er, »und zwar Spezialist in der Kerntechnik. Er kennt den Unterschied zwischen einem Meteor, einer Sternenkonstellation oder irgendeinem anderen Naturphänomen – und dem, was nicht aus unserer Welt kommt.«

Kurze Zeit nach seinem eindrucksvollen Erlebnis kündigte Jimmy Carter an:

»Wenn ich ins Weiße Haus einziehe, werde ich dafür sorgen, daß alle Informationen, die es in diesem Lande über Ufo-Sichtungen gibt, der Öffentlichkeit und den Wissenschaftlern zugänglich gemacht werden.«

Zu dieser Ankündigung Jimmy Carters meinte der Leiter eines Ausschusses vom Nationalen Untersuchungskomitee zur Erforschung von Phänomenen im Luftraum (National Investigation Committee on Aerial Phenomena) Jack Acuff in Washington:

»Sollte ein Präsident der Vereinigten Staaten jemals das bisher noch nie veröffentlichte Material über Ufos freigeben, das in den nationalen Archiven unter Verschluß liegt, wird es eine Sensation für die wissenschaftliche Welt und zugleich von unübersehbarem Nutzen für die Allgemeinheit sein. Es ist von größter Wichtigkeit, daß eine Persönlichkeit wie Carter eine solche Erklärung abgegeben hat.«

Inzwischen ist Jimmy Carter seit zwei Jahren Präsident der Vereinigten Staaten von Amerika. Aber noch immer wartet die Öffentlichkeit der ganzen Welt darauf, daß er sein angekündigtes Versprechen einhält.

Er hat zwar die NASA beauftragt, neue Untersuchungen über die Sichtungen Fliegender Untertassen einzuleiten, aber die Geheimarchive sind den Amerikanern immer noch nicht geöffnet worden.

Frank Press, der Präsident Carter in wissenschaftlichen Fragen berät, berichtete in einem Interview über das in Amerika wieder erwachte Interesse an Unbekannten Flugobjekten. Sein Büro registriere zunehmend Anfragen aus der Bevölkerung, sei aber außerstande, sie alle zu beantworten. Deshalb solle die Raumfahrtbehörde NASA wieder aktiv werden.

Demgegenüber verwies die Leitung der NASA darauf, daß die Ufo-Forschung sehr aufwendig sei und daß ein Ausschuß zunächst prüfen solle, ob ein solches Vorhaben zu rechtfertigen ist. Dave Williamson, zuständig für Sondervorhaben der NASA, sträubt sich noch. Er will zunächst handfeste Beweise haben, bevor er die Ufo-Forschungen weitertreibt.

»Was wir brauchen,« meinte er, »ist ein kleines, grünes Männchen oder ein Stück Metall von einem Ufo, damit wir arbeiten können.«

Ohne derartige Beweise bleibe die Ufo-Forschung in einem ähnlichen Dilemma wie die Suche nach dem Ungeheuer von Loch Ness.

Mit einem kleinen, farbigen Männchen kann zwar nicht aufgewartet werden, dafür aber mit Metallfragmenten, die von zerstörten Ufos stammen sollen. Denn über der brasilianischen Küste von Ubatoba und im amerikanischen Süd-Dakota wurden 1967 kleine Metallfragmente gefunden, die von explodierten Ufos stammen. Die Explosion dieser Objekte war von einer ganzen Reihe von Zeugen beobachtet worden. Diese gefundenen Fragmente wurden in den USA von der Dow Chemical Company, dem Atomforschungszentrum Oak Ridge in Tennessee und von der Universität Colorado genauestens analysiert. Aus den Untersuchungsergebnissen ging eindeutig hervor, daß diese Metallfragmente aus Magnesium bestehen.

1968 erschien in der Juniausgabe des »Industrial Research Magazin« ein Artikel, der sich mit diesen Metallstücken befaßte. Darin hieß es:

»Diese Fragmente wurden analysiert und als ultrapures Magnesium befunden – eine begreifliche Wahl, wenn man das Verhältnis zwischen Stärke und Gewicht von Magnesium und die strukturellen Erfordernisse einer Fliegenden Untertasse bedenkt.«

Inzwischen hat das Ufo-Forschungsinstitut von Evanstone in den USA neue Filme von Ufos zur Auswertung erhalten, die in Mexico, Guatemala und auf den Bahamas gedreht wurden.

In Frankreich wurden zahlreiche mutmaßliche Ufos auf Radarschirmen gesichtet. Das französische Verteidigungsministerium verneinte zwar die Frage, ob Mirage-Jäger Ufos über Frankreich verfolgt hätten, dennoch wären die Behörden der Nationalen Verteidigung ernsthaft mit der Frage unidentifizierter Flugobjekte beschäftigt.

Der frühere französische Armeeminister Robert Galley erklärte in einem Interview:

»Es hat Sichtungen von Piloten gegeben, und auch unsere Gendarmerie berichtet über derartige Erscheinungen. Inzwischen ist die französische Luftwaffe jedoch zur Überzeugung gelangt, daß Ufos keine militärische Gefahr darstellen.«

Deshalb würden diese Phänomene vom Nationalen Raumforschungszentrum (Centre nationale d'Etude spaciales) untersucht, dessen Arbeit von größter Wichtigkeit für das ganze Land sei.

Seit Jahren werden die Vereinten Nationen kritisiert, weil sie die Probleme auf unserer Erde nur unzureichend oder gar nicht zu lösen vermögen. Jetzt müssen sie sich auch noch mit den Fragen beschäftigen, die uns andere Welten offensichtlich aufzugeben scheinen. Die UN-Vollversammlung stimmte dem Antrag des Premierministers von Grenada, Eric Gairy, zu, die »Anerkennung außerirdischer Eindringlinge« auf die Tagesordnung zu setzen. Die Vereinten Nationen werden also in ihrer nächsten Sitzungsperiode über den Antrag debattieren, einen UN-Ausschuß einzusetzen, der sich mit der Durchführung und Koordination der Ufo-Forschung befaßt.

Es sei wichtig, ordnungsgemäßen Kontakt zwischen der Erde und Wesen von anderen Gestirnen herzustellen. Die Vereinten Nationen seien dafür das zuständige Gremium. Mehr als 120 Mitgliedsstaaten der Vereinten Nationen waren anwesend, als der Premierminister von Grenada den Regierungen einzelner Länder in der Debatte vorwarf, über alle Berichte »dieser besorgniserregenden Vorfälle« einen dichten Schleier zu ziehen. Hier müßten sie für eine Änderung sorgen.

Von UN-Generalsekretär Kurt Waldheim wird in dieser Beziehung genauso Abhilfe erwartet wie von Präsident Carter.

Der Direktor der »Internationalen Ufo-Meldestelle«, Dr. D. William Hauck, berichtete:

»Kurze Zeit, nachdem Kurt Waldheims Versuch scheiterte,

österreichischer Bundespräsident zu werden, fragte ich ihn, ob die Behörden seines Landes Ufo-Berichte unterdrücken würden. Er erwiderte, die österreichische Regierung würde wichtige Informationen jederzeit sofort freigeben, wenn sie davon Kenntnis erhielte.«

Nachdem Kurt Waldheim nun Generalsekretär der Vereinten Nationen ist, bestünde Hoffnung, einen gemeinsamen internationalen Versuch zur Lösung des Ufo-Problems in die Wege zu leiten. Voraussetzung sei natürlich, daß die verschiedenen Nationen ihre Erkenntnisse koordinierten, um alle Mitgliedsstaaten von der internationalen Bedeutung zu überzeugen.

»Ich würde unter der Führung der UN gerne mit jedem zusammenarbeiten, der daran interessiert ist, die offizielle Geheimhaltung zu bekämpfen«, sagt Dr. Hauck.

Ist der Ostblock aussagefreudiger? Gibt es überhaupt offizielle Äußerungen aus dem kommunistischen Lager?

Stellungnahmen der Regierungen oder – was identisch wäre – Erklärungen kommunistischer Parteien hinter dem Eisernen Vorhang – sind nicht bekannt. Doch haben sich Wissenschaftler aus diesen Ländern mit bemerkenswerter Offenheit geäußert.

So erklärte Professor Dr. Felix Zigel vom Institut für Flugwesen in Moskau:

»Aus der UdSSR liegen zuverlässig belegte Ufo-Beobachtungen vor. Es ist kaum anzunehmen, daß es sich durchweg um optische Täuschungen handeln könnte. Denn optische Täuschungen erscheinen wohl kaum auf Filmen und werden nicht durch Radar registriert. Daher ist die stichhaltigste Hypothese: Ufos sind Vehikel extraterrestrischer Zivilisationen.«

Zur gleichen Auffassung gelangte der Präsident der sowjetrussischen Akademie der Wissenschaften, Professor V. F. Kuprewitsch:

»Wer weiß – vielleicht besuchen diese Wesen von anderen Planeten unsere Erde bereits – wollen aber keinen Kontakt mit uns aufnehmen. Warum? Ich vermute, daß unser gegenwärtiger Entwicklungsstand z. B. von diesen Intelligenzen weit überschritten ist und wir ihnen vorkommen wie die ersten Höhlenmenschen.«

Der sowjetische Raketenexperte Professor Ananoff sagte:

»Ich bin nicht abgeneigt, an Fliegende Untertassen zu glauben. Kein Grund zur Verwunderung, wenn es außer uns noch andere Wesen im Universum gibt.«

Professor Wladarow erklärte, daß die Moskauer Akademie für Weltraumforschung zu dem Ergebnis gekommen sei, daß es sich nicht um Sinnestäuschung, astronomisch, geologisch oder meteorologisch erklärbare, natürliche Erscheinungen handeln könne. Sondern es handele sich vielmehr um Fluggeräte verschiedenster Formen, die aus einer unbekannten, konkreten Materie bestehen müßten.

Nach westlicher Ansicht betreibt die Sowjetunion intensive Ufo-Forschung, obgleich die sowjetische Akademie der Wissenschaften dies 1978 als »unwissenschaftlich« bezeichnete. Bei der Beurteilung sowjetischer Forschungen auf dem Gebiet »unwissenschaftlicher, parapsychologischer Phänomene« scheint es jedoch angebracht, diese offizielle Erklärung als politisch motiviert zu bewerten. In Wirklichkeit ist nämlich das Allsowjetische Kosmonautische Komitee eine geheime Ufo-Studiengruppe, die mit der sowjetischen Luftwaffe zusammenarbeitet. Darüber hinaus betreiben mehrere Wissenschaftler, vor allem Dr. Modest Agrest und Dr. Felix Zigel, private Ufo-Forschung.

Die Volksrepublik China benutzt sogar ihr riesiges Rundfunknetz, um Ufo-Sichtungen durch einfache Codesignale zu melden. Die Amerikaner haben zahlreiche Kurzsignale vom chinesischen Festland abgehört, und die Chinesen kontrollieren ihren Luftraum außerordentlich streng.

In Amerika ist es anscheinend schon zur Tradition geworden, daß sich Politiker, vor allem aber Präsidenten, mit dem Ufo-Phänomen beschäftigen – obwohl es sich dabei ganz und gar nicht um ein »amerikanisches Problem«, sondern um ein nachweislich weltweites Phänomen handelt. Denn bereits im November 1954 stellte der damalige Präsident Dwight D. Eisenhower fest:

»Ich bezweifle die Annahme, daß die Fliegenden Untertassen nur von einem einzigen Planeten stammen.«

Präsident John F. Kennedy, der später einem Attentat zum Opfer fiel, ging sogar noch einen Schritt weiter:

»Ich bin zu der Überzeugung gelangt, daß Raumschiffe aus anderen Welten zu uns kommen,« sagte er im Februar 1961.

Und sein ebenfalls ermordeter Bruder Robert hielt seine Meinung über dieses Phänomen schriftlich fest:

»Ich verfolge alle Berichte über Unidentifizierte Flugobjekte mit größtem Interesse und hoffe, daß wir darüber eines Tages mehr erfahren werden. Ich würde eine weitere Erforschung dieser Angelegenheit befürworten in der Hoffnung, daß wir die wahren Fakten über die Fliegenden Untertassen klären können.«

Präsident Johnson, John F. Kennedys Nachfolger, befaßte sich – noch als Senator – sogar dienstlich mit dem Ufo-Phänomen. Im Juli 1960 beantwortete er ein an ihn gerichtetes Schreiben folgendermaßen:

» . . . Ihr interessantes Ufo-Material wurde von mir an den Stab des P.I.S. übergeben. Wie Ihnen bekannt sein dürfte, habe ich angeordnet, daß die neueste Entwicklung auf diesem Gebiet genauestens verfolgt wird und ich ständig von allen bedeutenden Ufo-Sichtungen Mitteilung erhalte.«

Nelson Rockefeller, ehemaliger Vizepräsident der Vereinigten Staaten, äußerte als Gouverneur des Staates New York in bezug auf das Ufo-Phänomen:

»Das amerikanische Volk sollte über jede Angelegenheit von nationaler Bedeutung entsprechend informiert werden, daher ist es lebensnotwendig für unsere Demokratie, daß die breite Öffentlichkeit auch darüber unverzüglich und rückhaltslos aufgeklärt wird.«

Und Barry Goldwater, Expräsidentschaftskandidat und Luftwaffengeneral der Reserve, sagt ganz offen:

»Ich bin davon überzeugt, daß die Erde mehrfach von außerirdischen Intelligenzen aufgesucht wurde. Marine- und Linienpiloten berichteten mir von Fällen, wo sich Ufos bis auf wenige Meter näherten, um dann mit unvorstellbarer Geschwindigkeit davonzufliegen. Ich selbst habe zwar noch kein Ufo gesehen, aber ich glaube diesen Leuten.«

Diesem Glauben geht »Der Spiegel« in seiner Ausgabe vom 24. April 1978 unter dem Titelblatt »Die Ufos kommen« und in einem mit kritischer Vehemenz verfaßten Artikel (leider anonym) zu Leibe, in dem es unter anderem heißt:

». . . Doch gegenwärtig gelangt der Aberglaube zu neuer, beinahe mittelalterlich anmutender Hochblüte.

Mit einer Vehemenz, vor einem Jahrzehnt kaum vorstellbar, haben sich Menschen – auch Intellektuelle – in den westlichen Industriestaaten von der einst hochgespannten Wissenschaftserwartung abgewendet: Enttäuschte des Wissenschaftszeitalters, die Hermann Hesses Mystizismus wiederentdeckten oder auch Zen-Buddhismus oder transzendentale Meditation.

Der Rückfall in den Irrationalismus als Massenphänomen läßt sich an Bestsellerlisten ebenso ablesen wie am wachsenden Zulauf zu mystischen Vereinigungen und am neu erwachten Ufo-Kult . . .«

Der »Spiegel« irrt allerdings, wenn er den von ihm monierten »Rückfall in den Irrationalismus als Massenphänomen« und ausschließlich westlichen Rückfall in den »Aberglauben« brandmarken zu müssen glaubt. Denn in der Zeitung »Soviet Weekly« heißt es in Zitaten sowjetrussischer Wissenschaftler schon 1968:

»Es kann mit Sicherheit behauptet werden, daß das Ufo-Problem globalen Charakter angenommen hat und daher auch globale Untersuchungsmethoden erfordert . . .

Internationale wissenschaftliche Zusammenarbeit zur Lösung dieses Problems hätte sich längst verwirklichen lassen, hätten nicht Sensationslust und unverantwortliche, unwissenschaftliche Behauptungen über Fliegende Untertassen sie verhindert . . .

Bedauerlicherweise bestritten gewisse Wissenschaftler hüben und drüben – in der Sowjetunion und auch in den USA – schon die bloße Existenz dieses Problems, anstatt zu seiner Lösung beizutragen . . .

Es kann nicht ausgeschlossen werden, daß diese Lösung zu einem radikalen Umdenkprozeß führen könnte.«

UN-Vertreter der verschiedensten Länder hatten sich bereits 1967 an den damaligen UNO-Generalsekretär U Thant wegen ihrer Besorgnisse im Zusammenhang mit Ufos gewandt. U Thant wußte daher, daß es sich bei diesem Phänomen ganz und gar nicht um ein Spezialproblem westlicher Industriestaaten handelt, sondern um ein globales Phänomen. Denn nicht umsonst äußerte er gegenüber UN-Vertretern:

»Neben dem Vietnamkrieg sind Ufos das wichtigste Problem, dem die Vereinten Nationen gegenüberstehen.«

In einem Brief an U Thant forderte der inzwischen verstorbene, hochqualifizierte Physiker Dr. James E. McDonald, Professor der Abteilung für Meteorologie am Institut für atmosphärische Physik der Universität Arizona, den UN-Generalsekretär am 5. Juni 1967 sogar auf, sich dafür einzusetzen, daß die Vereinten Nationen unverzüglich Maßnahmen zur Klärung des Ufo-Phänomens einleiten:

»The University of Arizona

Tucson, Arizona 85 721
Institute of Atmospheric Physics

Secretary-General U Thant
United Nations
United Nations Building
New York, New York 5. Juni 1967

*Dear Sir*

Ich möchte Ihnen noch einmal dafür danken, daß Sie für mich ein Treffen mit der United Nations Outer Space Affairs Group am 7. Juni ermöglicht haben, um über internationale wissenschaftliche Aspekte des Problems der Unidentifizierten Flugobjekte zu diskutieren.

Eine Kopie der Erklärung, die ich der Outer Space Affairs Group am 7. Juni vorlegen werde, ist beigefügt. Ich habe darin meine Gründe für eine sofortige, dringende Aktion der

Vereinten Nationen in bezug auf das Ufo-Problem kurz zusammengefaßt. Da es sich hier um eine Angelegenheit größten Ausmaßes handelt, kann die offensichtliche Natur des Ufo-Phänomens und die Art und Weise einer wissenschaftlichen Inangriffnahme in einer solchen Kurzfassung nur knapp umrissen werden. Ich glaube, daß ernsthafte und entschlossene Bestrebungen der Vereinten Nationen, das Informationsmaterial im Zusammenhang mit diesem Problem zu speichern und damit unverzüglich wissenschaftliches Interesse bei allen Mitgliedsnationen zu erwecken, ein wesentlicher Schritt wäre, die Angst vor der Lächerlichkeit auszuschalten, die jetzt stark dazu beiträgt, Ufo-Sichtungsberichte aus der breiten Öffentlichkeit zu unterbinden. Die UN könnten und sollten wesentlich aktiver werden, um weltweites wissenschaftliches Interesse am Ufo-Phänomen wachzurufen.

Ich glaube – wie auch aus meiner beigefügten Erklärung an die Outer Space Affairs Group ersichtlich –, daß die Hypothese ernsthaft in Erwägung gezogen werden sollte, nach der diese unkonventionellen Objekte irgendeine Form außerirdischer Raumschiffe darstellen. Erst nachdem ich das Problem einem persönlichen Studium unterzog, war ich in der Lage, an eine solche Hypothese zu glauben. Nach einjährigem intensivem Studium muß ich die Möglichkeit immer noch rein hypothetisch ansehen, muß aber betonen, daß ich durch meine Nachforschungen dahin gekommen bin, daß es die einzig akzeptable Hypothese ist, mit der die erstaunliche Anzahl weltweiter Sichtungen von maschinenähnlichen Objekten aus der Nähe und in geringer Höhe erklärt werden kann.

Ich stehe Ihnen oder Ihren Kollegen jederzeit gern mit meinem Rat oder Beistand zur Verfügung, der aus meiner persönlichen Erfahrung von Nutzen sein könnte. Bei Ufo-Problemen handelt es sich um ein eminentes wissenschaftliches Anliegen von internationalem Ausmaß. Ich glaube, die Vereinten Nationen haben sowohl die Verantwortung wie auch die Verpflichtung, weltweit ernsthafte wissenschaftliche Studien des Ufo-Problems zu beschleunigen. Vielen seriösen Forschern auf diesem Gebiet erscheint es durchaus denkbar, daß in den letzten Jahren eine Art globaler Überwachung durch Ufos stattgefunden hat. Sollte es auch nur die entferntesten Chancen für die Richtigkeit dieser Annahme geben, müßte unsere derzeitige Unkenntnis über Zweck und Ziel einer solchen Maßnahme schnellstens durch maximales Verständnis dessen, was hier vorgeht, ersetzt werden. Falls das ganze Phänomen jedoch anderer Natur sein sollte, müßten wir uns darüber Kenntnis verschaffen. Gegenwärtige Unkenntnis, gegenwärtige Vernachlässigung, gegenwärtige Verspottung – sie alle sind bedauerliche Merkmale unserer kollektiven Einstellung gegenüber einer Angelegenheit, die vielleicht für die Bevölkerung der Erde von vorrangiger Bedeutung sein könnte.

Meiner Meinung nach ist eine eingehende Prüfung dieses Geschehens dringend erforderlich.

Hochachtungsvoll
Ihr
gez.: James E. McDonald

Der in Amerika lebende Astrophysiker und Computerwissenschaftler Dr. Jacques Vallee – vier Jahre lang Mitarbeiter von Professor Allen Hynek – schreibt in seinem Buch »The invisible College« (Das unsichtbare Kollegium):

1. Die Dinger, die wir Unidentifizierte Flugobjekte nennen, sind weder Objekte, noch fliegen sie. Sie sind in der Lage, sich zu materialisieren, wie aus neuesten Photographien ersichtlich ist, und sie verletzen die Gesetze der Bewegung, wie wir sie kennen.
2. Ufos wurden im Verlauf der Geschichte immer beobachtet und erhielten (oder lieferten) im jeweiligen Rahmen ihrer Kultur ständig ihre eigene Erklärung. Im Altertum wurden ihre Insassen als Götter betrachtet; im Mittelalter als Magier; im 19. Jahrhundert als wissenschaftliche Genien. (Anm.: Übrigens stellte die altorientalische Kunst Genien als geflügelte menschliche Wesen dar oder Mischwesen mit Vogelkopf in Grußstellung.)

Und in unserer modernen Zeit schließlich als interplanetarische Reisende.

3. Ufo-Berichte werden nicht unbedingt durch Besuche außerirdischer Reisender verursacht. Das Phänomen könnte eine Veranschaulichung einer weitaus komplexeren Technologie sein. Falls Zeit und Raum in ihrer Struktur nicht so simpel sind, wie Physiker bisher angenommen haben, dann könnte die Frage »woher kommen sie«?, bedeutungslos sein: Sie könnten von einem Ort in der Zeit stammen. Falls Bewußtsein außerhalb des Körpers manifestiert werden kann, könnte der Spielraum von Hypothesen hier sogar noch größer sein.

»Warum schweigen die Wissenschaftler?« fragt Vallee. »Viele Astronomen müßten das gleiche wissen wie ich aus meiner Zeit am Pariser Observatorium, daß wir nämlich Unidentifizierte Objekte aufgespürt und sogar photographiert hatten. Filme gab es auch.«

Rückblickend sagt Vallee zum Ufo-Problem:

»In einigen europäischen Staaten wurde das amerikanische Ufo-Projekt mit starkem Interesse verfolgt. Die Briten legten dabei ruhige Zurückhaltung an den Tag, aber in Frankreich sah man der amerikanischen Entscheidung mit gespannter Erwartung entgegen: Offizielle französische Politik wollte in dieser Angelegenheit den Standpunkt der USA vertreten. Es gab Explosivstoff in den europäischen Akten. Viele Sichtungen waren außerordentlich gut dokumentiert, und Untersuchungen auf höchster Ebene waren viel sorgfältiger und professioneller durchgeführt worden, als dies mit den besten Fällen in den Akten der U.S. Air Force geschehen war. Das war auch kein Wunder. Denn bei einigen Augenzeugen handelte es sich um Politiker von höchstem Rang. In einem westeuropäischen Staat hatte sich auf dem privaten Landsitz des Staatsoberhauptes eine Beinahelandung abgespielt. Das Vehikel war in allen Einzelheiten von Mitgliedern aus der persönlichen Umgebung dieses Politikers beschrieben worden. Das hieß: Der Fall war nicht durch die örtlichen Polizeiorgane unterdrückt worden; nicht einmal von vertrauenswürdigen Wissenschaftlern; die Untersuchungen waren von Geheimdienstspezialisten auf höchster Ebene durchgeführt worden . . .«

In einem der Sichtungsberichte darüber heißt es, daß der Chauffeur dieses Staatsoberhauptes bei einer Fahrt auf dem Privatgelände etwas sah, das er für ein Flugzeug hielt, und das vor ihm auf der Straße zur Landung ansetzte. Er trat auf die Bremse und hielt an. Einige Meter über dem Wagen passierte das Objekt und löste dabei im Wagen eine heftige Vertikalvibration aus. Einige Sekunden später kam das Objekt in umgekehrter Richtung zurück und verursachte den gleichen Effekt im Auto. Als es danach wieder die Position über den Bäumen eingenommen hatte, von wo es anfangs gekommen war, wechselte es blitzschnell seine Höhenposition, indem es um 90 Grad abkippte und in westlicher Richtung davonschoß.

In dem Bericht heißt es weiter: Der Zeuge ist absolut zuverlässig. Wir haben herausgefunden, daß das Objekt wie ein umgedrehter Suppenteller aussah, eine zentrale Kanzel, *Bullaugen* und einen ca. 20 Meter großen Durchmesser hatte. Eine derartige Beobachtung ist kein Witz. Weder die US-Luftwaffe noch das amerikanische akademische Establishment konnten sich über das Ausmaß des Problems in Westeuropa eine Vorstellung machen. Die Sowjets waren daran aber wahrscheinlich noch interessierter als die Westeuropäer.«

Es ist bedauerlich, daß Vallee diesen immerhin aufsehenerregenden europäischen Zwischenfall – vorausgesetzt er entspricht den Tatsachen – ohne Namensnennung, Orts- und Zeitangabe einfach in der Luft hängen läßt. Umso bedauerlicher, als Vallee international als bestinformierter Experte auf dem Gebiet der Ufos gilt und daher auch entsprechende Auskünfte geben sollte.

Außerdem ist seine Feststellung: »Ufos sind weder Objekte, noch fliegen sie, sondern sind in der Lage, sich zu entmaterialisieren«, – bis auf die Dematerialisation nicht ganz verständlich. Denn:

In vielen der berichteten Ufo-Sichtungen scheint das Objekt auf der Stelle zu verschwinden. Die sogenannten »harten« Sichtungen (wenn ein metallenes, »hartes« Objekt deutlich wahrnehmbar ist) würden daher fraglos als zeitweilige Materialisation in der irdischen Atmosphäre erscheinen; und sogenannte »weiche« Sichtungen, wenn das Objekt als verschwommene Lichtform – eine Phase der Materialisation – auftaucht. Auf diese Weise würden Ufos nicht mit unserer Auffassung eines Raumschiffes als fabrizierte Maschine übereinstimmen, die ihre materielle und maschinelle Struktur auf interstellaren Reisen beibehält.

Aber trotzdem würde es sich um Flugobjekte handeln – sobald sie in der planetarischen Atmosphäre fliegen. Und in den meisten Berichten benehmen sie sich ja auch tatsächlich wie fliegende Objekte.

Für ein Raumschiff, das interstellare Reisen durchführt, hätte es wenig Sinn, seine materielle Struktur beizubehalten, wenn wir bedenken, wie weit Sonnensysteme in Raum und Zeit voneinander getrennt und wie gewaltig die Entfernungen sind. Daher lassen sich interstellare Reisen erst dann durchführen, wenn es Raumschiffe gibt, die annähernd mit Lichtgeschwindigkeit reisen. Gegenwärtig ist keine Antriebsenergie bekannt – wenigstens nicht auf der Erde –, die das gestatten würde.

Raumschiffe, die von Stern zu Stern reisen, bergen offensichtlich wissenschaftliche Erkenntnisse, von denen wir noch nicht einmal zu träumen wagen. Solch revolutionäre Erkenntnisse würden wohl Abkürzungen durch andere Raum-Zeit-Dimensionen ermöglichen. Dematerialisation des Raumschiffes ist dabei höchstwahrscheinlich Voraussetzung. Unidentifizierte Flugobjekte passen in ihrer Erscheinungsform und in ihrem Benehmen perfekt in ein solches Modell.

Was sind Ufos nun wirklich? Die Meinungen darüber gehen noch immer weit auseinander. Hier noch ein paar Stellungnahmen: So sagt der New Yorker Arzt und Psychoanalytiker Dr. Ernest H. Taves:

»Wir sind Tag und Nacht von Ufos umgeben, Erscheinungen am Himmel, die nur auf ihre Entdeckung warten. Der Beobachter sieht sie und ordnet sie manchmal auch richtig als das, was sie wirklich sind, ein: Planeten; den Widerschein von Sternen; Luftspiegelungen; metereologisch-optische Effekte; Nordlichter; Sternschnuppen; Flugzeuge; Ballons; glänzendes, vom Winde hochgetragenes Papier; losgerissene Präriegrasbüschel; Kugelblitze; Elmsfeuer; Wolken; durch Nebel verschleierter Mond; brennende Ölquellen; Satelliten, die wieder in die Erdatmosphäre eintreten; Fallschirme, Raketenversuche; Scheinwerferreflexe; Vögel; Wolken von Insekten; Drachen; Kondensstreifen; Kleinluftschiffe; Blasen; Glühwürmchen; Sehfehler; Pusteblumen; Staubwirbel usw. usw. . . . Das Ufo-Gebiet wurde tatsächlich Privateigentum von Verrückten und religiösen Fanatikern.«

So Taves. Heute schweigt die Kirche noch. Nur der Leiter der Zentralstelle für Weltanschauungsfragen in Stuttgart, Kirchenrat Dr. Hutten, bestätigte auf eine Anfrage dem Autor, daß er an seiner früheren Aussage unverändert festhalte:

»Die Geistesgeschichte ist um eine Wissenschaft reicher geworden: die sogenannte Ufologie. Sie ist eine kosmische Parallele zum Spiritismus.«

Nach seiner Ansicht ist die Ufo-Welle, die in den Vereinigten Staaten ihren Ausgang nahm, eine der »mannigfaltigen und breiten Protestbewegungen, die der Säkularismus ausgelöst hat«.

»Irgendwann«, so meint Kirchenrat Hutten, »wird die Ufologie zur Heilsbotschaft mit christlichem Einschlag.«

Durch die Verbindung der Planetarierheere mit den Erdbewohnern sei nach ihrer Theorie ein »kosmischer Advent« angebrochen. Wenn die Menschen den Rat dieser Planetarier befolgen, vor allem die Atombombenteste einzustellen, dann hätten sie Teil an der »großen kosmischen Föderation«, die einen kosmischen Handelsverkehr und eine Zukunft ohne Krieg, Armut und Sorge garantiere.

»Wenn es so viele Hunderte von Ufo-Landungen gibt – wie verschiedene Gläubige unterstellen –, warum haben sie nicht die geringste Spur ihrer Gegenwart hinterlassen, außer den Beweisen, die jeder Schuljunge basteln könnte«, gibt Philip J. Klass, Chefredakteur des amerikanischen »Aviation Week und Space Technology-Magazins«, zu bedenken.

R. Leo Sprinkle, Psychologieprofessor an der Universität Wyoming, beantwortet die Frage nach der Existenz von Ufos mit den Worten:

»Das erinnert mich an die Geschichte der Frau aus Irland, die gefragt wurde, ob sie an Feen glaube. *Nein,* antwortete sie, *aber es gibt welche.* Mit Ufos verhält es sich nicht anders. Was sie auch sein mögen, zweifellos gibt es sie.«

all denen, die durch direkte oder indirekte Hilfe zum Entstehen dieses Buches beigetragen haben. Dazu gehören u. a. die amerikanischen Organisationen: Center for UFO Studies; NICAP; APRO und MUFON; die U.S. Air Force; Flying Saucer Review, London; DUIST, Bundesrepublik Deutschland und (gewollt oder ungewollt) die CIA und der KGB.

Ganz besonderer Dank gebührt Prof. Dr. J. Allen Hynek und Major a.D. Donald E. Keyhoe für ihre unerschrockene Pionierarbeit auf einem leider immer noch anrüchigen Gebiet.

Vergessen werden dürfen hier natürlich auch nicht Charles Bowen; Dr. Walter K. Bühler; Gordon Creighton; W. Raymond Drake; Prof. Dr. David Michael Jacobs; John A. Keel; Coral und Jim Lorenzen; Aimé Michel; Prof. Dr. David Saunders; Dr. Jacques Vallee und auch Karl L. Veit u.a.

Vor allem aber standen mir in einer anstrengenden Zeit meine Freunde – Ellida Frfr. v. Stetten, Richard Giese, unser aller »Nippi«, insbesondere aber mein langjähriger, bewährter Freund Timothy Good – und meine Frau Elis' mit Rat und Tat zur Seite.

Nicht zuletzt jedoch Dank diesen »tollkühnen Fliegenden Untertassen«, ohne die es wohl kaum dieses Buch über sie gäbe!

AIAA Committee looks at the Ufo Problem – Astronautics and Aeronautics, December 1968

Bourret, Jean-Claude, Ufo Spekulationen und Tatsachen, Sven Eric Bergh 1977

Bowen, Charles, The Humanoids, Neville Spearman Ltd. 1969

Buttlar, Johannes v., Schneller als das Licht, Econ Verlag 1972

Buttlar, Johannes v., Reisen in die Ewigkeit, Econ Verlag 1973

Buttlar, Johannes v., Der Menschheitstraum, Econ Verlag 1975

Buttlar, Johannes v., Zeitsprung, C. Bertelsmann Verlag 1977

Condon, Edward U., Scientific Study of Unidentified Flying Objects, Bantam Books 1969

Drake, W. Raymond, Gods and Spacemen in the Ancient West, Sphere Books Ltd. 1974

Edwards, Frank, Flying Saucers – here and now! Bantam Books 1967

Fry, Daniel, The White Sands Incident, Best Books 1966

Fuller, John, The Interupted Journey, Dial Press 1966

Herrmann, Joachim, Das falsche Weltbild – Astronomie und Aberglaube, dtv 1973

Hobana, Ion & Weverbergh, Julien, Ufos from behind the Iron Curtain, Corgi Books 1975

Holzer, Hans, The Ufonauts, Fawcett Publications Inc. 1976

Hynek, J. Allen, The Ufo Experience, Henry Regnery Company 1972

Jacobs, David-Michael, The Ufo Controversy in America, Indiana University Press 1975

Jung, Carl G., Flying Saucers: A Modern Myth of Things Seen in the Sky, Signet 1969

Keel, John A., Ufos Operation Trojan Horse, Souvenir Press 1971

Keyhoe, Donald E., Flying Saucers from Outer Space, Wingate Baker 1969

Keyhoe, Donald E., Aliens from Space, Panther Books Ltd. 1975
Klass, Philip J., Ufos – Identified, Random House 1968
Lorenzen, Coral & Jim, Ufo, The whole Story, Signet Books 1969
Menzel, Donald, Flying Saucers, Harvard University Press 1953
Menzel, Donald & Boyd Lyle, G., The World of Flying Saucers, Doubleday 1963
Puccetti, Roland, Außerirdische Intelligenz, Econ Verlag 1970
Ruppelt, Edward J., The Report on Unidentified Flying Objects, Doubleday 1956
Sagan, Karl, The Cosmic Connection, Coronet Books 1973
Saunders, David, R. Harkins, R. Rogers, Ufos? Yes!: Where the Condon Committee went wrong, Signet 1968
Sigma, Rho, Forschung in Fesseln, Ventla Verlag 1972
Stanford, Ray, Socorro ›Saucer‹ in a Pentagon Pantry, Blueapple Books 1976
Stringfield, Leonard H., Situation red, The Ufo Siege, Doubleday 1977
Vallee, Jacques, The invisible College, E. P. Dutton 1976
Vallee, Jacques, Anatomy of a Phenomenon, Henry Regnery 1965
APRO Bulletin 1954–1978
Flying Saucer Review 1960–1978
Ufo- Nachrichten 1978

# Personen- und Ortsregister


Acuff, Jack 204
Aderma 65
Agrest, Modest 208
Akkuratow, Valentin 65
Allen, George 81
Allende, Carlos Miguel (Carl. M. Allen) 91 ff.
Alençon 44
Ananoff, Professor 208
Anaximander 145
Apel, Hans 200
Archeplog 53
Armstrong, Marie Louise 179
Arnold, Kenneth 13 ff., 35
Ashland 156
Augusta 27
Azias, Polizist 174

Bacellar, Alberto 127 f.
Bachmeier, F. 76
Barauna, Almiro 126 ff.
Barnes, Harry 59 f.
Bean, E. 183
Beckmann, Fred 137
Belosero 69
Bennet, Floyd 51
Benett, Ranson 93 f.
Bieri, Robert 100
Boainai 132, 135
Boas, Antonio Villas 101 ff., 121 ff.
Boas, João Villas 102
Bölling, Klaus 199, 202
Boggs, Jeremiah 88
Boise/Idaho 13, 17
Bologay 181
Bolster, Calvin 86
Borman, Frank 175
Boston 64
Bottensea 52
Boyd, Lee 81
Boyup Brook 185 ff.
Brehm, C. E. 27
Brisbane 132
Bruns 199, 202
Bühler, Walter 123 f.
Buland, Ben 48
Burns, Haydon 176
Bykowskij, Valerij 182
Byrd, Admiral 51
Byrne, Lawrence A. 47 f.
Byrnes jr., J. Arthur 169

Cabell, C. B. 72 ff.
Camera, Alves 129
Carter, Jeff 203
Carter, Jimmy 9, 199, 203 f., 206
Carter, Lillian 203
Carvalho, Antônio Maria de 127
Casablanca 55
Chadwell, H. Marshall 87
Charkow 66
Chavez, Sergeant 168
Chehalis/Washington 13
Cherbourg 22
Chiles, Ch. 27
Chladni, Ernst Friedrich 45
Clark, Ralph L. 87
Clements, Leutnant 22 f.
Cockelin, Howard 59
Colebrook/New Hampshire 155
Collins, Michael 176
Columbus/Ohio 73
Concord 156
Condon, Edward U. 177 ff.
Conrad, P. 183
Copeland, James 59
Coral Gables/Florida 11
Coruche 84 f.
Cox, Douglas 81
Craigie, L. C. 21
Crussard, Dr. 152
Cruttwell, Norman E. G. 136 f.
Cummings, Jerry 73

Dalis, Alan 192
Dayton/Ohio 74, 76
Desjado Peak 127
Diamond, Sheriff 190
Dickerson, Robert 139
Disma 27
Doolittle, James A. 55
Dowding, Lord 90
Drake, Frank 145, 148 f.
Drury, T. P. 136
Dubuque/Iowa 169

Edison, Thomas Alva 146
Eisenhower, Dwight D. 208
Ellis, F. G. 48
Emmett/Idaho 17
Evan, James 48

Fahrney, Delmer 90
Farmington/New Mexico 57
Fedorow, Lewka 69
Fernando, Professor 126
Ferreira, Jose Lemos 84 f.
Fischer, Kurt 200
Fish, Majorie 163
Flynn, James 169 ff.
Fontes, Olavo 101, 116, 121 ff.
Fortenberry, W. 78 f.
Fort Itaipu 125
Fort Knox 22
Fort Monmouth/New Jersey 72 f.
Fort Myers 169 ff.
Fournet, Dewey 75, 87 f.
Friend, J. 143 f.
Fry, Daniel W. 38 ff.
Fürstenfeldbruck 29

Gairy, Eric 206
Galley, Robert 206
Gamelin, Robert 191
Garland, General 87
Garland County/Arkansas 49
Gauß, Carl Friedrich 146
Genf 38
Giese, Richard 202
Gill, William Bruce 132 ff., 136 f.
Giwa 135
Gleimershausen bei Meiningen 42
Godfrey, Dan 81
Godman Field 22, 24
Goldwater, Barry 209

Goose Bay/Labrador 28, 81
Gordon, D. 184
Gorki 66, 150
Goudsmit, Samuel A. 87
Goulette, John 192
Granada 84
Great Falls/Montana 78
Griffith/New York 82
Grinder, Jimmy 167
Grinder, Opal 167
Gromov, Yuri 196
Gros , Ch. 146

Hamilton/Kalifornien 140
Hammond, Leutnant 22f.
Harder, James A. 190
Hasted, John B. 151f.
Hauck, William 206f.
Hauff, Volker 199ff.
Heber/Arizona 190
Hendricks, Leutnant 22f.
Hesse, Hermann 210
Hickson, Charles 187ff.
Hill, Barney 155ff.
Hill, Betty 155ff.
Hillenkoetter, R. H. 37
Hix, Guy F. 22
Hobana, Jon 66f.
Honolulu/Hawaii 138f.
Houston 183
Howard, James 81f.
Hulle, John 49
Hutten, Kirchenrat 217
Hynek, Allen J. 29f., 34, 84, 96, 98f., 137, 160f., 168, 183, 200, 213

Indiana 11
Irkutsk 67

Jacobs, David-Miachel 73, 142
Jessup, Morris K. 11f., 17, 24ff., 45f., 55f., 78, 91ff., 131f., 185
Johnson, Lyndon B. 175, 209
Josten, Johann Peter 200

Kalix 52
Kandell, Howard 191
Kaplan, Joseph 74
Keel, John A. 56
Kelley, Dannie 27
Kelley, E. G. 139
Kelly, Joe W. 89
Kennedy, John F. 209
Kennedy, Robert 209
Keyhoe, Donald E. 86, 88f., 139
Key West 57
Kies, Paul 169
Kimball, Dan 85f.
Kinross/Michigan 80
Kitty Hawk 47
Klamath Falls/Oregon 140
Klass, Philip J. 177, 218
Knoxville 27
Kodawara, Eric 133
Konjonup 185
Kratzer, Larry 169
Kraut, Joseph 100
Kubitschek, Juscelino 127
Kuprewitsch, V. F. 207
Kvaloj 53

Lakenheath 83
Lancaster/New Hampshire 155
Langley/Virginia 28, 60f.
Langmo Vefsn 53
Långtrask 51
Las Cruces/New Mexico 38, 40, 63
Lavoisier, Antoine Laurent 45
Leber, Georg 200
Lederberg, Joshua 100
Levine, Dr. 179
Liabeuf, Polizeibeamter 44
Linke, Oskar 42f.
Linn Grove 48
Lipp, James E. 33
Littrow, J. J. von 146
London 12, 81, 97, 200
Lorenz, Richard 138
Los Angeles 74
Louisville/Kentucky 21
Lovell, James E. 175
Low, Robert J. 178

Mansfield, Bill 176
Mantell, Thomas 22ff.
Martins, João 101, 116, 121f.
Maryland 60
Masse, Maurice 172ff.
Mayher, Ralph 94
McDill 28
McDivitt, James 175
McDonald, James E. 185, 211, 213
McKenire, John 49
McLaughlin, R. B. 71f.
Menzel, Donald 177
Metcalf, Lee 89
Miami 78
Milow, Nicolai 196
Mitchell, Dr. 163
Mobile 27
Moffat, Lloyd 138f.
Moi, Steven 133
Moncla, Felix 80
Montgomery/Alabama 27
Moskau 207
München 16
Murmansk 66
Mys 69

Nash, William B. 78f.
New Guinea, Insel 132
Newhouse, D. C. 77
New Mexico 166
Newport News/Virginia 60, 78
New York 40f., 52f., 78
Norfolk 78f., 92
Norsjö 53
Nugent, Ed 59

Oak Ridge/Tennessee 205
Odom, Charles 16
Ogra/Lettland 181
Ontario/Oregon 18
Oslo 55
Ota 84

Page, Thornton 87
Paris 44
Parker, Calvin 187ff.
Pascagoula/Missouri 187
Passaic/New Jersey 64
Patropolis 129
Petersburg 69
Peterson, Kenneth 192
Petrozawodsk 196
Philadelphia 92
Pireman, Pilot 59
Plutarch 145
Popow, Juri 68
Portland 140
Portsmouth 155
Press, Frank 205
Puccetti, Roland 99f.
Puckett, Jach E. 28
Putt, Brigadier General 33

Quincy 49

Radford, Arthur 85
Rainsfort, Jonathan 131
Ramey, Roger A. 62
Rarata, Ananias 135
Redmond/Oregon 139ff.
Reutersward, Generalmajor 54
Rio de Janeiro 101, 116, 123, 126, 129
Ritchey, Jim 59
Rjewskol, Iwatschko 69
Robasero 70
Robertson, H. P. 87
Rockefeller, Nelson 209
Rogers, Mike 191f.
Rortrask 53
Rørvik 53
Rosenbaum, Jean 191
Rosengarten, N. R. 73
Ruppelt, Edward 34f., 62, 73ff., 87, 90
Rybinsk 66
Ryder, Hauptmann 190

Sacramento 47
Sagan, Carl 150, 192f., 195
Saltz, Joseph 191
Samford, John A. 62ff.
San Francisco 138
Santa Monica/Kalifornien 33
Santoni, Polizist 174
Santos 125
São Francisco de Sales 101, 116
Saunders, David 178f.
Sazanow, Anatoli 181
Schmidt, Helmut 199
Scott, Ingenieur 24
Scott, Robert 138
Seattle/Washington 17, 140
Seymore 131
Shahrokhi 194
Shapley, Harlow 146f.
Silva, Moreira da 129
Simon, Benjamin 157, 160f.
Sioux City 76
Sioux Falls/South Dakota 48
Sleeper, Raymond S. 183
Smith, Dwayne 192
Smith, Emil J. 17f.
Smith, Sory 88
Smith, Wilbert 143
Socorro 166, 169, 182
Spargo, Schafzüchter 185ff.
Springfield 49
Sprinkle, Leo 218
Sprunger, Noble 139
Stevens, Ralph 17
Stewart, Bill 81
Stipe, Harvey 171f.
St. Maries/Idaho 27
Stock, George 64
Stoljarow, Porfiri 181
Strong, P. G. 87
Suffield/Alberta 90
Sumpeter jr., J. 49
Swerdlowsk 70

Tärnaby 53
Tampa 28
Tarna 53
Taves, Ernest H. 217
Teheran 193ff.
Tesla, Nikola 146
Texarkana/Arkansas 47
Thales von Milet 145
Thomastown/Georgia 203
Tokio 79f.
Tombaugh, Clyde 62f.
Tremonton/Utah 77
Trent, Paul 179
Trinidade, Insel 126, 129
Troitsky, V. 150
Trondheim 53
Truman, Harry S. 35, 57, 61
Twining, Nathan F. 18, 20f., 62

U Thant, Sithu 211

Valensole/Dep. Alpes de Haute Provence 172
Valentine, J. Manson 131
Vallee, Jacques 213ff.
Valnet, Polizeioberstleutnant 174
Vandenberg, Hoyt S. 31f.
Viegos, José Theobaldo 126, 128
Vinther, Lawrence W. 76
Vitolniek, R. 181

Waldheim, Kurt 206f.
Waleswille/New York 83
Walton, Travis 191f.
Washington 59ff., 63, 75, 86, 95, 143f.
Webb, Walter 157
Wertz, Laverne 139, 141
Wheeler, J. A. 152
White, Ed 175
White Sands/New Mexico 26, 38, 41, 71f.
Whitted, J. 27
Wien 16
Williamson, Dave 205
Wilmington/Delaware 60
Wilson, Flugkapitän 138f.
Wilson, R. 80
Winkle, Adolph 49
Wittrock, Karl 200
Wladarow, Professor 208
Wright, Brüder 47
Wright Patterson/Ohio 74
Woronesch 67

Yakima/Washington 13, 15
Young, John W. 176

Zamora, Lonnie 166ff., 182
Zeck, Paul 186f.
Zedwick, Erwin 139
Zeppelin, Ferdinand Graf von 47, 50
Zigel, Felix 207f.
Zolotov, Alexei 197